これまでの漢字学習での「なぞり書き」は、うすく書かれた漢字を全画数なぞるものが一般的でした。これは書き始めるときの抵抗感が少なく、丁寧さや集中力も身につく方法ですが、写すだけになってしまう子もいました。

そこで、「書き順がわかる」「よくある間違いがわかる」「字形がわかる」、この三つを意識して、意図的にうすい字を一部だけ残した各漢字の「イチブなぞり」を開発しました。くり返すことで自然と頭の中で字形や書き順を思い浮かべられ、より効果を実感していただけると思います。

困っているあなたに、ぜひ届いてほしいです。

「イチブなぞり」のプラス効果

・よくある間違いが意識でき、書き順が身につく。
・謎解き感覚で、記憶が引き出しやすくなる。
・自然と字全体のバランスがとれ、美しい字になる。

たしかめ問題とゲーム問題を収録

・復習でも同じように「イチブなぞり」を使うことで、記憶に定着しやすくなる。
・ゲーム仕立ての問題で、漢字の力を確かめられる。
(ここでは、書き順や字形よりも、楽しさ重視で作成しています)

❶ 書き順や書き方がわかりやすい!
字形がキレイになるように、記号をつけています。

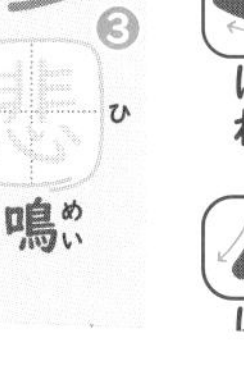

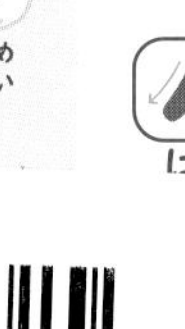

とめ　はね

悲
音 ヒ
訓 かな-しい
悲鳴　悲運　悲しい

❷ 読み方が一目でわかる!
カタカナ…音読み
ひらがな…訓読み
(-の後は、送りがな)
( )…中学以降で習う読み方
※…特別な読み方

「ゼンブなぞり」と「イチブなぞり」

「ゼンブなぞり」で、字の形をつかみ、その後、「イチブなぞり」で間違いやすい書き順を意識できます。字形も自然と意識されて、キレイな字になりやすくなります。

漢字 1-①

悪・安・暗・医

□手本の漢字を指でなぞります。
□には漢字を頭の中で思いうかべてから書きましょう。

音 アク
訓 わる-い

□(あく)人(にん)
□(あく)用(よう)
天気(てんき)が□(わる)い。

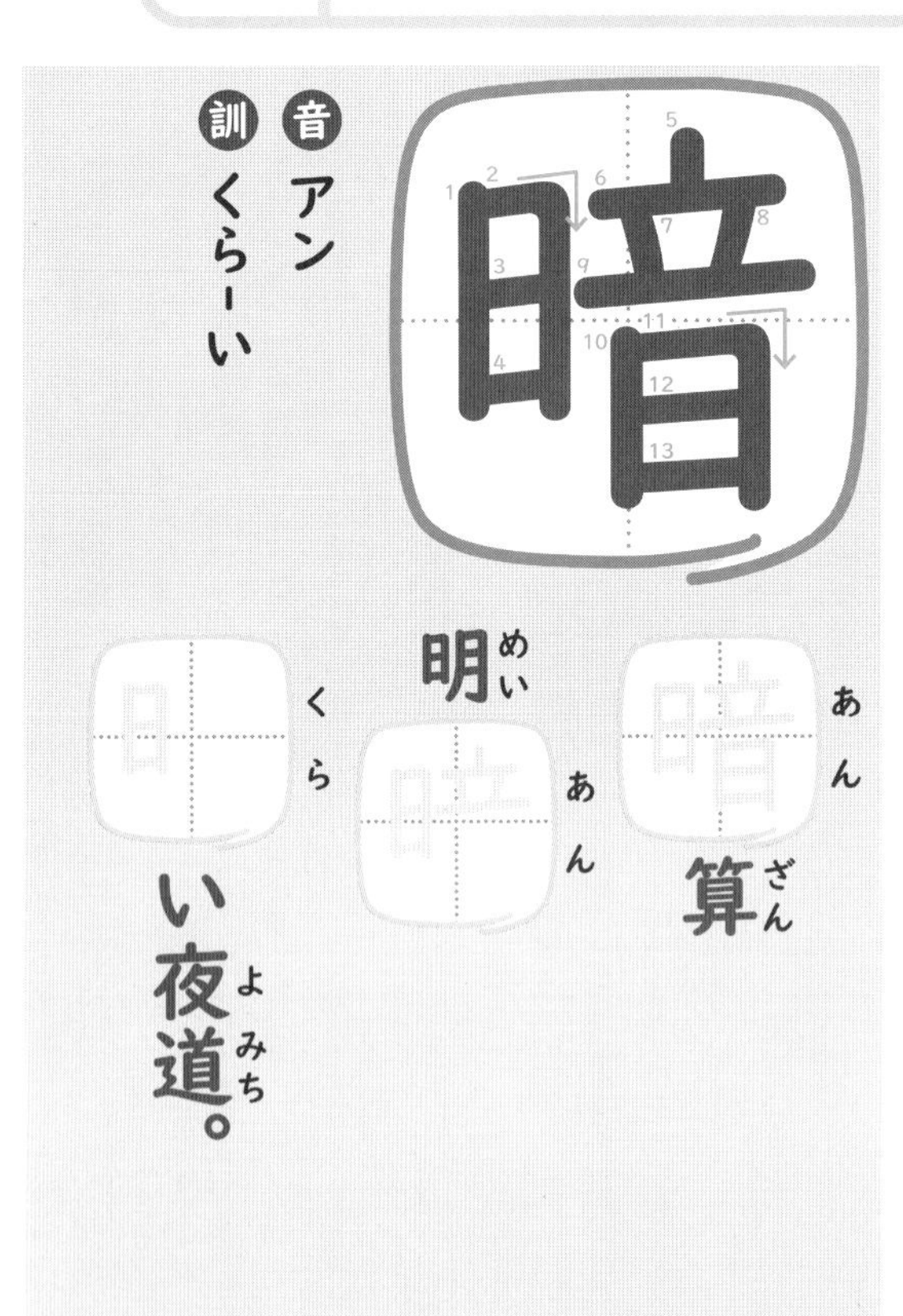

音 アン
訓 くら-い

□(あん)算(ざん)
明(めい)□(あん)
□(くら)い夜道(よみち)。

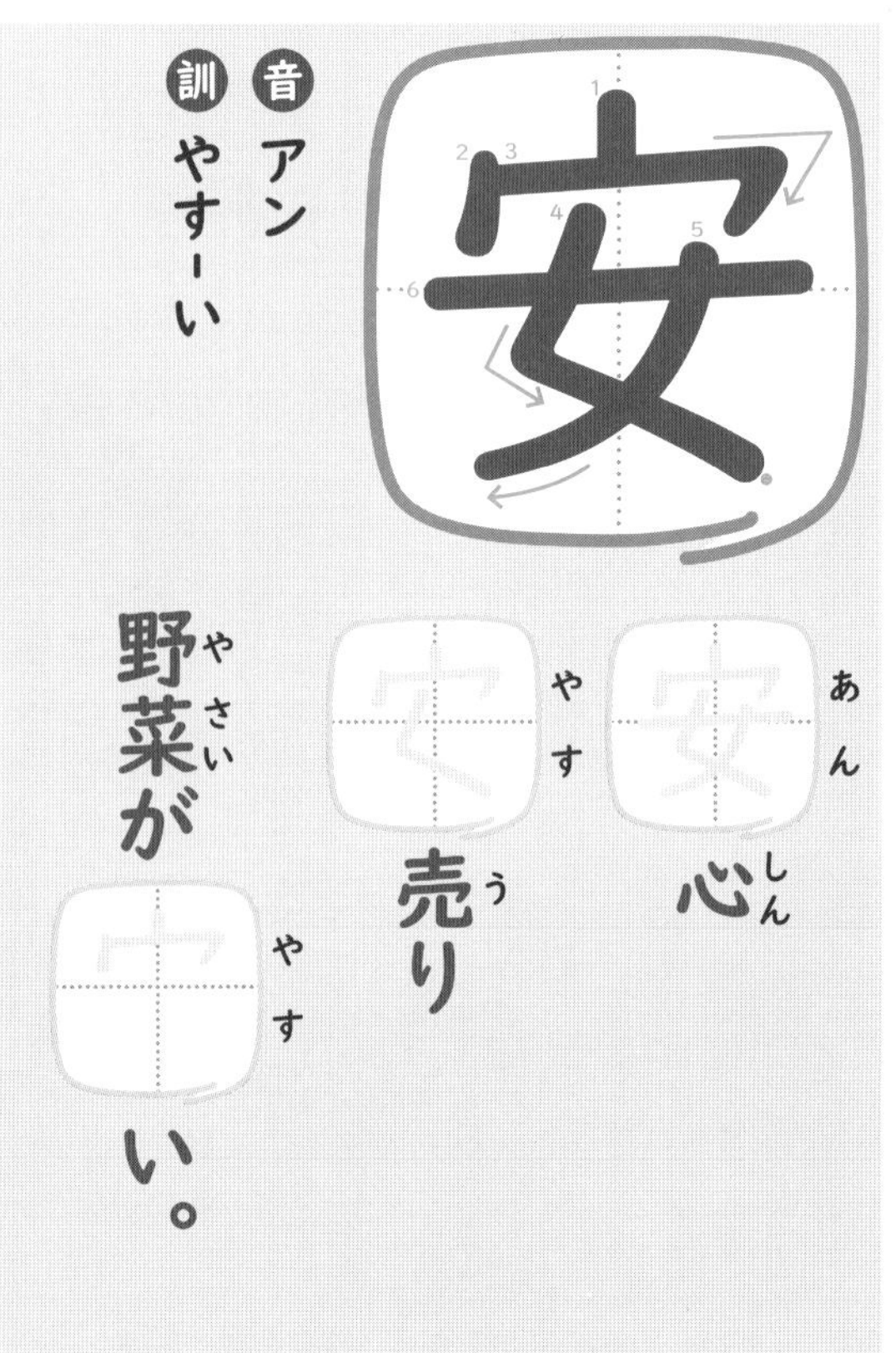

音 アン
訓 やす-い

□(あん)心(しん)
□(やす)売(う)り
野菜(やさい)が□(やす)い。

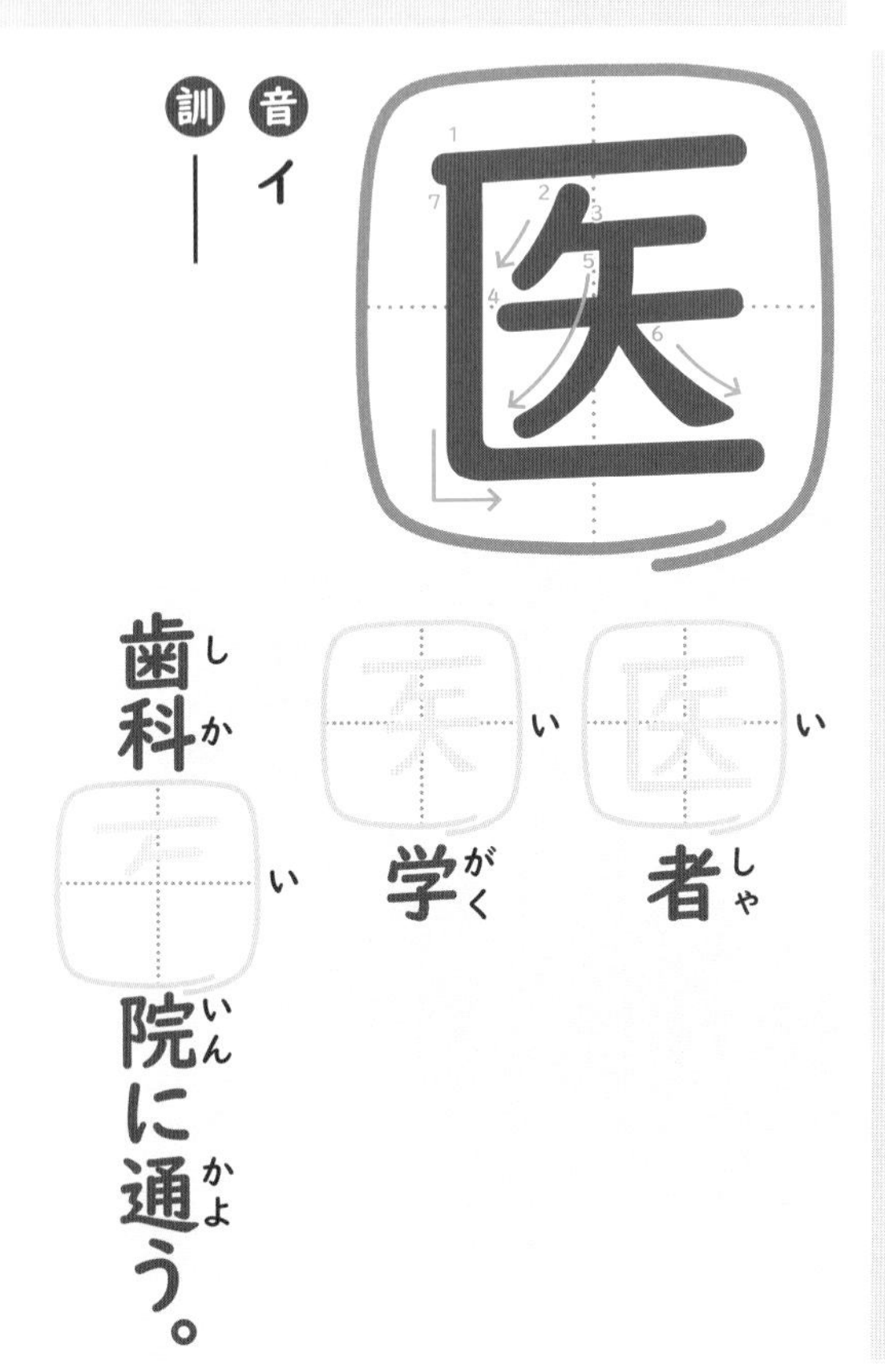

音 イ
訓 ―

□(い)者(しゃ)
□(い)学(がく)
歯科(しか)□(い)院(いん)に通(かよ)う。

漢字 1-② 委・意・育・員

□ 手本の漢字（かんじ）を指（ゆび）でなぞります。

□ には漢字を頭の中で思いうかべてから書きましょう。

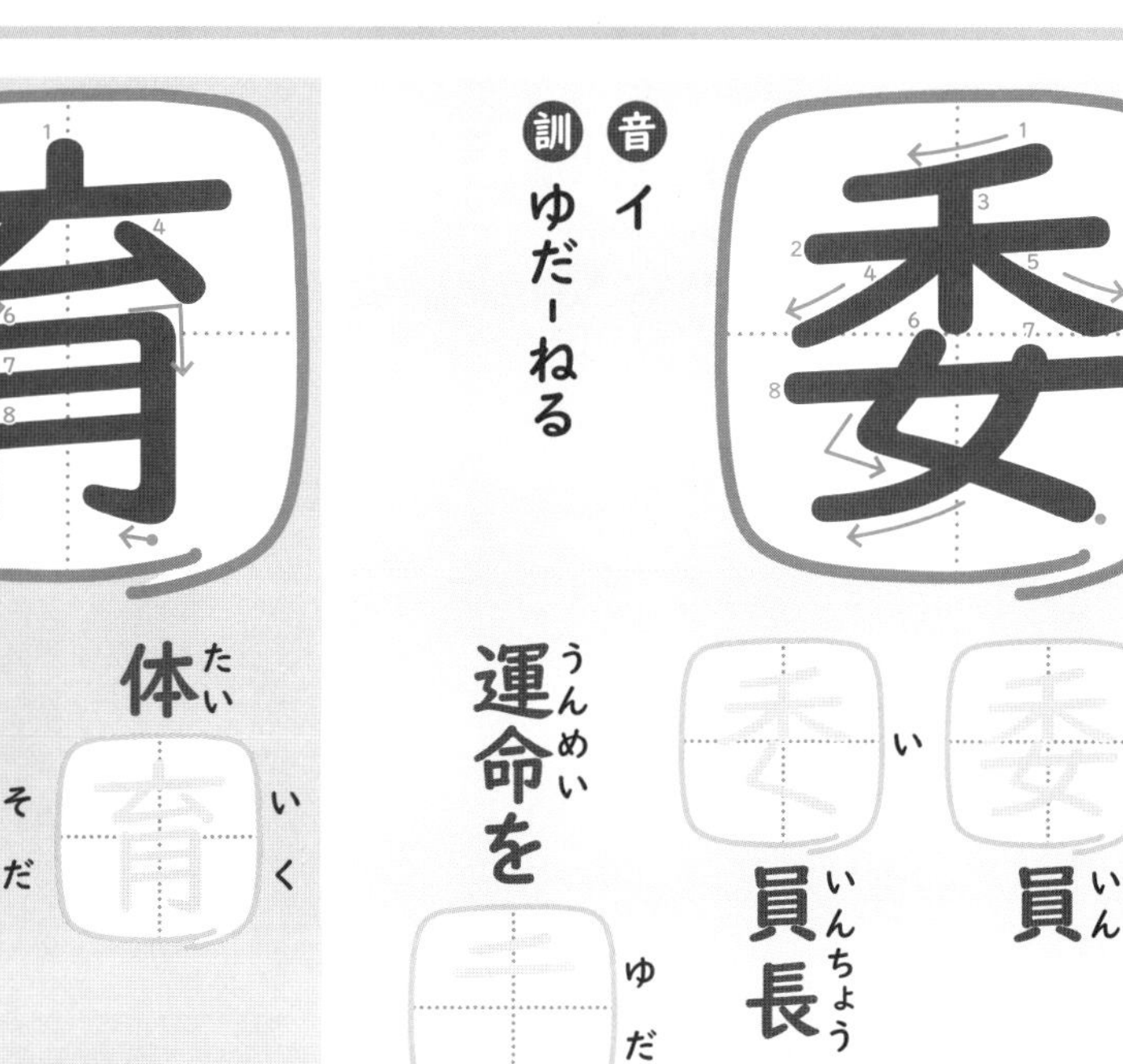

音 イ
訓 ゆだ-ねる

委（い）員（いん）

委（い）員（いん）長（ちょう）

運命（うんめい）を委（ゆだ）ねる。

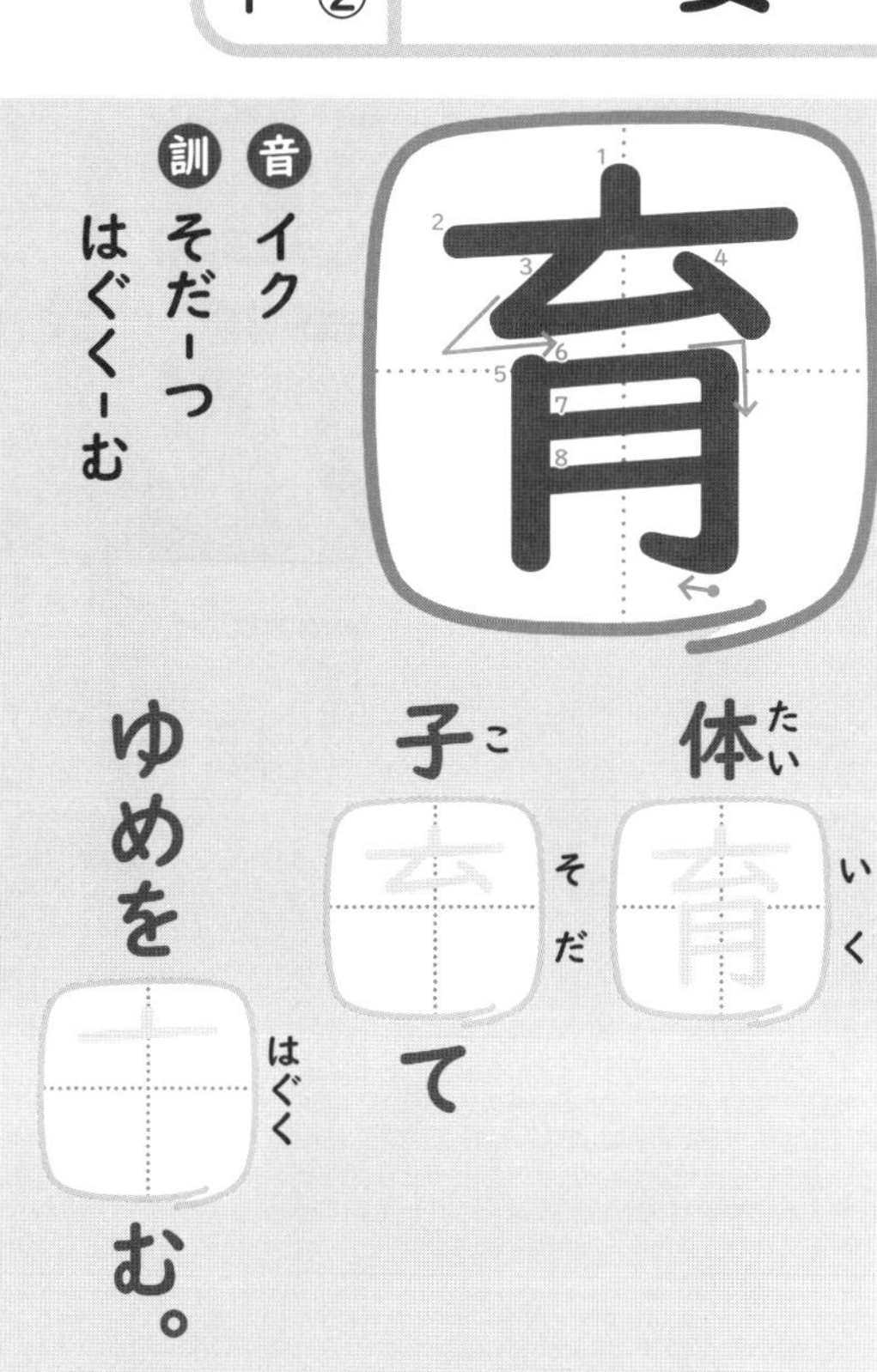

音 イク
訓 そだ-つ はぐく-む

体（たい）育（いく）

子（こ）育（そだ）て

ゆめを育（はぐく）む。

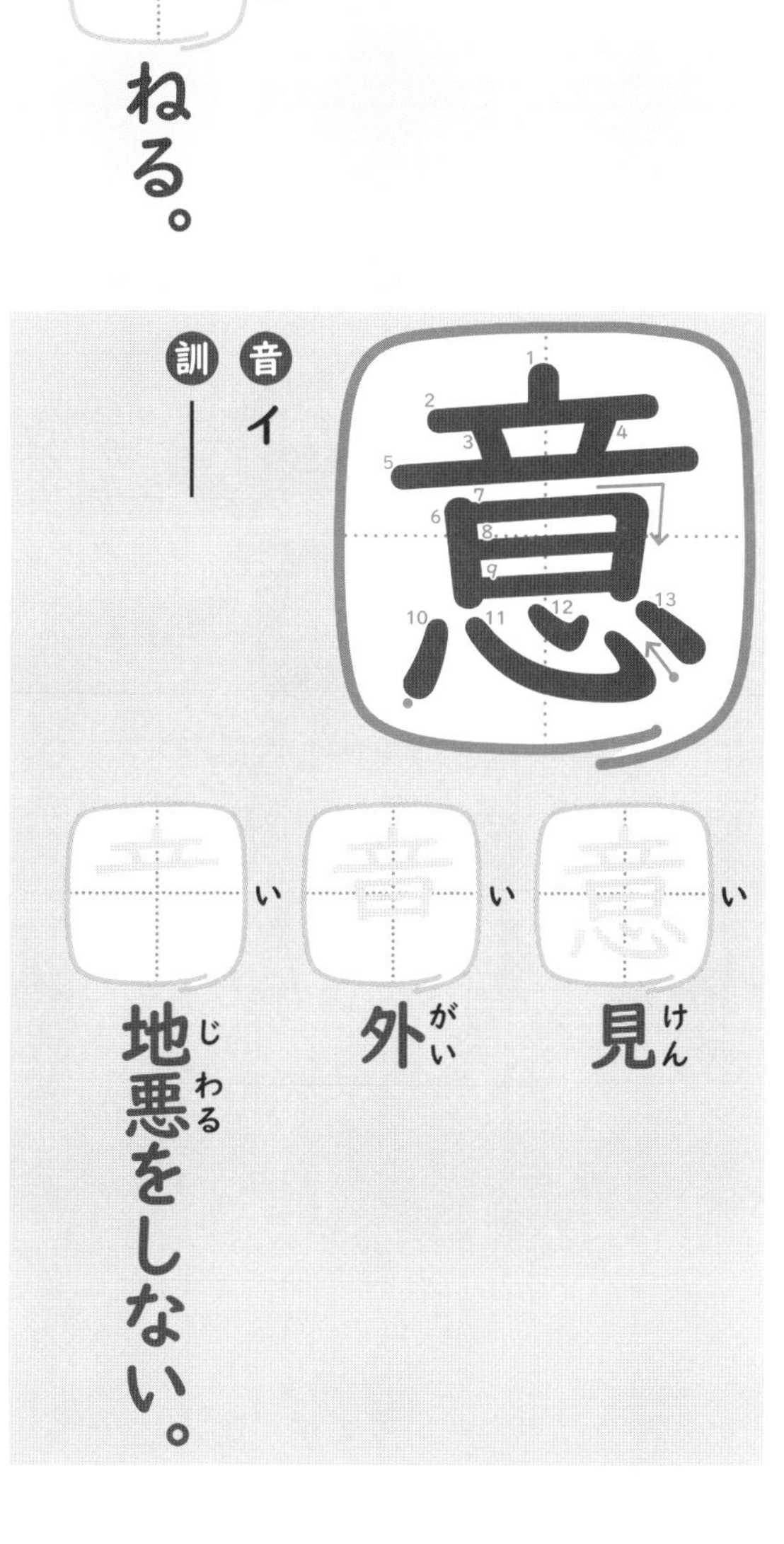

音 イ
訓 ―

意（い）見（けん）

意（い）外（がい）

意（い）地悪（じわる）をしない。

音 イン
訓 ―

全（ぜん）員（いん）

会（かい）員（いん）

会社（かいしゃ）員（いん）になる。

漢字 1-③

院・飲・運・泳

□手本の漢字を指でなぞります。
□には漢字を頭の中で思いうかべてから書きましょう。

院

音 イン
訓 ―

病院（びょういん）
大学院（だいがくいん）
病気（びょうき）で入□（にゅういん）。

運

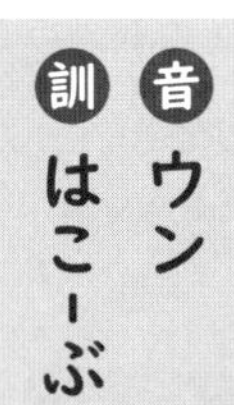

音 ウン
訓 はこ-ぶ

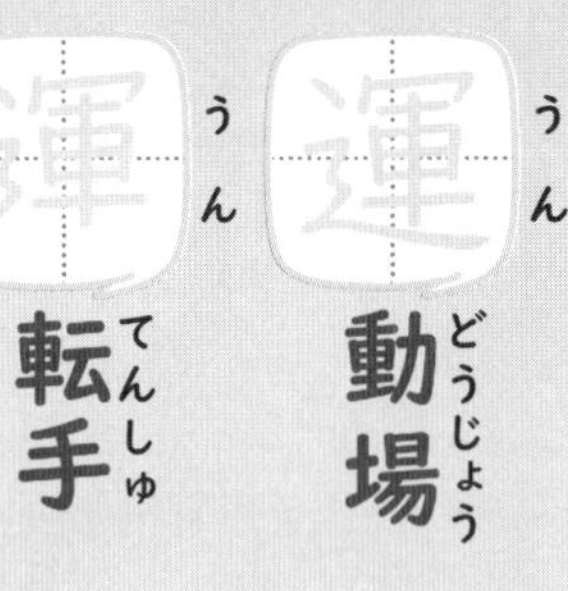

運動場（うんどうじょう）
運転手（うんてんしゅ）
重（おも）たい石（いし）を□（はこ）ぶ。

飲

音 イン
訓 の-む

飲食店（いんしょくてん）
飲料水（いんりょうすい）
水（みず）を□（の）む。

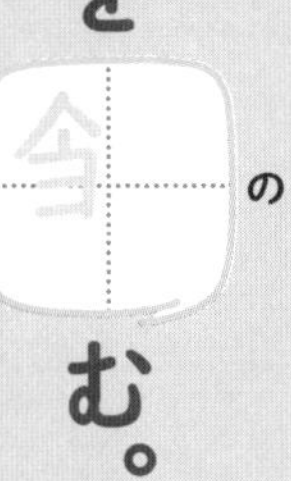

泳

音 エイ
訓 およ-ぐ

水泳（すいえい）
遠泳（えんえい）
夏（なつ）の海（うみ）で□（およ）ぐ。

ゴール　スタート

漢字 1－④　駅・央・横・屋

□手本の漢字（かんじ）を指（ゆび）でなぞります。□には漢字を頭の中で思いうかべてから書きましょう。

駅

音　エキ
訓　―

えき員（いん）
えき長（ちょう）
えきのホーム。

横

音　オウ
訓　よこ

たてとよこ
よこ道（みち）
おうだん歩道（ほどう）。

央

音　オウ
訓　―

中（ちゅう）おう
中（ちゅう）おう図書館（としょかん）
駅（えき）の中（ちゅう）おう口（ぐち）。

屋

音　オク
訓　や

山小（やまご）や
本（ほん）や
おく上（じょう）に上（あ）がる。

漢字 1-⑤

温・化・荷・界

□ 手本の漢字（かんじ）を指（ゆび）でなぞります。

□ には漢字を頭の中で思いうかべてから書きましょう。

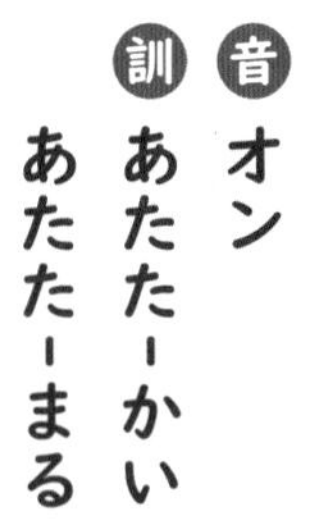

音 オン

訓 あたた-かい　あたた-まる

温（おん）度（ど）

気（き）温（おん）

温（あたた）かいごはん。

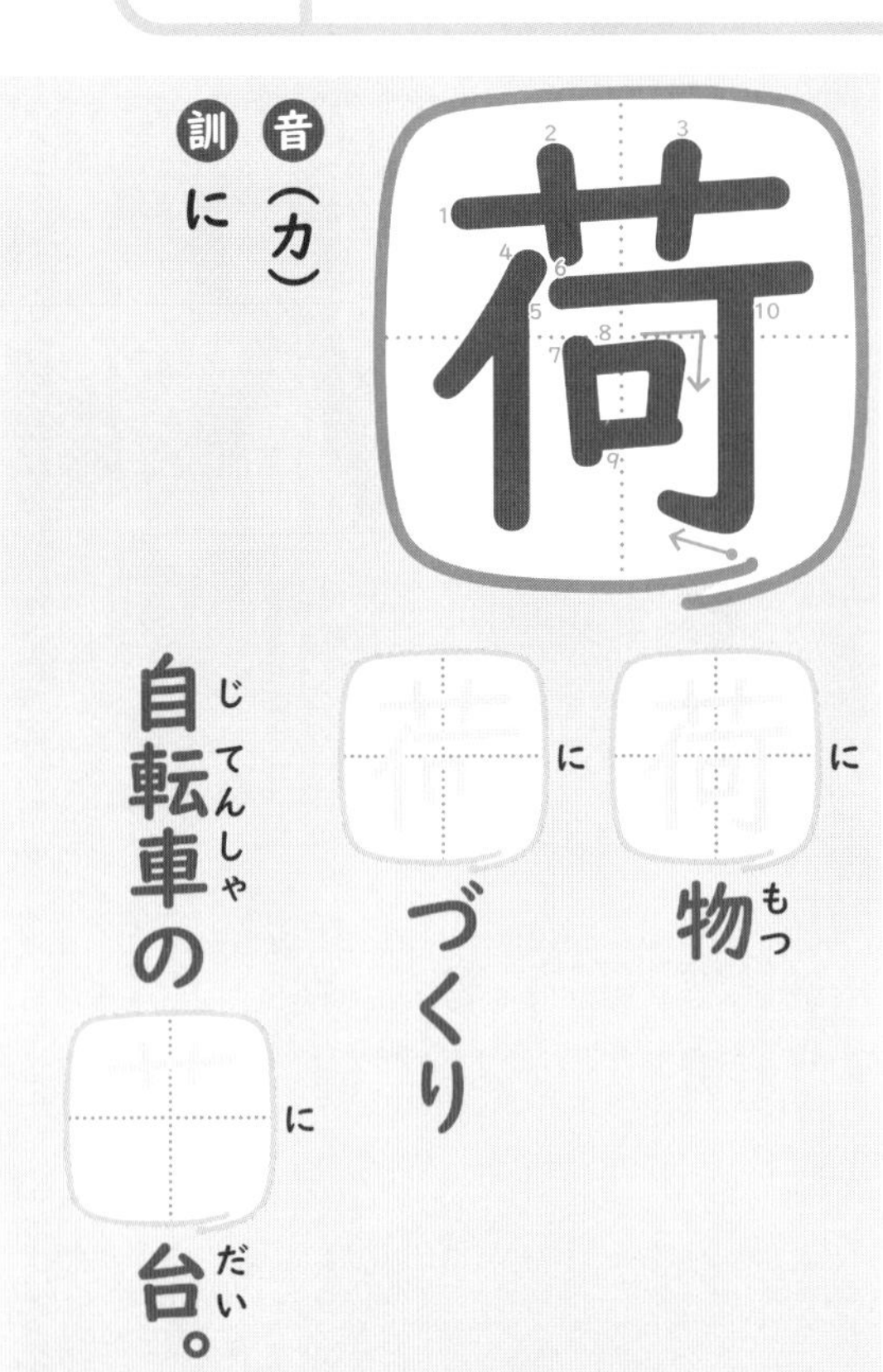

音 （カ）

訓 に

荷（に）物（もつ）

荷（に）づくり

自転車（じてんしゃ）の荷（に）台（だい）。

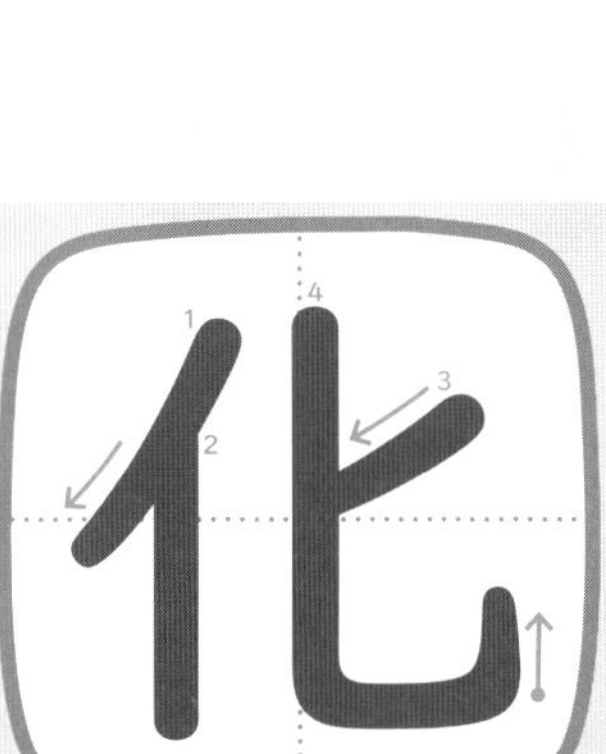

音 カ

訓 ば-ける

化（か）学（がく）

お化（ば）け

きつねが化（ば）ける。

音 カイ

訓 ―

下（げ）界（かい）

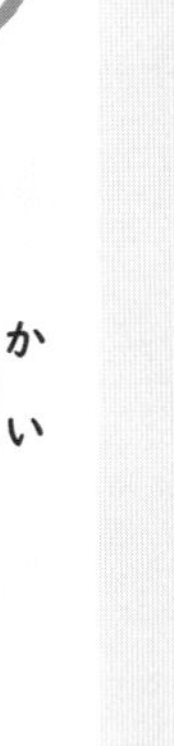

社交（しゃこう）界（かい）

世（せ）界（かい）地図（ちず）を見（み）る。

ゴール　スタート

漢字 1-⑥

読みのたしかめ

□ つぎの文を読んで、――を引いた漢字(かんじ)の読みを（　）に書きましょう。

① 口(くち)が悪い人(ひと)。（　）

② 安全(ぜん)な場所(ばしょ)に行(い)く。（　）

③ 教室(きょうしつ)が暗い。（　）

④ 医者(しゃ)をめざす。（　）

⑤ 学級(がっきゅう)委員(いん)になる。（　）

⑥ 意見(けん)を言(い)う。（　）

⑦ 命(いのち)を育む。（　）

⑧ 全(ぜん)員が手(て)をあげる。（　）

⑨ 急(いそ)いで病(びょう)院に行(い)く。（　）

⑩ 飲食店(しょくてん)に入(はい)る。（　）

⑪ 運動場(どうじょう)に出(で)る。（　）

⑫ 川(かわ)で泳ぐ。（　）

⑬ 駅前通(まえどお)りに向(む)かう。（　）

⑭ 道(みち)の中(ちゅう)央を歩(ある)く。（　）

⑮ 横書(が)きをする。（　）

⑯ すずしい屋内(ない)。（　）

⑰ 体(たい)温をはかる。（　）

⑱ 美(び)化委員(いいん)になる。（　）

⑲ 荷車(ぐるま)をひく。（　）

⑳ 世(せ)界一周(いっしゅう)をする。（　）

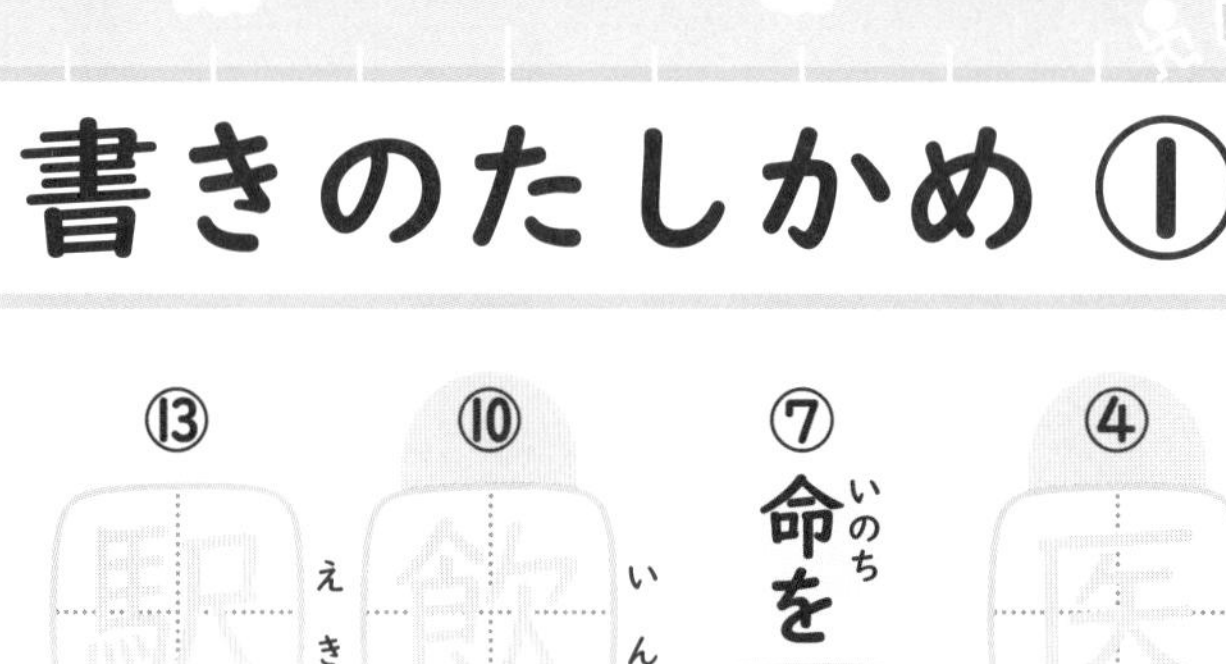

漢字 1-⑦

書きのたしかめ ①

■ つぎの文を読んで、□にあてはまる漢字を頭の中で思いうかべてからなぞりましょう。

① 口が悪い人。

② 安全な場所に行く。

③ 教室が暗い。

④ 医者をめざす。

⑤ 学級委員になる。

⑥ 意見を言う。

⑦ 命を育む。

⑧ 全員が手をあげる。

⑨ 急いで病院に行く。

⑩ 飲食店に入る。

⑪ 運動場に出る。

⑫ 川で泳ぐ。

⑬ 駅前通りに向かう。

⑭ 道の中央を歩く。

⑮ 横書きをする。

⑯ すずしい屋内。

⑰ 体温をはかる。

⑱ 美化委員になる。

⑲ 荷車をひく。

⑳ 世界一周をする。

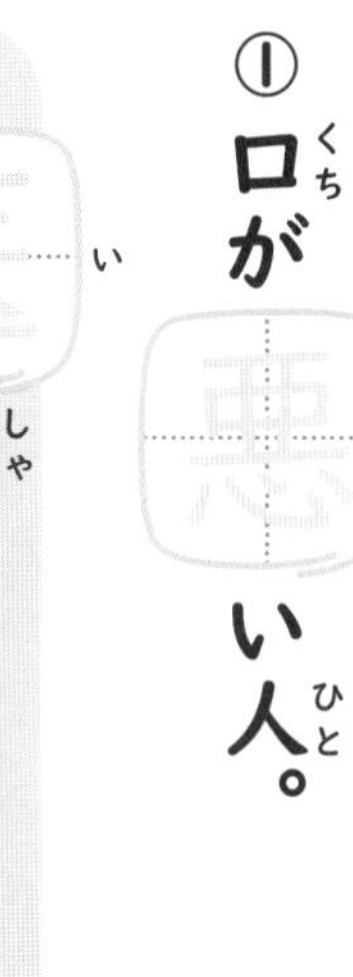

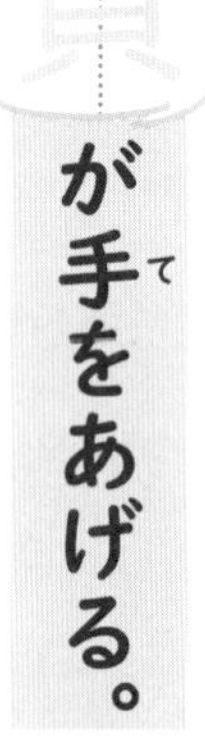
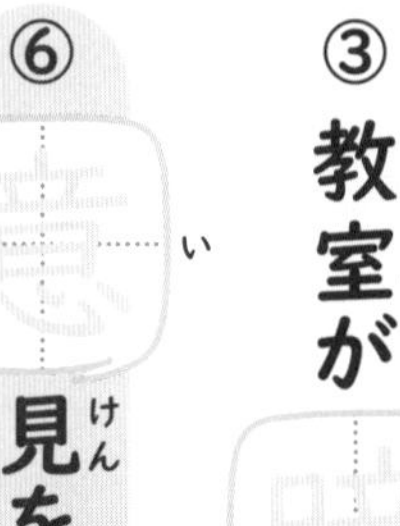
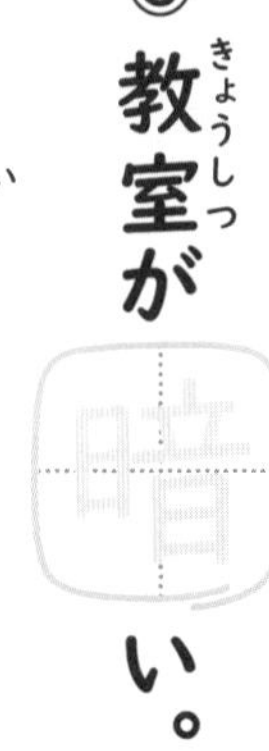

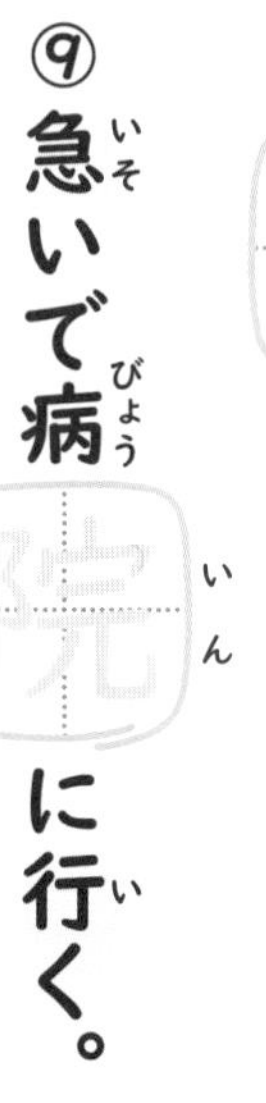
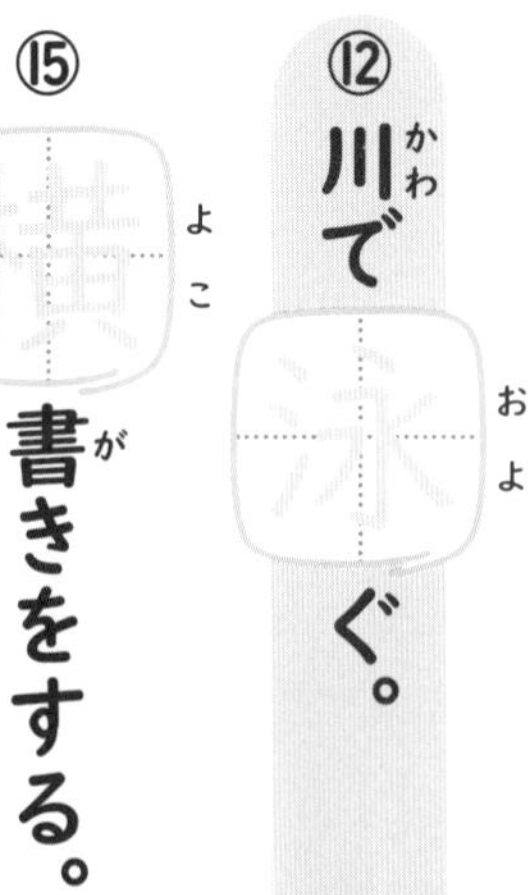

漢字 1-⑧

書きのたしかめ ②

□ つぎの文を読んで、□にあてはまる漢字を頭の中で思いうかべてから書きましょう。

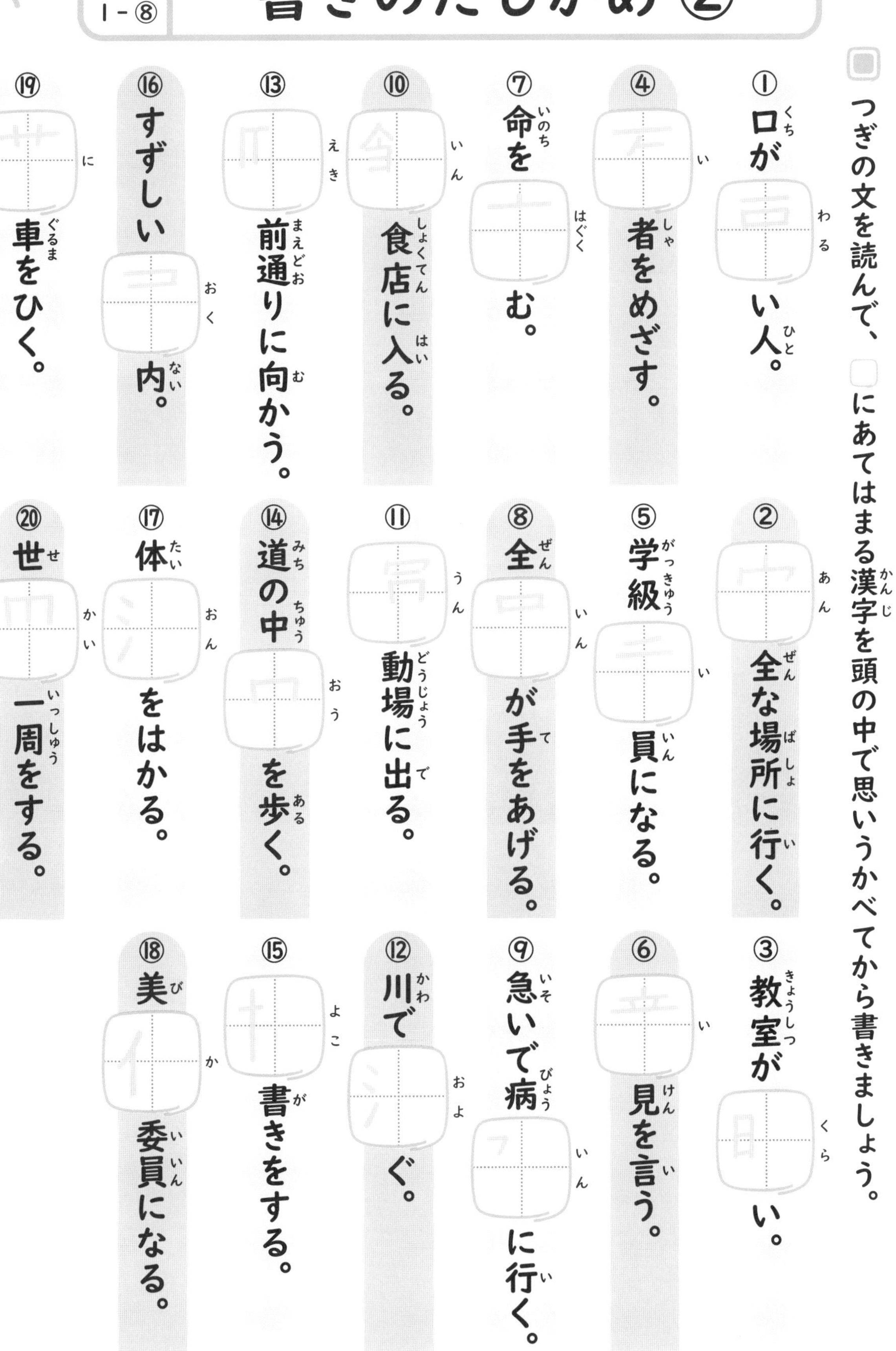

① 口が□（わる）い人。
② □（あん）全な場所に行く。
③ 教室が□（くら）い。
④ □（い）者をめざす。
⑤ 学級□（い）員になる。
⑥ □（い）見を言う。
⑦ 命を□（はぐく）む。
⑧ 全□（いん）が手をあげる。
⑨ 急いで病□（いん）に行く。
⑩ □（いん）食店に入る。
⑪ □（うん）動場に出る。
⑫ 川で□（およ）ぐ。
⑬ □（えき）前通りに向かう。
⑭ 道の中□（おう）を歩く。
⑮ □（よこ）書きをする。
⑯ すずしい□（おく）内。
⑰ 体□（おん）をはかる。
⑱ 美□（か）委員になる。
⑲ □（に）車をひく。
⑳ 世□（かい）一周をする。

漢字 1-⑨

書きのたしかめ ③

□ つぎの文を読んで、□にあてはまる漢字(かんじ)を頭の中で思いうかべてから書きましょう。

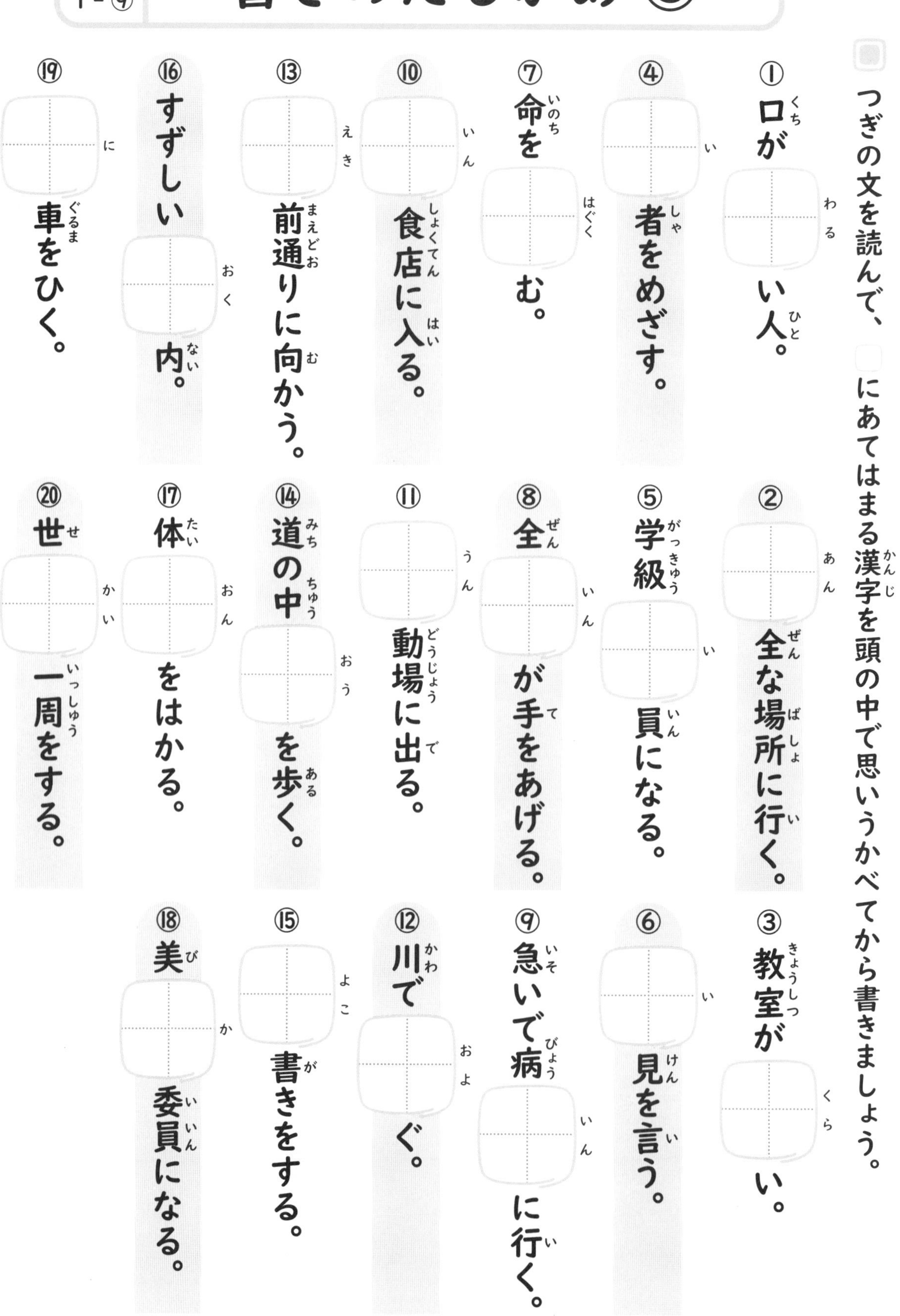

① 口(くち)が□(わる)い人(ひと)。

② □(あん)全(ぜん)な場所(ばしょ)に行(い)く。

③ 教室(きょうしつ)が□(くら)い。

④ □(い)者(しゃ)をめざす。

⑤ 学級(がっきゅう)□(い)員(いん)になる。

⑥ □(い)見(けん)を言(い)う。

⑦ 命(いのち)を□(はぐく)む。

⑧ 全(ぜん)□(いん)が手(て)をあげる。

⑨ 急(いそ)いで病(びょう)□(いん)に行(い)く。

⑩ □(いん)食店(しょくてん)に入(はい)る。

⑪ □(うん)動場(どうじょう)に出(で)る。

⑫ 川(かわ)で□(およ)ぐ。

⑬ □(えき)前通(まえどお)りに向(む)かう。

⑭ 道(みち)の中(ちゅう)□(おう)を歩(ある)く。

⑮ □(よこ)書(が)きをする。

⑯ すずしい□(おく)内(ない)。

⑰ 体(たい)□(おん)をはかる。

⑱ 美(び)□(か)委員(いいん)になる。

⑲ □(に)車(ぐるま)をひく。

⑳ 世(せ)□(かい)一周(いっしゅう)をする。

漢字みつけ！①

□ つぎの図の中から、今回学習した漢字を二十字見つけましょう。見つけた漢字はなぞりましょう。

漢字 2-① 開・階・寒・感

手本の漢字を指でなぞります。□には漢字を頭の中で思いうかべてから書きましょう。

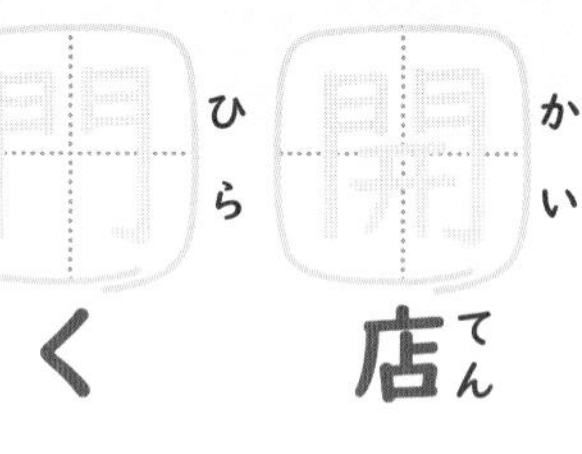

開 音 カイ 訓 ひら-く あ-ける

□(かい)店　□(ひら)く　まどを□(あ)ける。

階 音 カイ 訓 —

一□(かい)　音□(かい)　□(かい)だんをおりる。

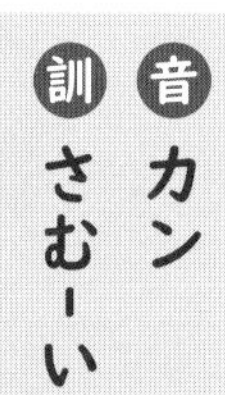

寒 音 カン 訓 さむ-い

□(かん)風　□(かん)中見まい　□(さむ)い冬が来る。

感 音 カン 訓 —

□(かん)想　□(かん)動　いたみを□(かん)じる。

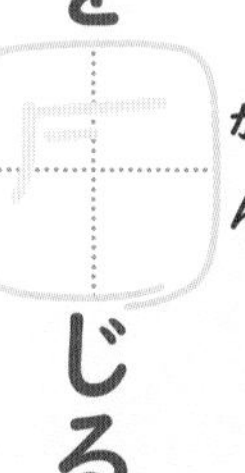

漢字 2-②

漢・館・岸・起

手本の漢字を指でなぞります。□には漢字を頭の中で思いうかべてから書きましょう。

漢
音 カン
訓 ―

□字（かんじ）
□文（かんぶん）
□方薬（かんぽうやく）を飲む。

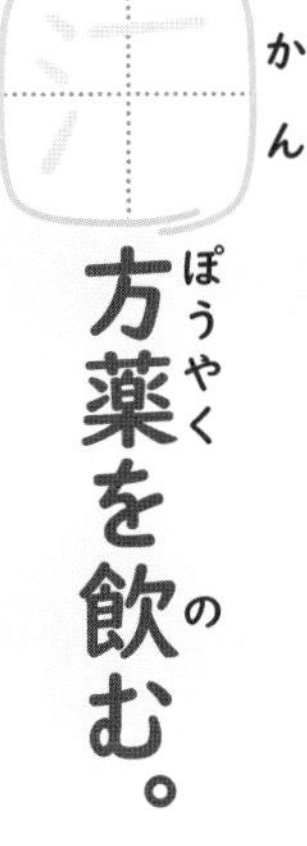

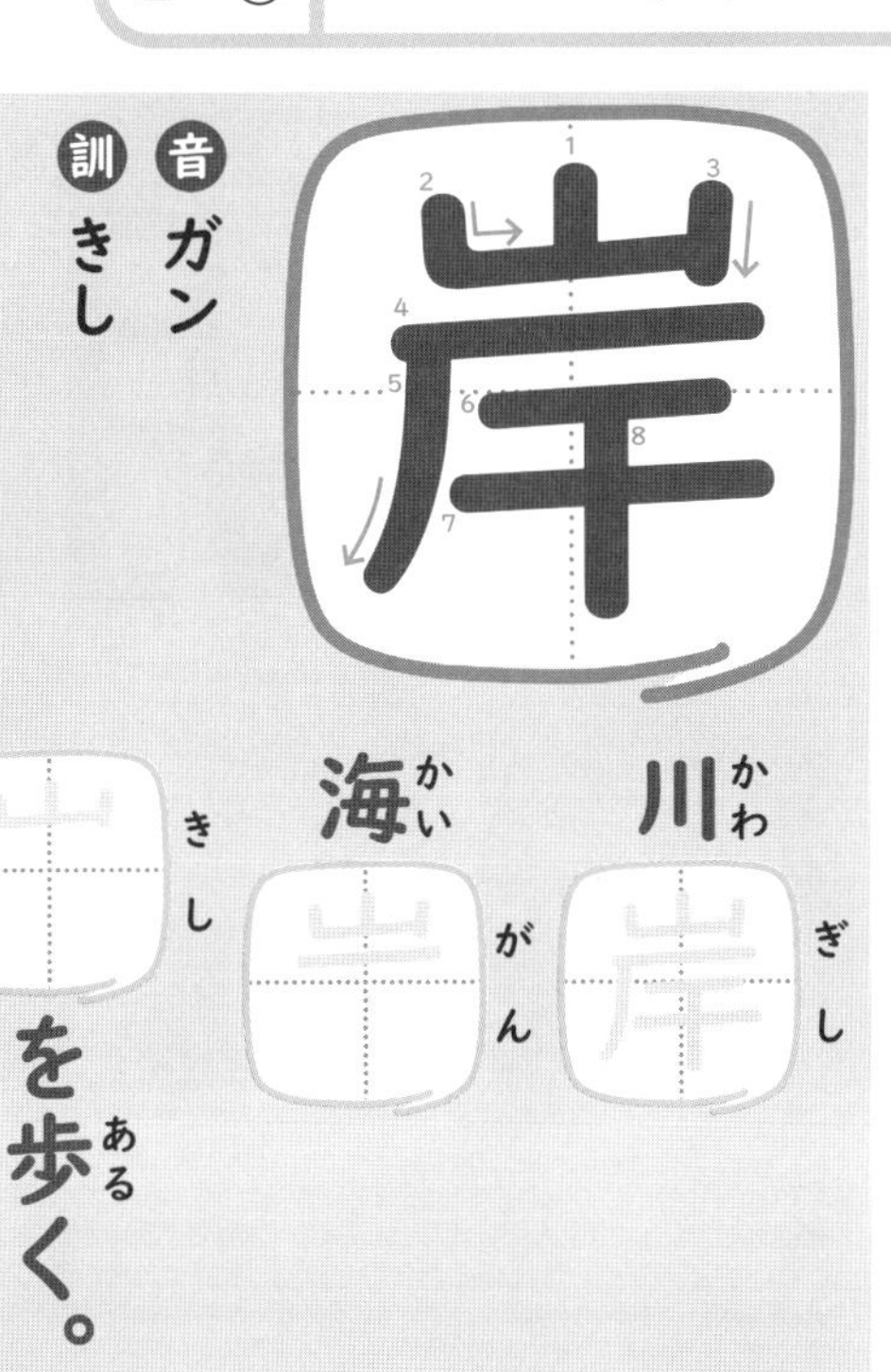

岸
音 ガン
訓 きし

川□（かわぎし）
海□（かいがん）
□（きし）を歩く。

館
音 カン
訓 やかた

図書□（としょかん）
会□（かいかん）
古い□（やかた）に入る。

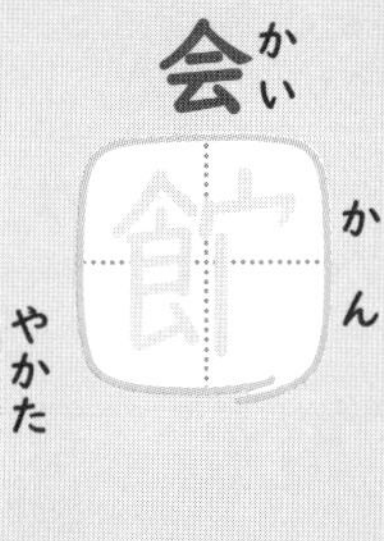

起
音 キ
訓 お-きる
お-こす

□立（きりつ）
早□き（はやおき）
事けんが□こる。（おこる）

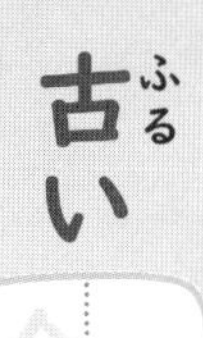

漢字 2-③　期・客・究・急

□手本の漢字を指でなぞります。
□には漢字を頭の中で思いうかべてから書きましょう。

期

音 キ
訓 ―

□(き)間(かん)
□(き)待(たい)
新学(しんがっ)□(き)が始(はじ)まる。

究

音 キュウ
訓 ―

研(けん)□(きゅう)
□(きゅう)明(めい)
研(けん)□(きゅう)者(しゃ)になる。

客

音 キャク
訓 ―

□(きゃく)室(しつ)
乗(じょう)□(きゃく)
お店(みせ)のお□(きゃく)様(さま)。

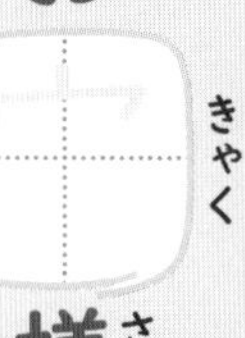

急

音 キュウ
訓 いそ-ぐ

□(きゅう)行(こう)
□(いそ)ぎ足(あし)
帰(かえ)り道(みち)を□(いそ)ぐ。

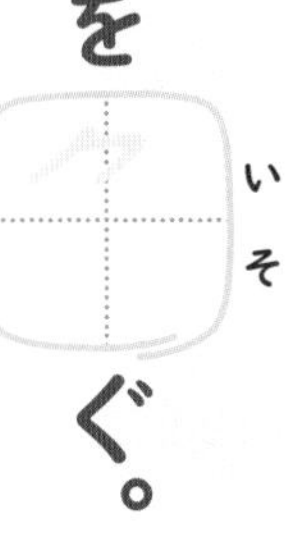

漢字 2-④

級・宮・球・去

■手本の漢字(かんじ)を指(ゆび)でなぞります。

□には漢字を頭の中で思いうかべてから書きましょう。

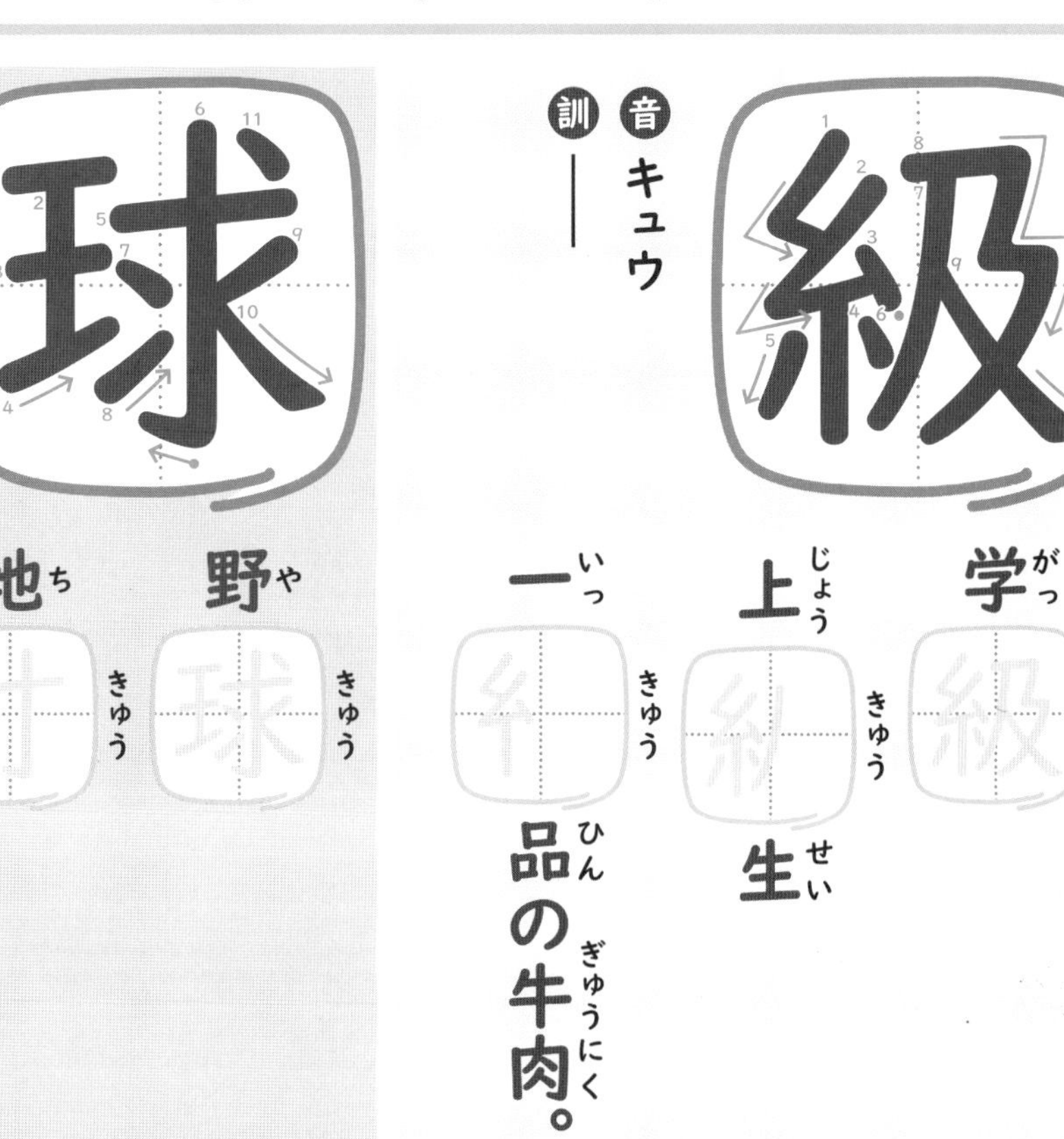

級

音 キュウ

訓 ―

学(がっ)□(きゅう)

上(じょう)□(きゅう)生(せい)

一(いっ)□(きゅう)品(ひん)の牛肉(ぎゅうにく)。

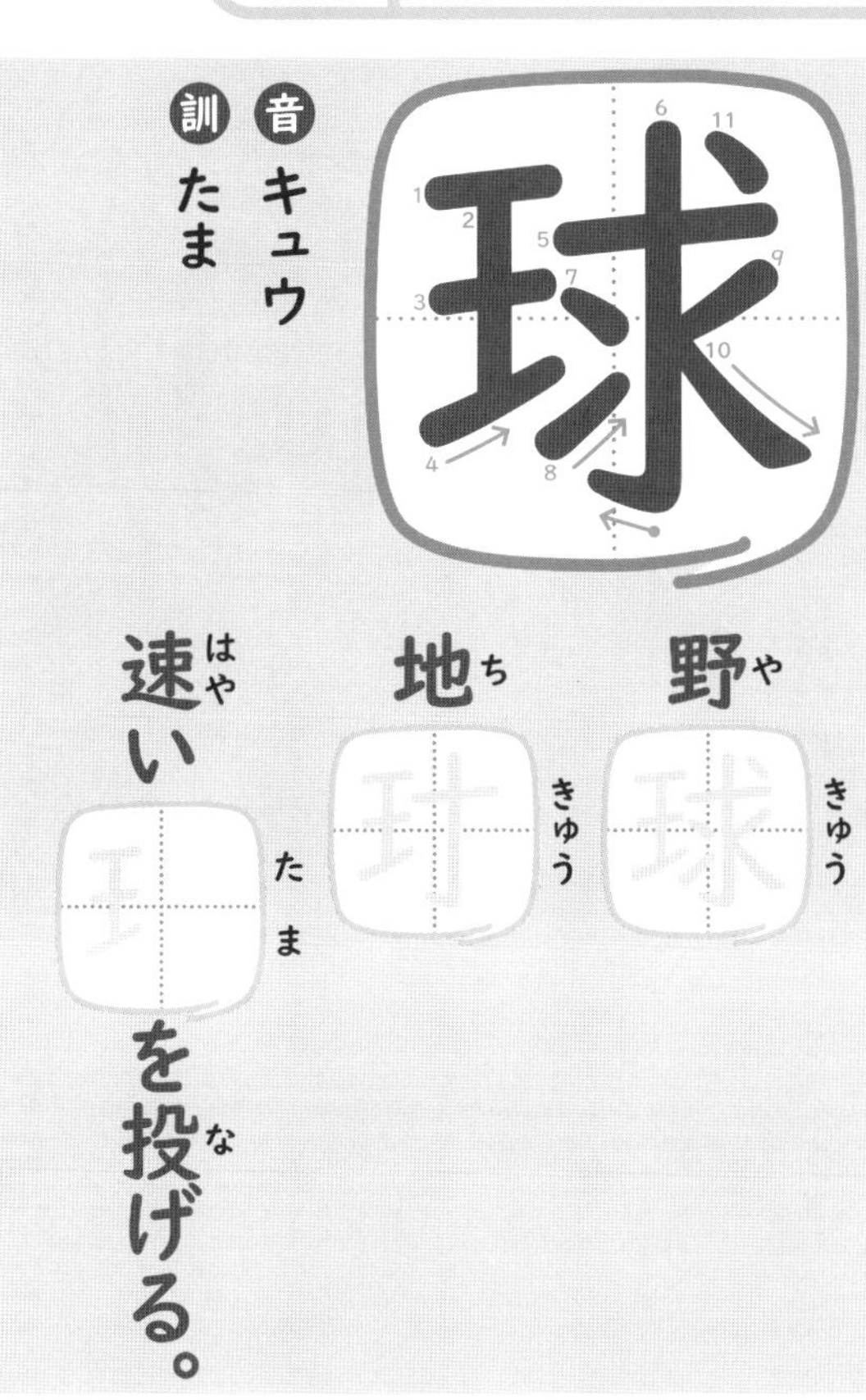

球

音 キュウ

訓 たま

野(や)□(きゅう)

地(ち)□(きゅう)

速(はや)い□(たま)を投(な)げる。

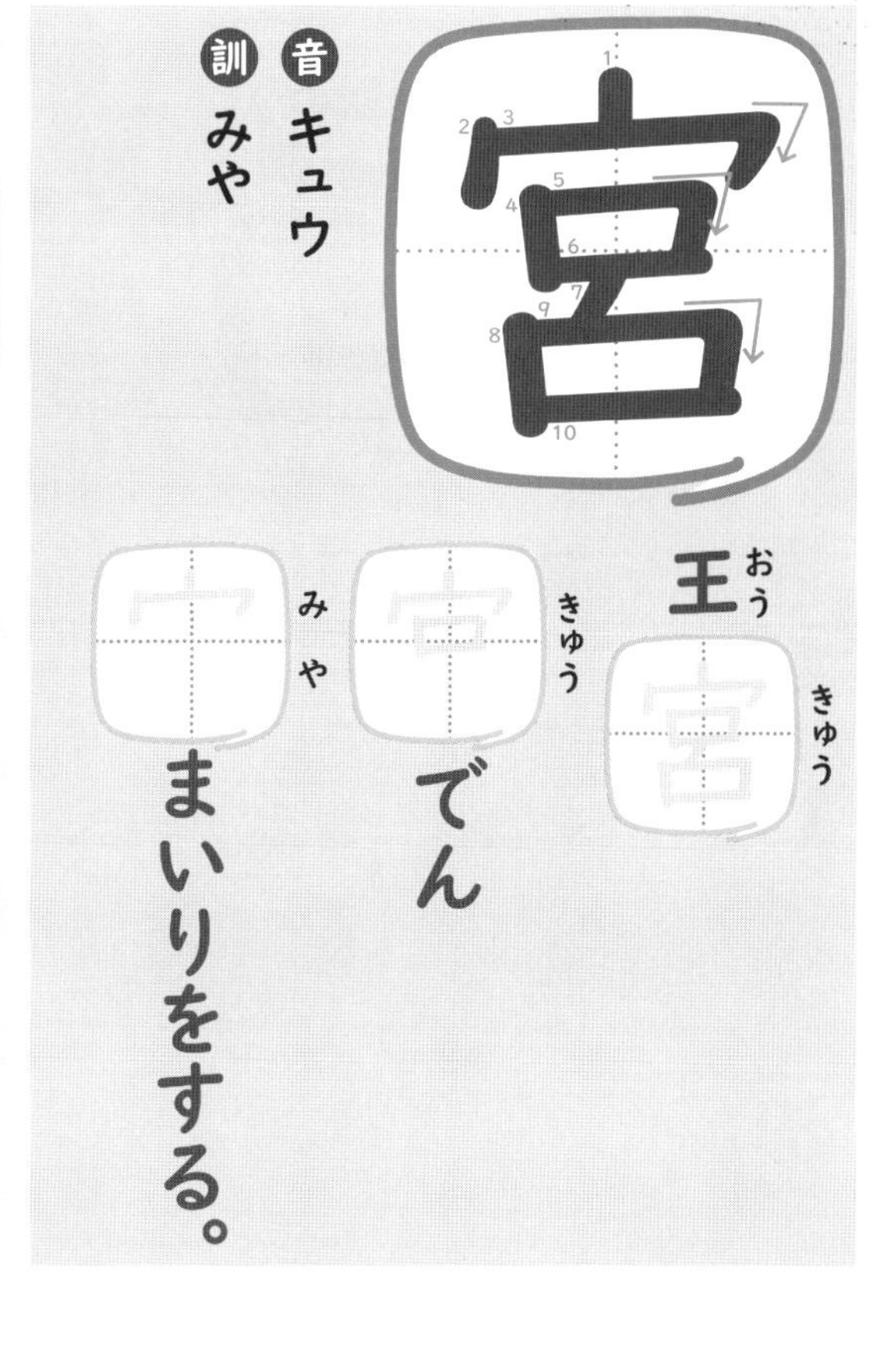

宮

音 キュウ

訓 みや

王(おう)□(きゅう)

□(きゅう)でん

□(みや)まいりをする。

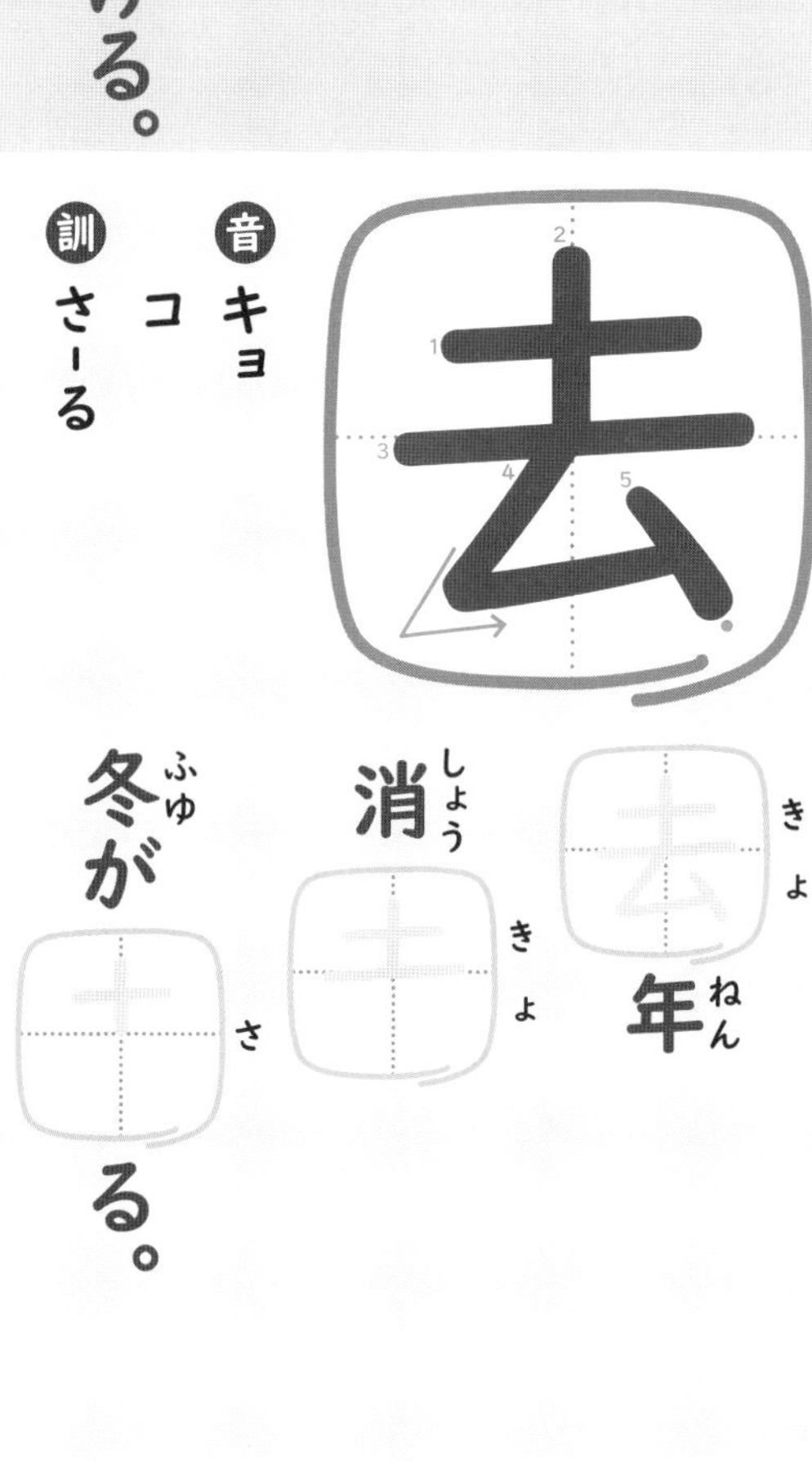

去

音 キョ　コ

訓 さ-る

□(きょ)年(ねん)

消(しょう)□(きょ)

冬(ふゆ)が□(さ)る。

漢字 2-⑤

橋・業・曲・局

手本の漢字を指でなぞります。□には漢字を頭の中で思いうかべてから書きましょう。

橋
音 キョウ
訓 はし

鉄橋（てっきょう）
歩道橋（ほどうきょう）
木の橋（はし）をわたる。

曲
音 キョク
訓 ま-がる

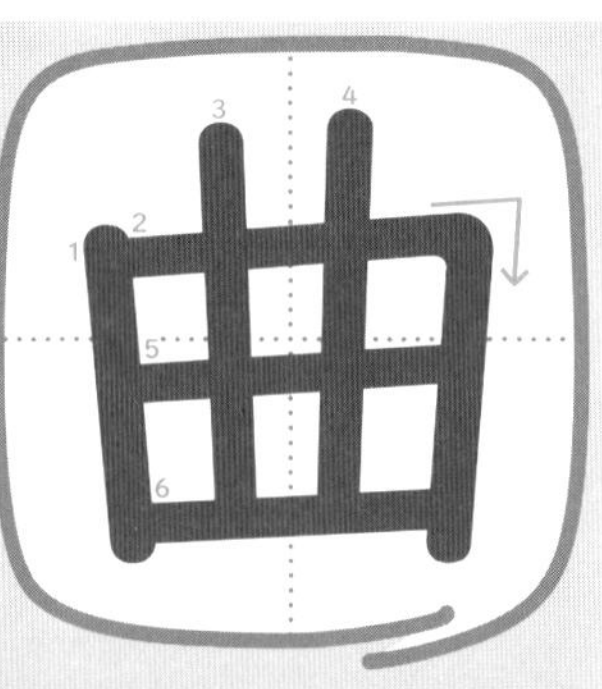

作曲（さっきょく）
名曲（めいきょく）
右に曲（ま）がる。

業
音 ギョウ
訓 ―

作業（さぎょう）
工業（こうぎょう）
農業（のうぎょう）をいとなむ。

局
音 キョク
訓 ―

放送局（ほうそうきょく）
薬局（やっきょく）
きびしい局（きょく）面（めん）。

漢字 2-⑥

読みのたしかめ

□ つぎの文を読んで、――を引いた漢字の読みを（　）に書きましょう。

① ばらが開花する。（　）

② 高い階に住む。（　）

③ 今年の冬は寒い。（　）

④ 音感がいい。（　）

⑤ 漢詩を読む。（　）

⑥ よい旅館にとまる。（　）

⑦ 対岸の火事。（　）

⑧ 朝早く起きる。（　）

⑨ 一学期が終わる。（　）

⑩ 先客がある。（　）

⑪ 虫の研究をする。（　）

⑫ 電車が急に止まる。（　）

⑬ 高級な車を買う。（　）

⑭ 村のお宮のそうじ。（　）

⑮ 電球がつく。（　）

⑯ 去る者は追わず。（　）

⑰ つり橋をわたる。（　）

⑱ 店を休業する。（　）

⑲ 曲線をえがく。（　）

⑳ ゆうびん局に行く。（　）

漢字 2-⑦

書きのたしかめ①

つぎの文を読んで、□にあてはまる漢字を頭の中で思いうかべてからなぞりましょう。

① ばらが開花する。

② 高い階に住む。

③ 今年の冬は寒い。

④ 音感がいい。

⑤ 漢詩を読む。

⑥ よい旅館にとまる。

⑦ 対岸の火事。

⑧ 朝早く起きる。

⑨ 一学期が終わる。

⑩ 先客がある。

⑪ 虫の研究をする。

⑫ 電車が急に止まる。

⑬ 高級な車を買う。

⑭ 村のお宮のそうじ。

⑮ 電球がつく。

⑯ 去る者は追わず。

⑰ つり橋をわたる。

⑱ 店を休業する。

⑲ 曲線をえがく。

⑳ ゆうびん局に行く。

漢字 2-⑧

書きのたしかめ ②

つぎの文を読んで、□にあてはまる漢字を頭の中で思いうかべてから書きましょう。

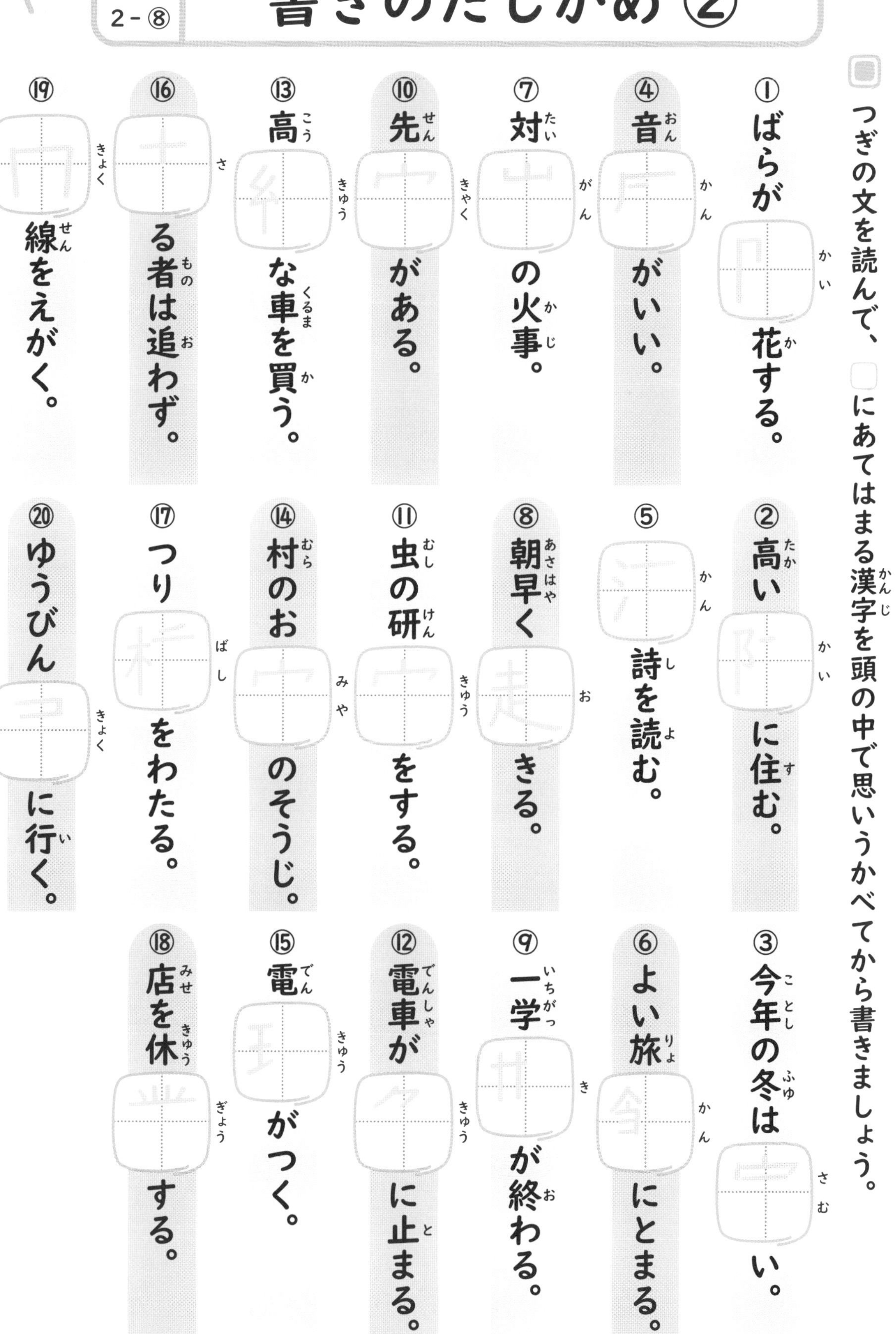

① ばらが□(かい)花する。
② 高い□(かい)に住む。
③ 今年の冬は□(さむ)い。
④ 音□(かん)がいい。
⑤ □(かん)詩を読む。
⑥ よい旅□(かん)にとまる。
⑦ 対□(がん)の火事。
⑧ 朝早く□(お)きる。
⑨ 一学□(き)が終わる。
⑩ 先□(きゃく)がある。
⑪ 虫の研□(きゅう)をする。
⑫ 電車が□(きゅう)に止まる。
⑬ 高□(きゅう)な車を買う。
⑭ 村のお□(みや)のそうじ。
⑮ 電□(きゅう)がつく。
⑯ □(さ)る者は追わず。
⑰ つり□(ばし)をわたる。
⑱ 店を休□(ぎょう)する。
⑲ □(きょく)線をえがく。
⑳ ゆうびん□(きょく)に行く。

漢字 2-⑨

書きのたしかめ ③

□ つぎの文を読んで、□にあてはまる漢字を頭の中で思いうかべてから書きましょう。

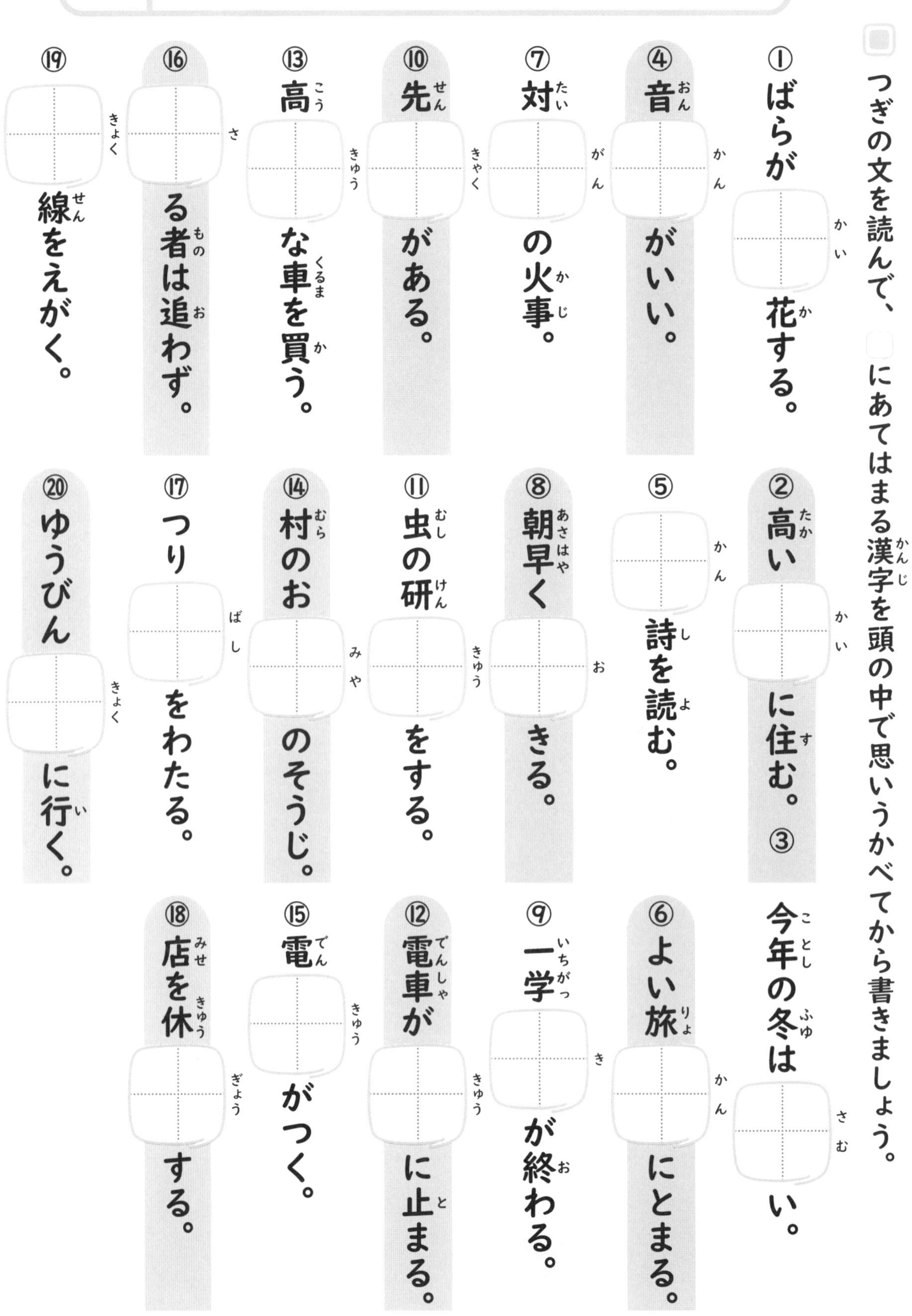

① ばらが□(かい)花する。

② 高い□(かい)に住む。

③ 今年の冬は□(さむ)い。

④ 音□(かん)がいい。

⑤ □(かん)詩を読む。

⑥ よい旅□(かん)にとまる。

⑦ 対□(がん)の火事。

⑧ 朝早く□(お)きる。

⑨ 一学□(き)が終わる。

⑩ 先□(きゃく)がある。

⑪ 虫の研□(きゅう)をする。

⑫ 電車が□(きゅう)に止まる。

⑬ 高□(きゅう)な車を買う。

⑭ 村のお□(みや)のそうじ。

⑮ 電□(きゅう)がつく。

⑯ □(さ)る者は追わず。

⑰ つり□(ばし)をわたる。

⑱ 店を休□(ぎょう)する。

⑲ □(きょく)線をえがく。

⑳ ゆうびん□(きょく)に行く。

漢字 2-⑩

漢字めいろ ①

正しい漢字の道を通って、スタートからゴールまで進みます。正しい漢字のみをなぞりましょう。（さらに、まちがい漢字を正しく書けたら、花丸です）

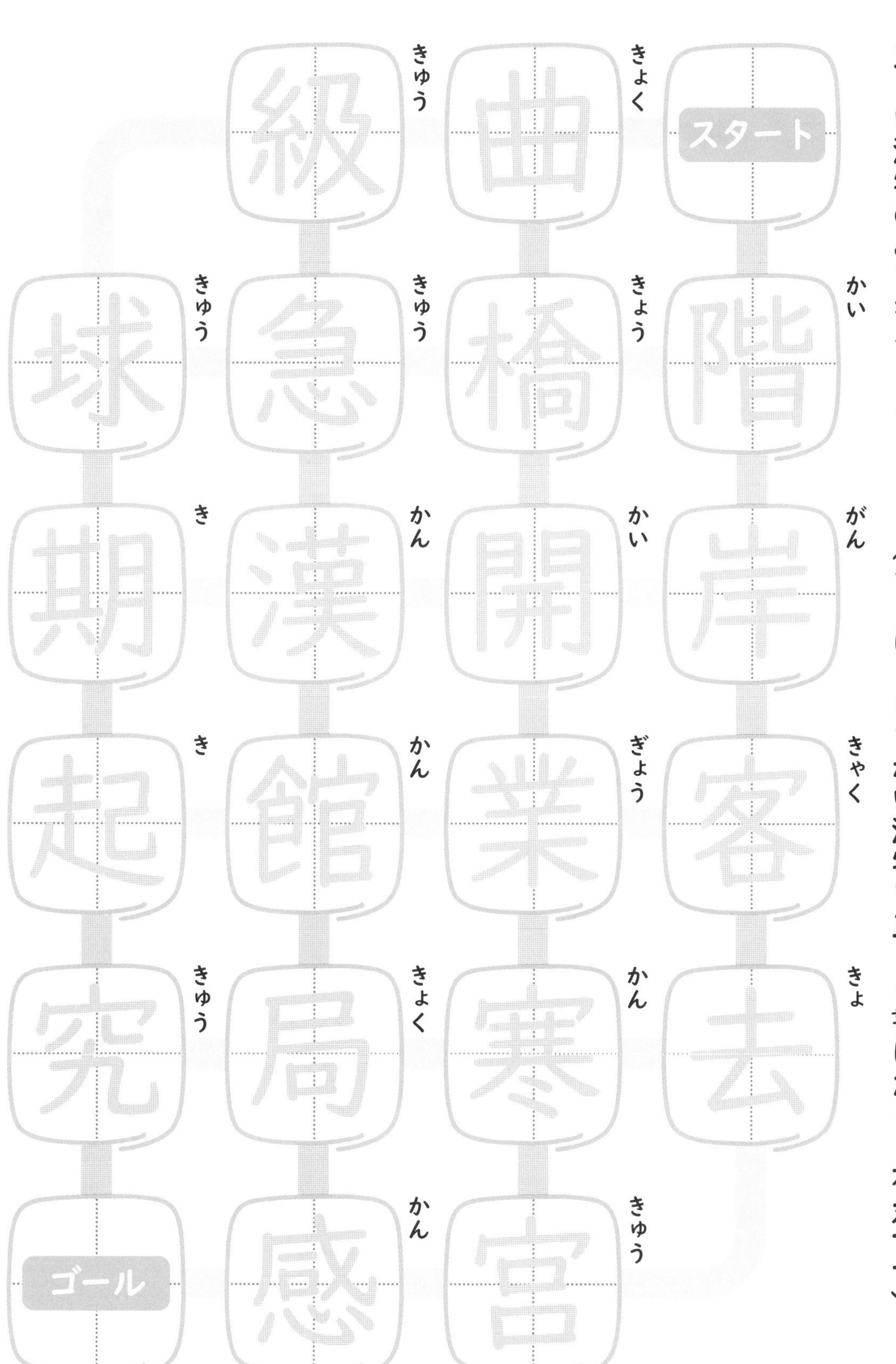

漢字 3-①

銀・区・苦・具

手本の漢字(かんじ)を指(ゆび)でなぞります。□には漢字を頭の中で思いうかべてから書きましょう。

音 ギン
訓 ―

□(ぎん)色(いろ)
□(ぎん)行(こう)
□(ぎん)メダルをとる。

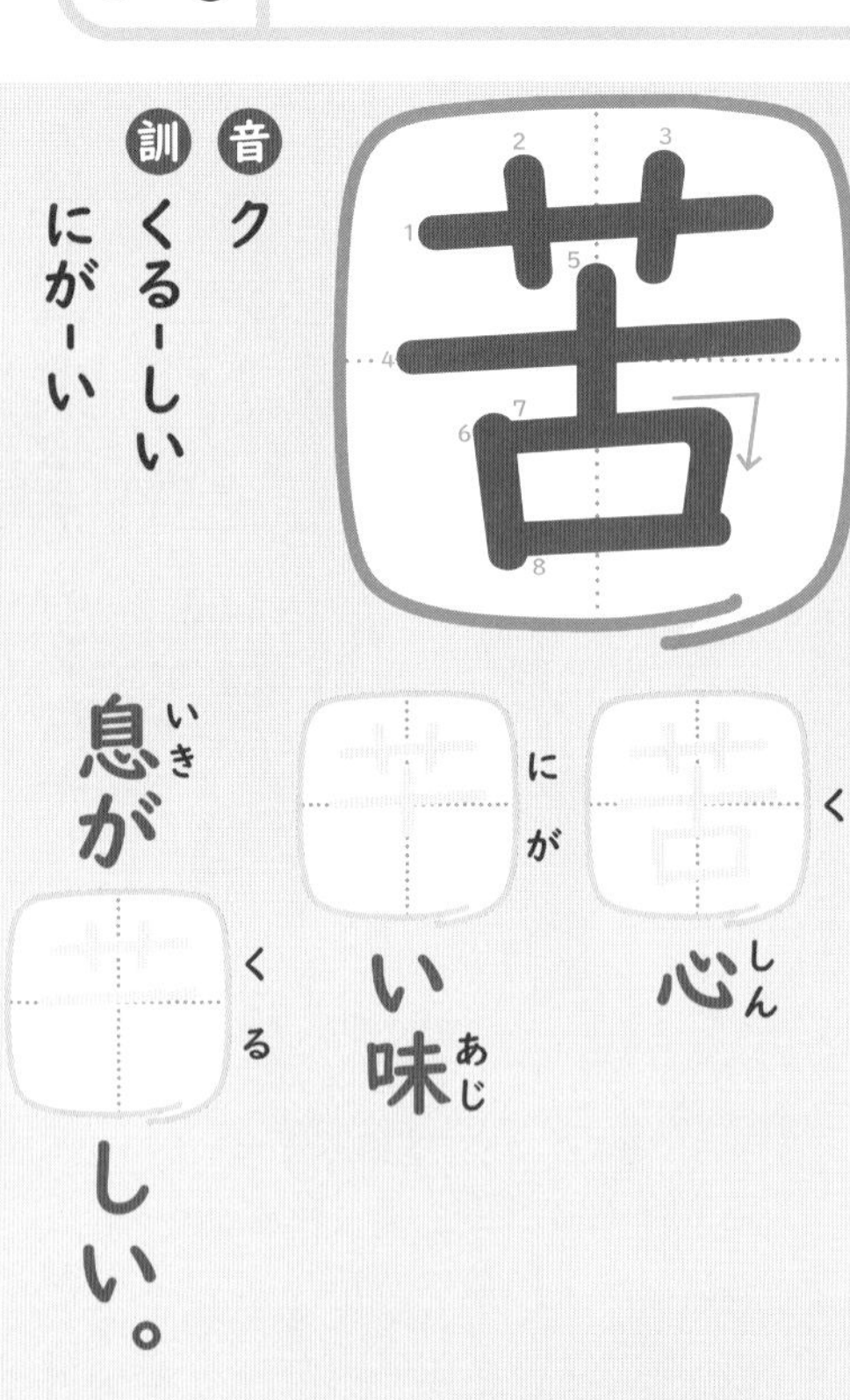

音 ク
訓 くる-しい
にが-い

□(く)心(しん)
□(にが)い味(あじ)
息(いき)が□(くる)しい。

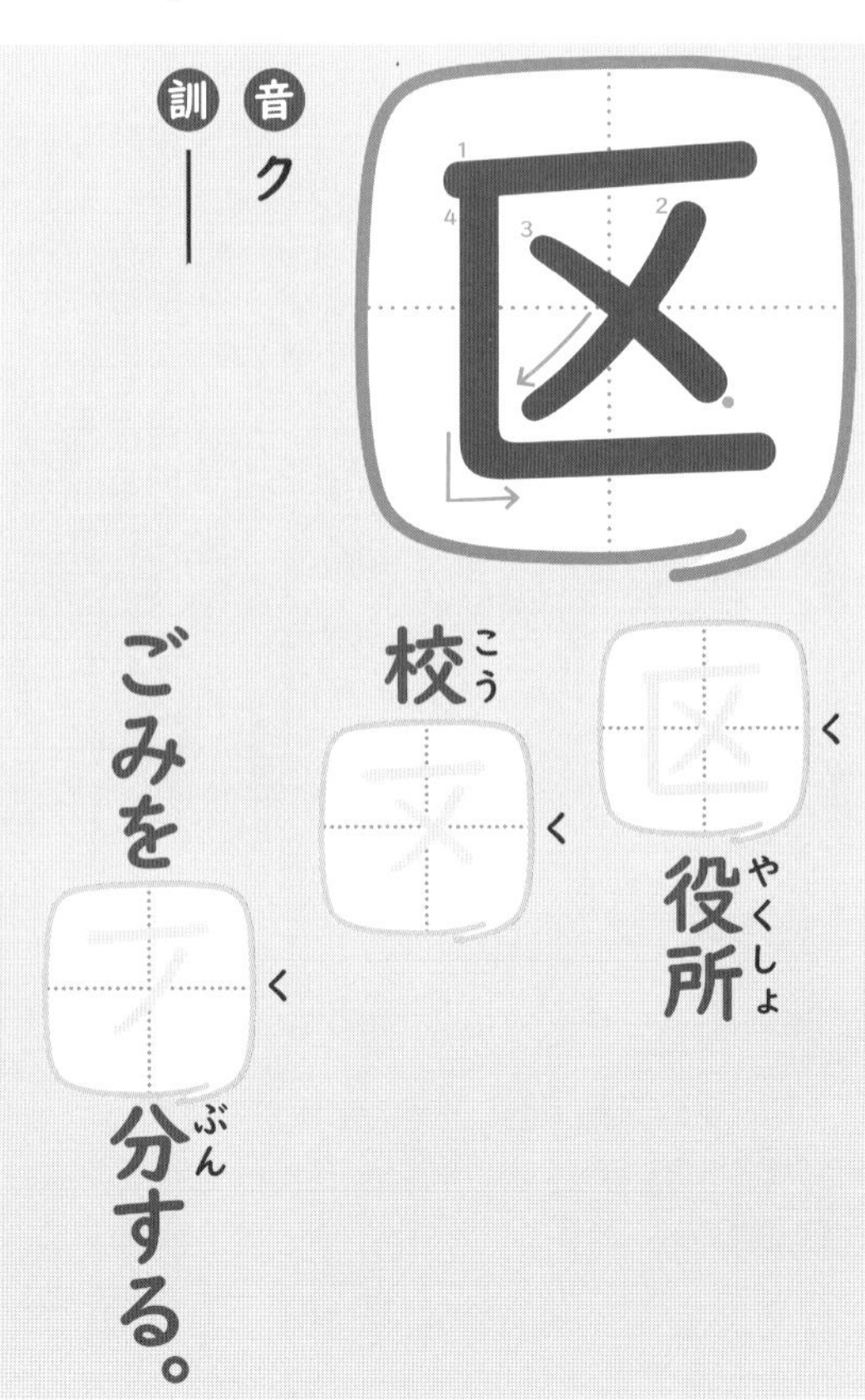

音 ク
訓 ―

□(く)役所(やくしょ)
校(こう)□(く)
ごみを□(く)分(ぶん)する。

音 グ
訓 ―

道(どう)□(ぐ)
家(か)□(ぐ)
絵(え)の□(ぐ)を使(つか)う。

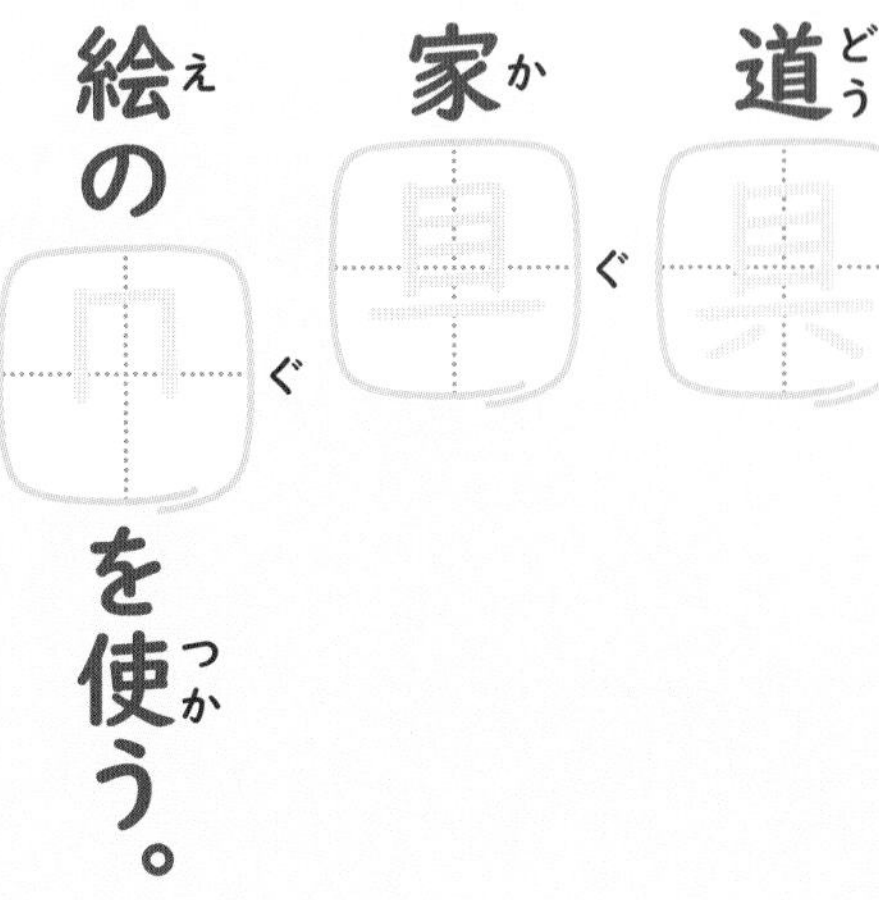

君・係・軽・血

手本の漢字(かんじ)を指(ゆび)でなぞります。□には漢字を頭の中で思いうかべてから書きましょう。

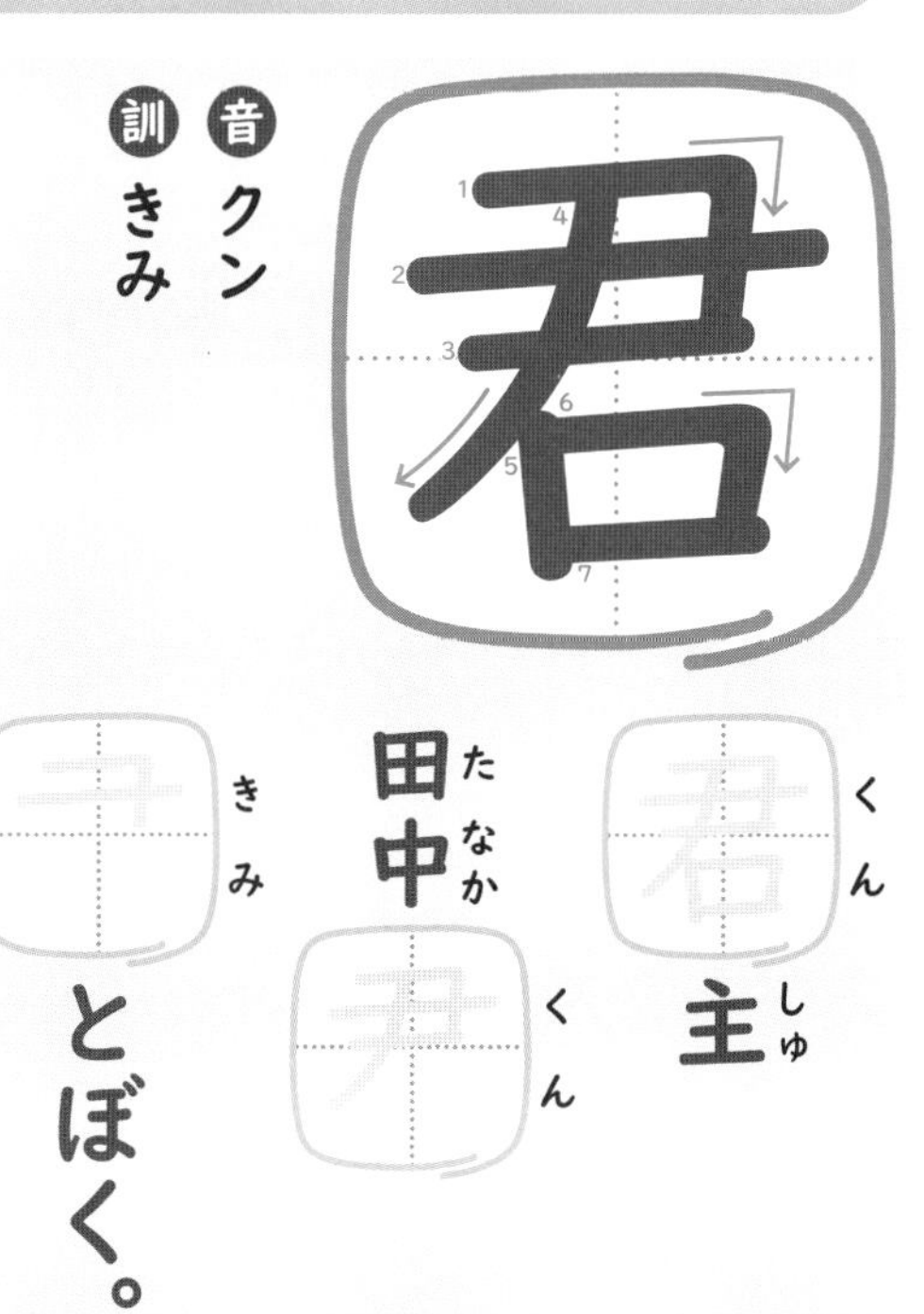

音 クン
訓 きみ

□(くん)主(しゅ)

田中(たなか)□(くん)

□(きみ)とぼく。

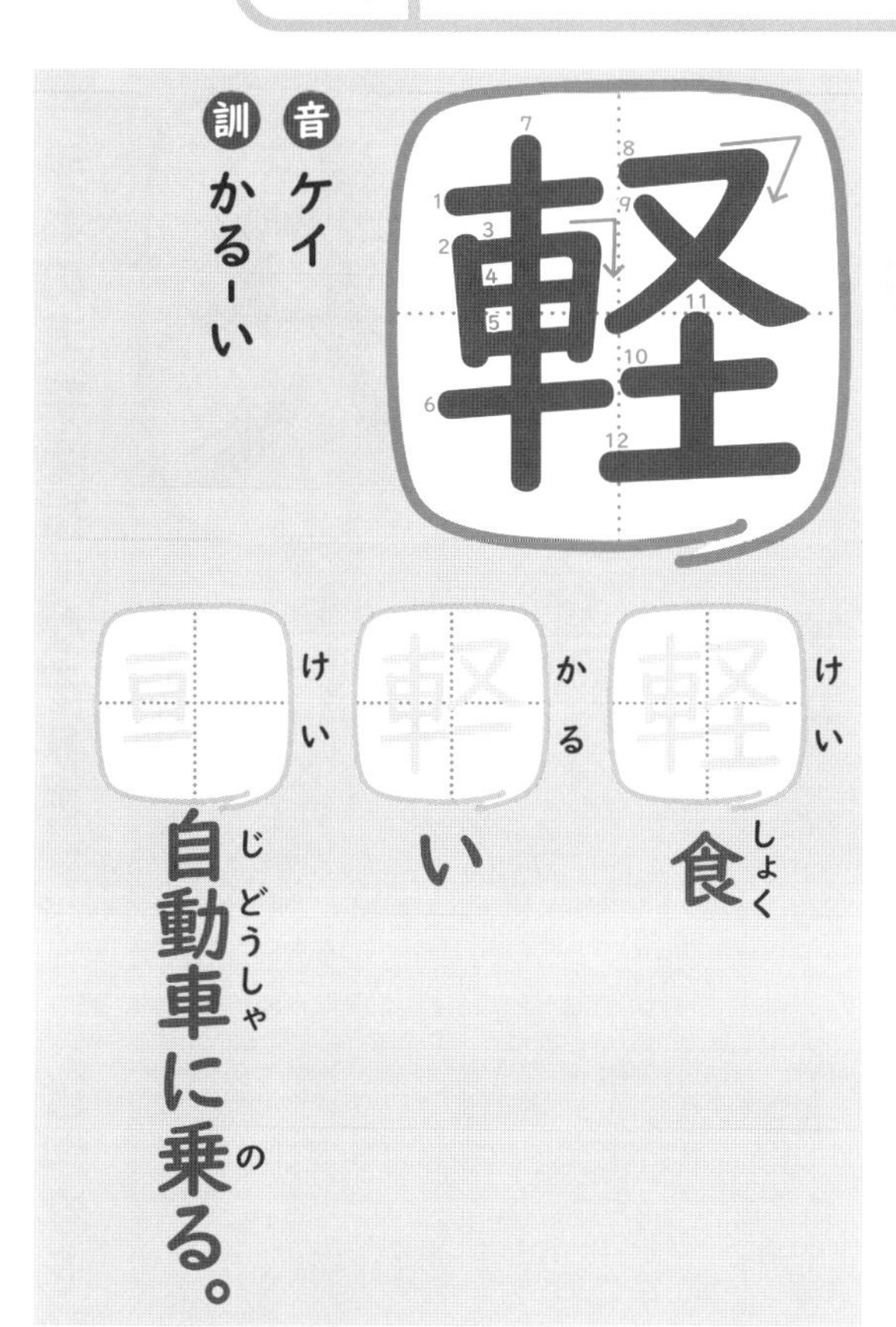

音 ケイ
訓 かる-い

□(けい)食(しょく)

□(かる)い

□(けい)自動車(じどうしゃ)に乗(の)る。

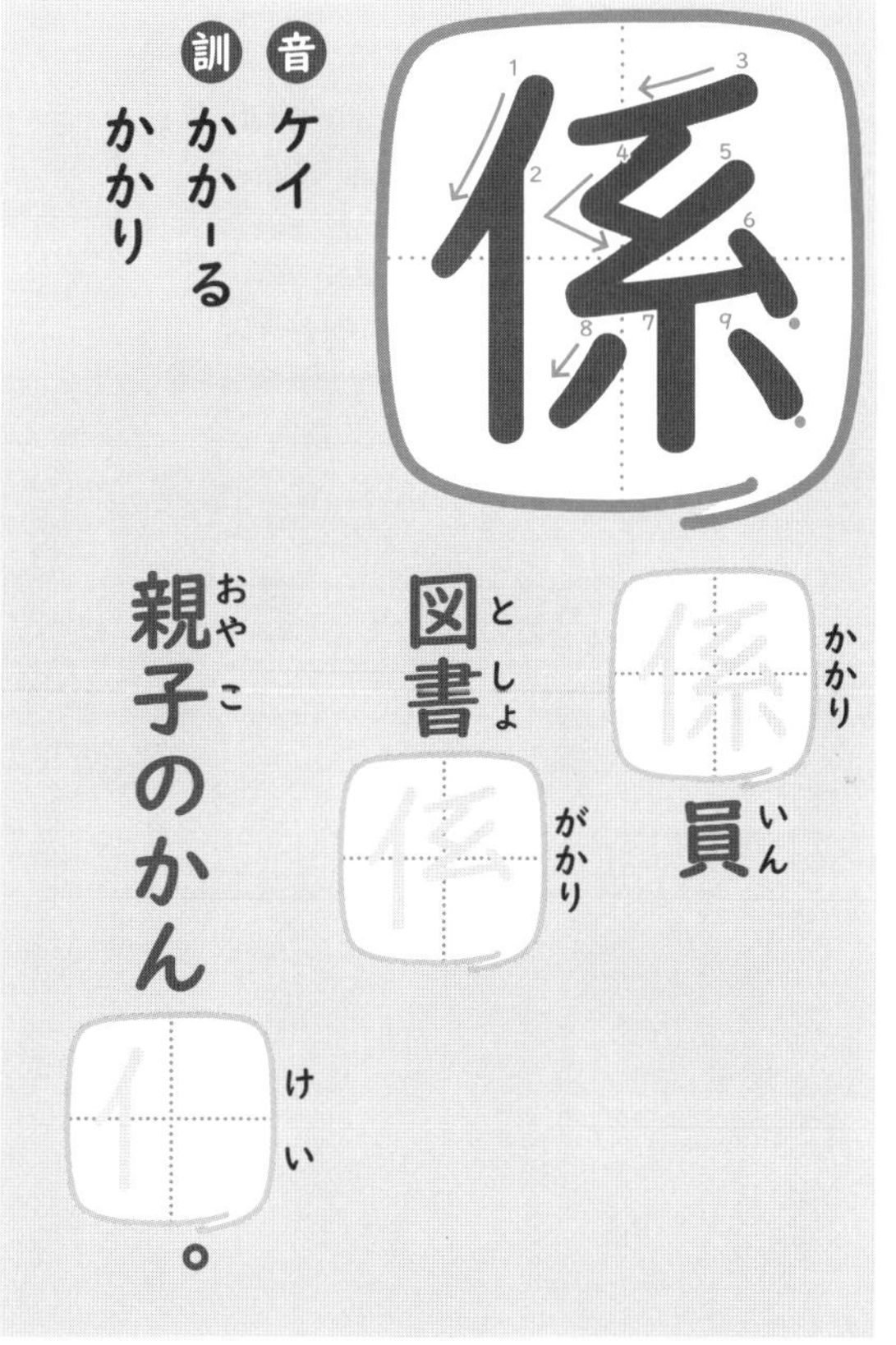

音 ケイ
訓 かか-る かかり

□(かかり)員(いん)

図書(としょ)□(がかり)

親子(おやこ)のかん□(けい)。

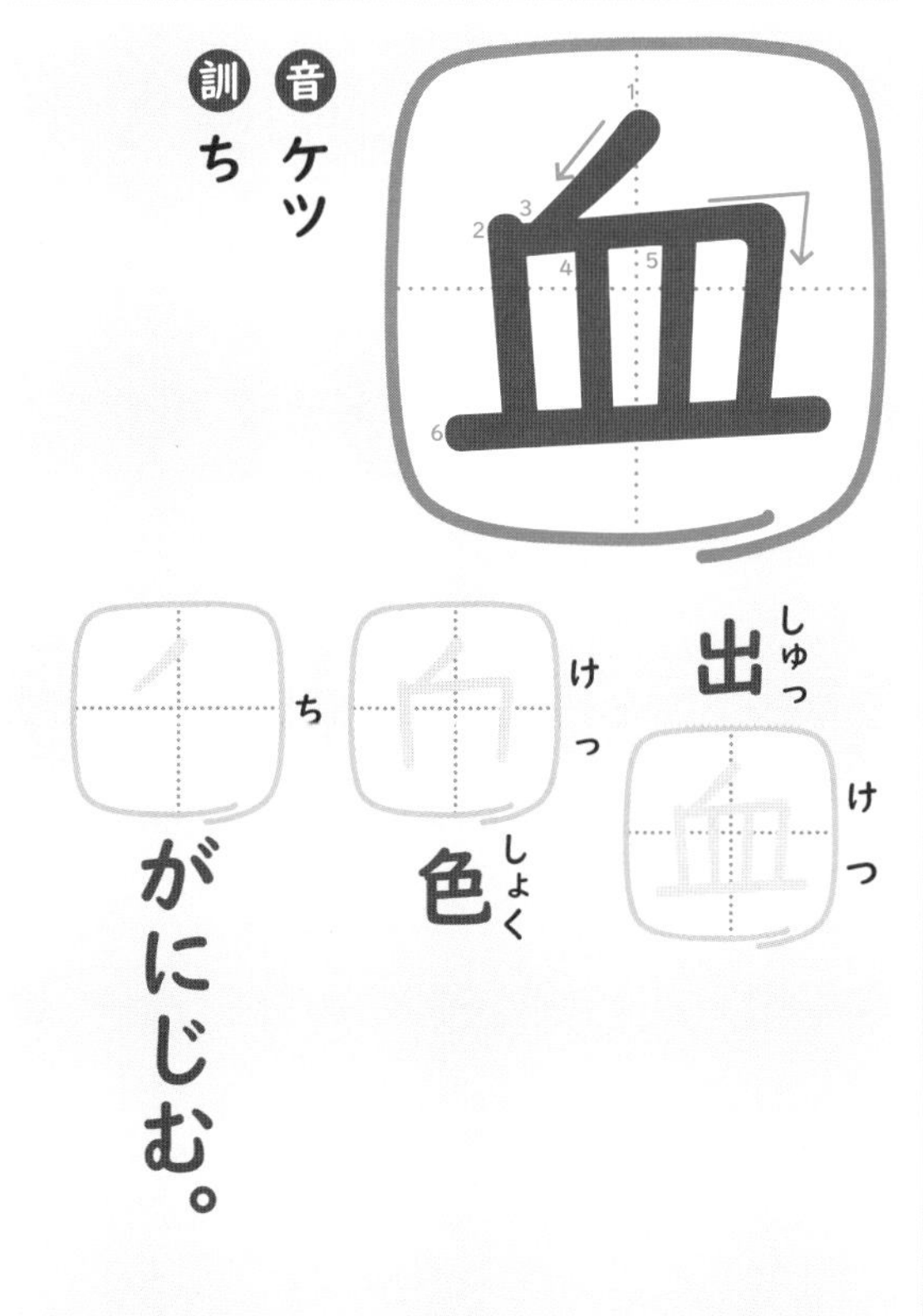

音 ケツ
訓 ち

出(しゅっ)□(けつ)

□(けっ)色(しょく)

□(ち)がにじむ。

漢字 3-③

決・研・県・庫

□ 手本の漢字を指でなぞります。□には漢字を頭の中で思いうかべてから書きましょう。

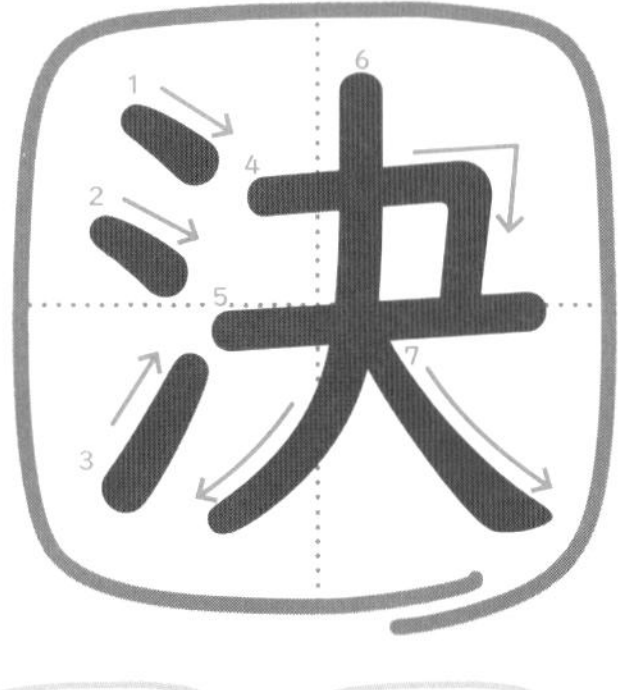

音 ケツ
訓 き-める　き-まる

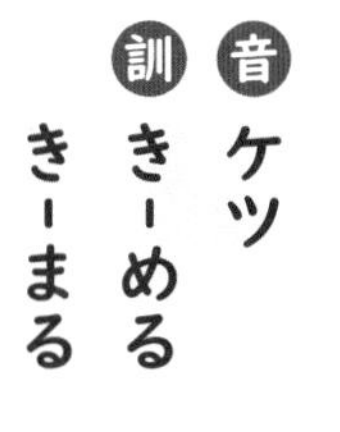

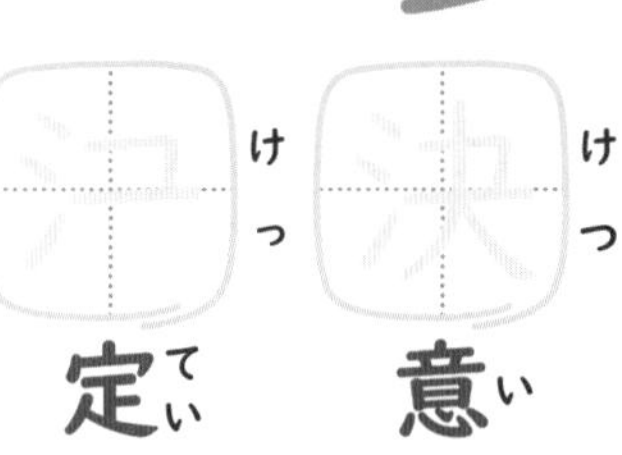

決（けつ）意（い）
決（けっ）定（てい）

日時（にちじ）を決（き）める。

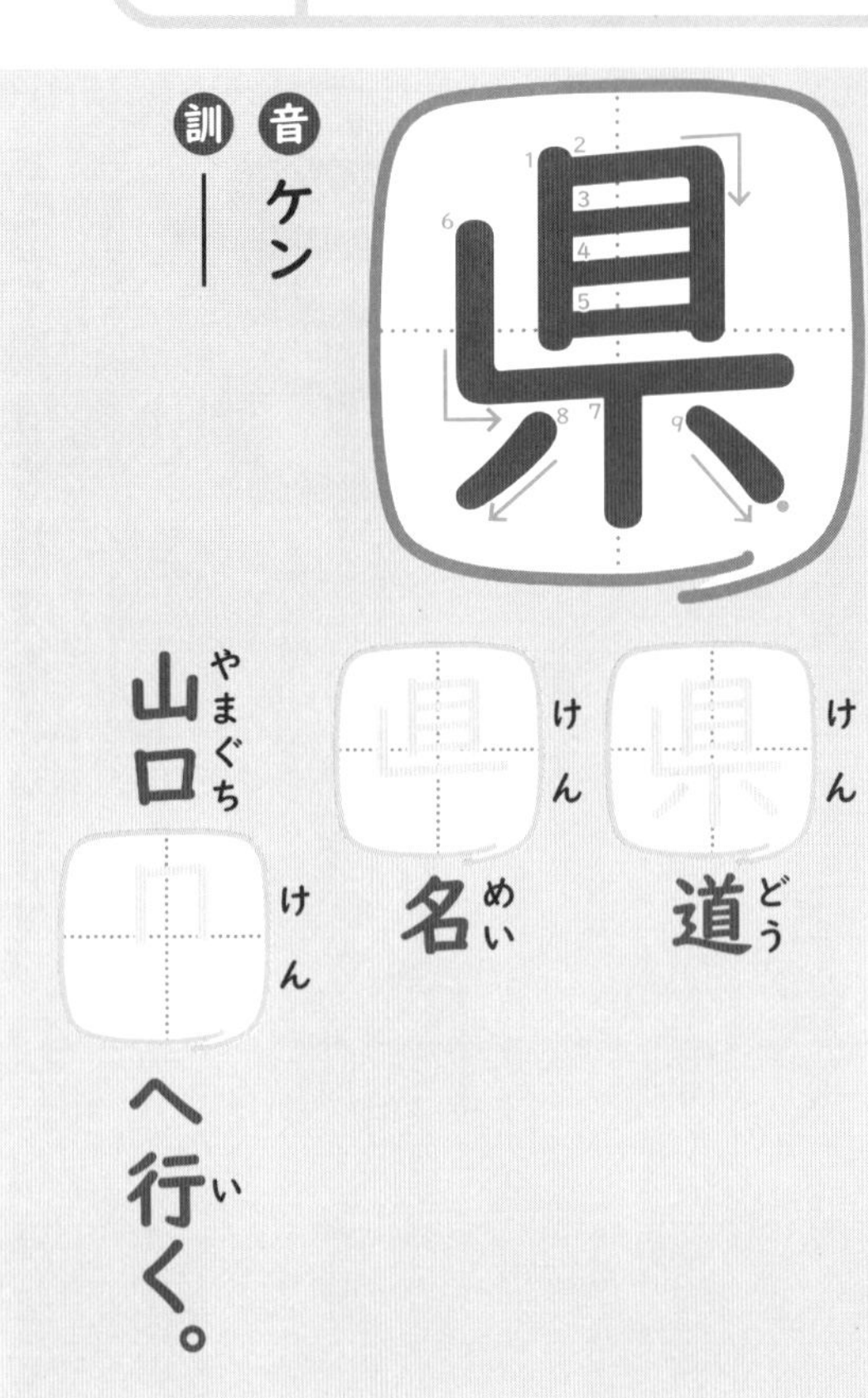

音 ケン
訓 ―

県（けん）道（どう）
県（けん）名（めい）

山口（やまぐち）県（けん）へ行（い）く。

音 ケン
訓 ―

研（けん）究（きゅう）
研（けん）究所（きゅうしょ）

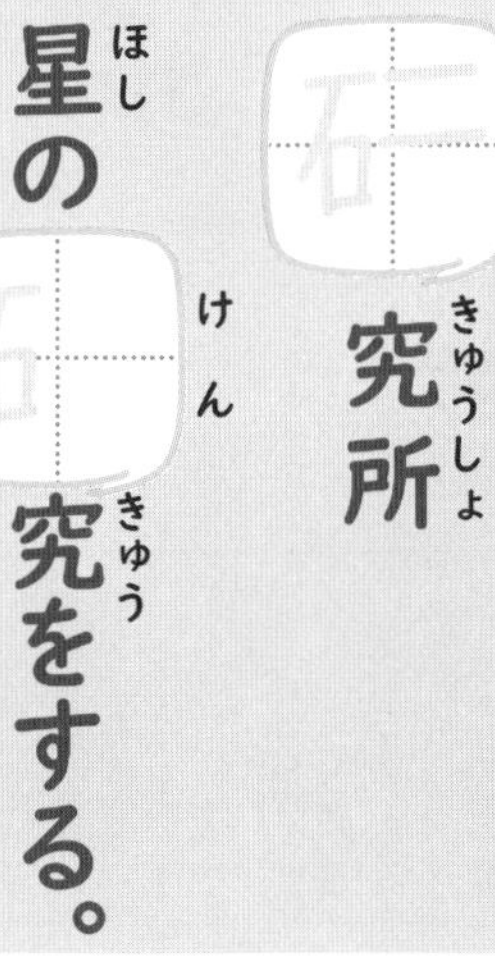

星（ほし）の研（けん）究（きゅう）をする。

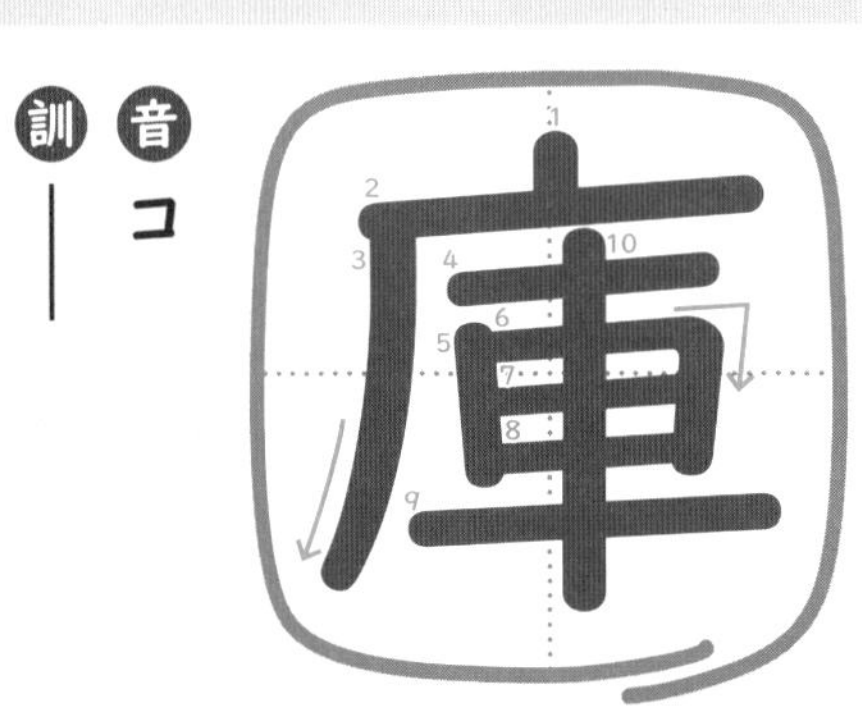

音 コ
訓 ―

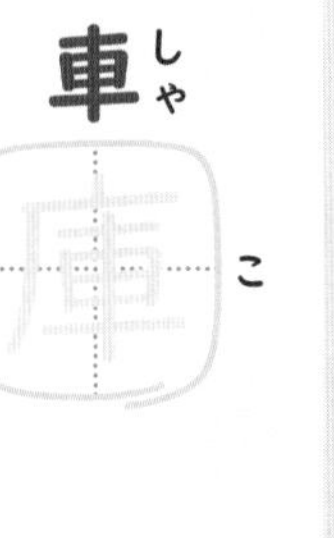

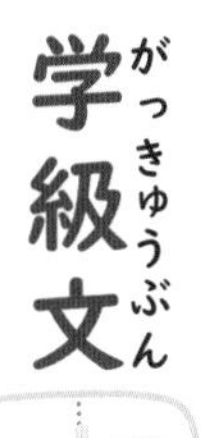

車（しゃ）庫（こ）
金（きん）庫（こ）

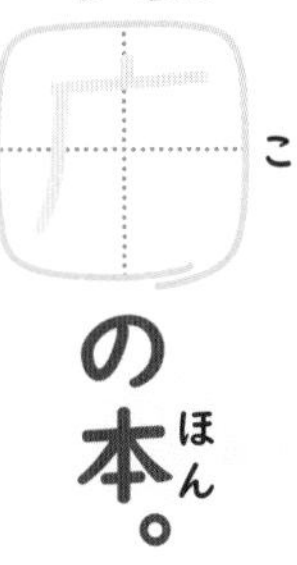

学級文（がっきゅうぶん）庫（こ）の本（ほん）。

漢字 3-④

湖・向・幸・港

手本の漢字を指でなぞります。□には漢字を頭の中で思いうかべてから書きましょう。

音 コ
訓 みずうみ

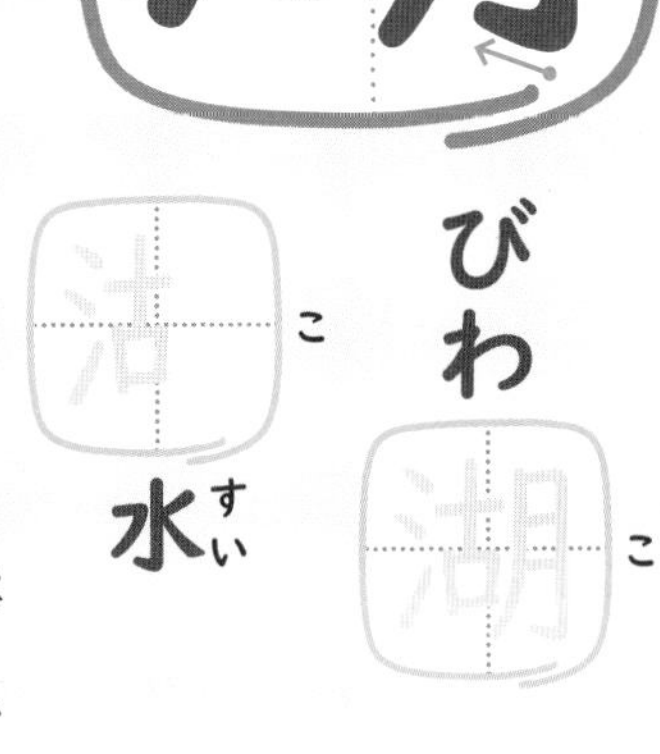

びわ湖（こ）
湖（こ）水（すい）
白鳥（はくちょう）の湖（みずうみ）をみる。

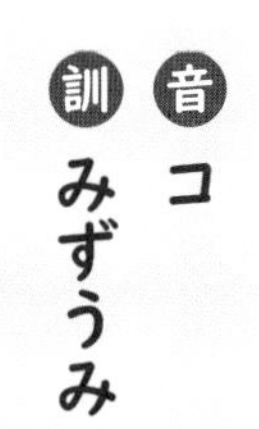

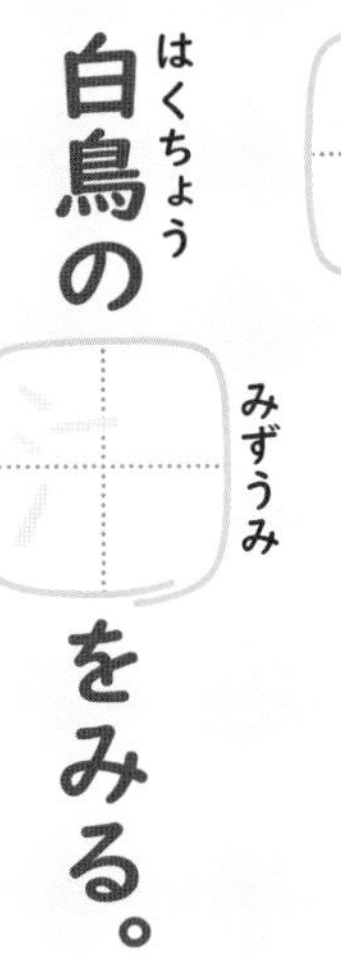

音 コウ
訓 さいわ-い
しあわ-せ

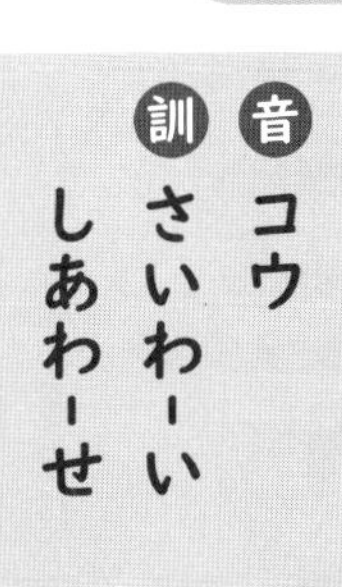

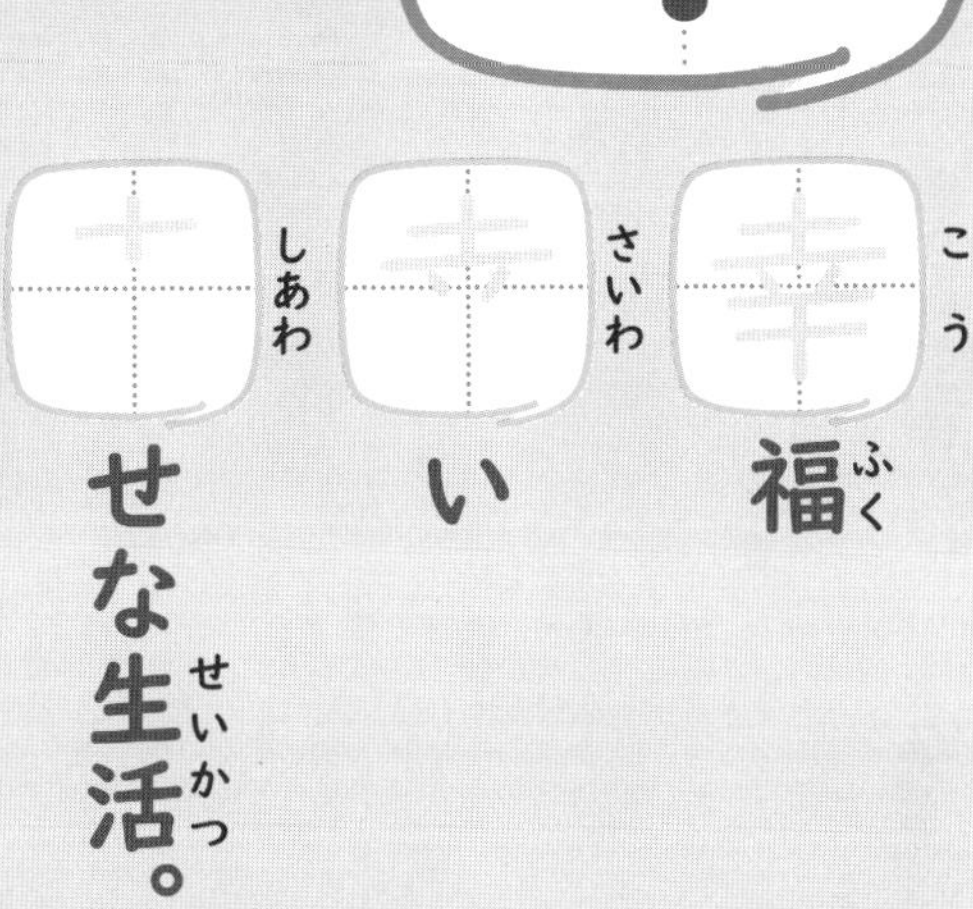

幸（こう）福（ふく）
幸（さいわ）い
幸（しあわ）せな生活（せいかつ）。

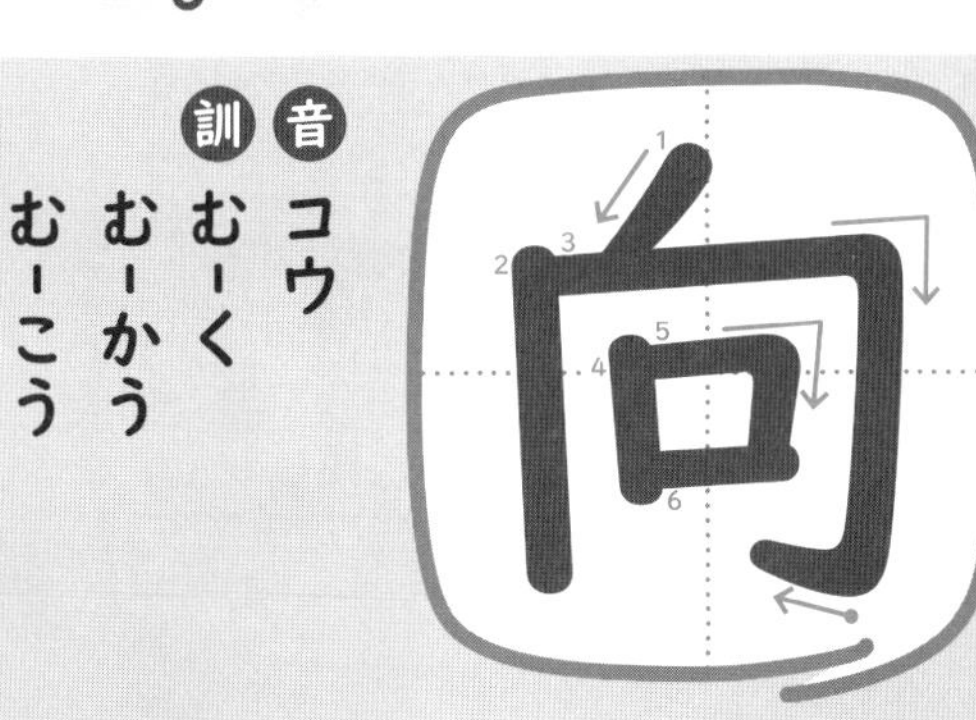

音 コウ
訓 む-く
む-かう
む-こう

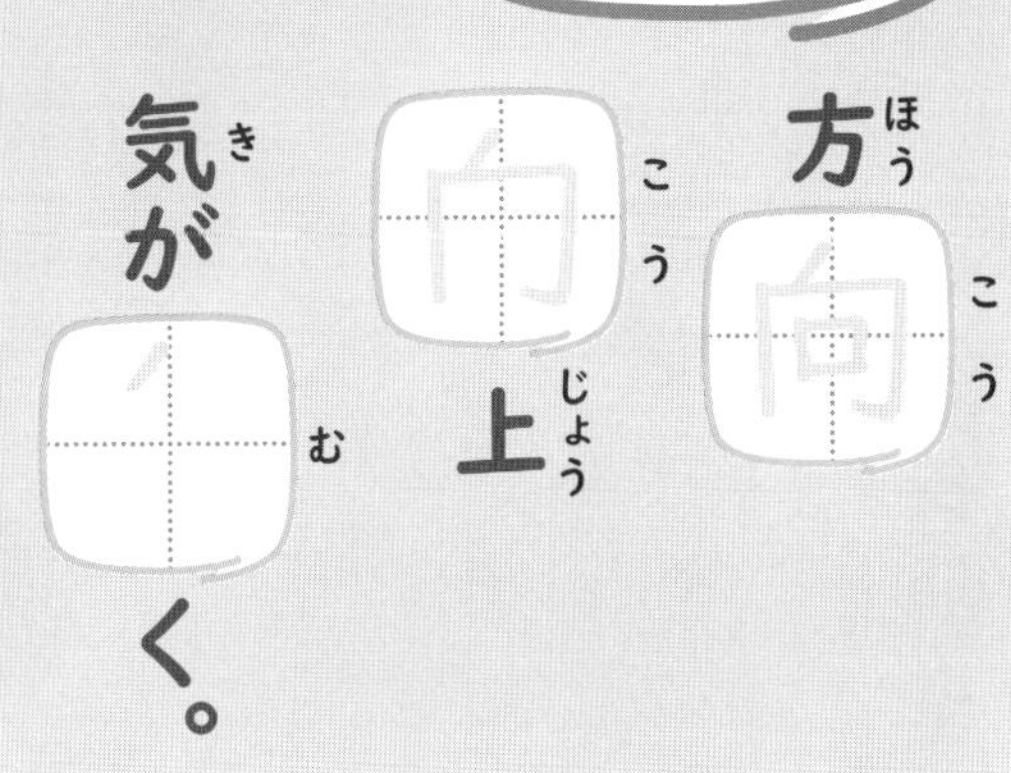

方（ほう）向（こう）
向（こう）上（じょう）
気（き）が向（む）く。

音 コウ
訓 みなと

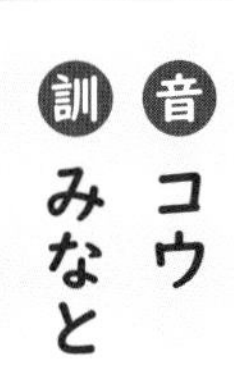

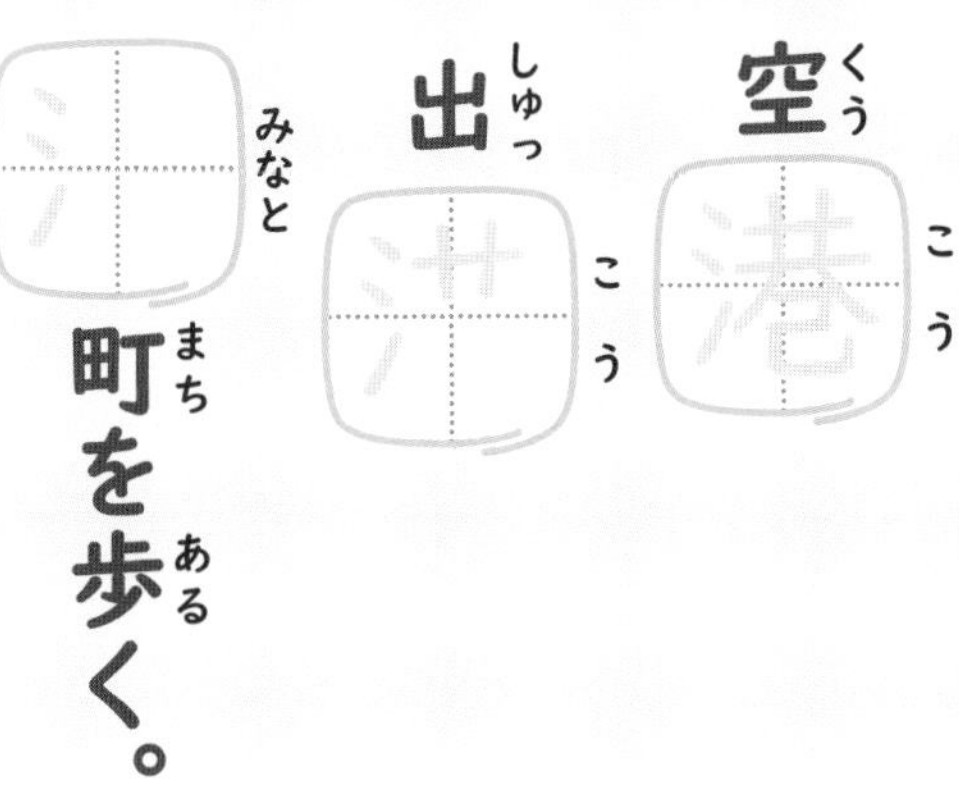

空（くう）港（こう）
出（しゅっ）港（こう）
港（みなと）町（まち）を歩（ある）く。

漢字 3-⑤

号・根・祭・皿

手本の漢字（かんじ）を指（ゆび）でなぞります。□には漢字を頭の中で思いうかべてから書きましょう。

音 ゴウ
訓 ―

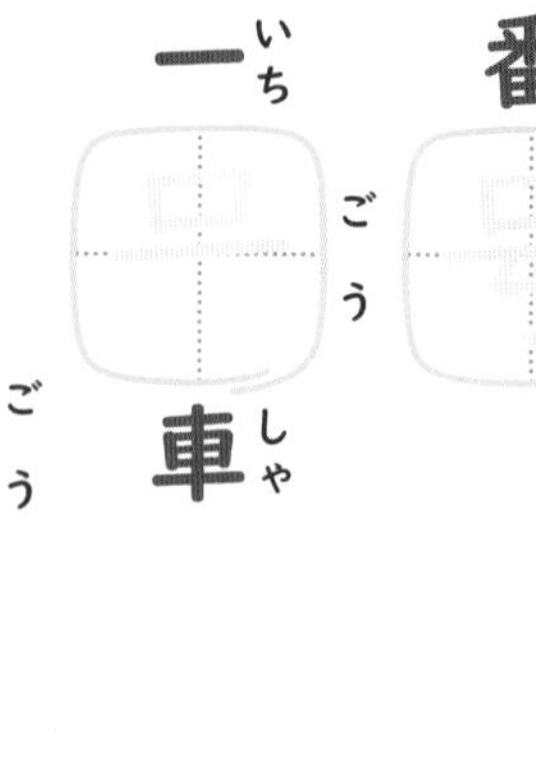

番（ばん）号（ごう）

一（いち）号（ごう）車（しゃ）

地図記（ちずき）号（ごう）を書（か）く。

音 サイ
訓 まつ-り　まつ-る

祭（まつ）る

文化（ぶんか）祭（さい）

秋（あき）祭（まつ）りが近（ちか）づく。

音 コン
訓 ね

大（だい）根（こん）

根（こん）気（き）

屋（や）根（ね）を見上（みあ）げる。

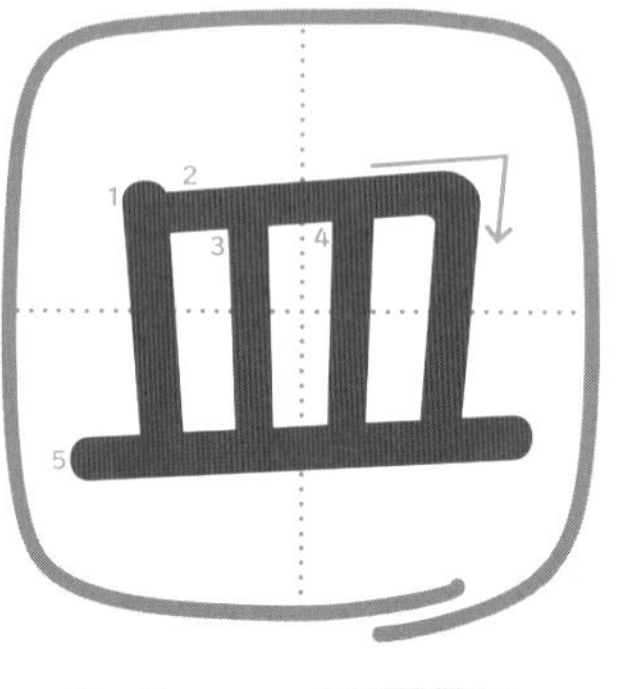

音 ―
訓 さら

皿（さら）回（まわ）し

大（おお）皿（ざら）

皿（さら）あらいをする。

ゴール　スタート

漢字 3-⑥

読みのたしかめ

つぎの文を読んで、——を引いた漢字(かんじ)の読みを（　）に書きましょう。

① 一面(いちめん)の銀世界(せかい)。（　）

② 中央(ちゅうおう)区に住(す)む。（　）

③ 苦手(て)な教科(きょうか)を知(し)る。（　）

④ みそしるの具。（　）

⑤ やさしい主(しゅ)君。（　）

⑥ 体育(たいいく)係に立(りっ)こうほ。（　）

⑦ 軽トラックの荷台(にだい)。（　）

⑧ 血あつをはかる。（　）

⑨ 中止(ちゅうし)が決まる。（　）

⑩ 動物(どうぶつ)研究所(きゅうしょ)。（　）

⑪ 県立(りつ)の図書館(としょかん)。（　）

⑫ れいぞう庫を開(ひら)く。（　）

⑬ 湖面(めん)をふく風(かぜ)。（　）

⑭ 向こう岸(ぎし)に行(い)く。（　）

⑮ 幸せをつかみとる。（　）

⑯ 船(ふね)が港に入(はい)る。（　）

⑰ ひかり号にのる。（　）

⑱ 球(きゅう)根を育(そだ)てる。（　）

⑲ 夏(なつ)祭りに行(い)く。（　）

⑳ 目(め)を皿にする。（　）

漢字 3-⑦

書きのたしかめ ①

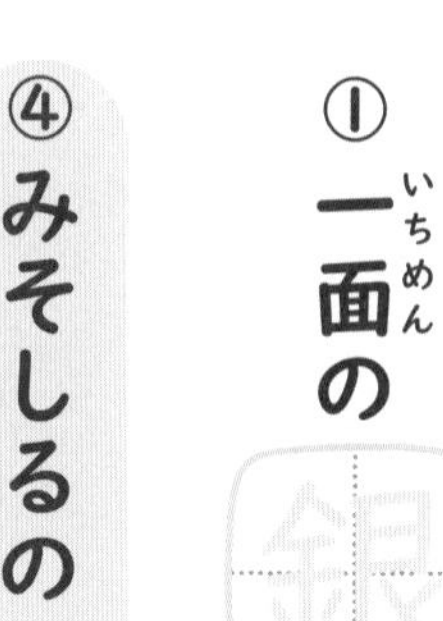

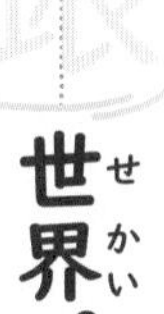

つぎの文を読んで、□にあてはまる漢字を頭の中で思いうかべてからなぞりましょう。

① 一面の銀世界。

② 中央区に住む。

③ 苦手な教科を知る。

④ みそしるの具。

⑤ やさしい主君。

⑥ 体育係に立こうほ。

⑦ 軽トラックの荷台。

⑧ 血あつをはかる。

⑨ 中止が決まる。

⑩ 動物研究所。

⑪ 県立の図書館。

⑫ れいぞう庫を開く。

⑬ 湖面をふく風。

⑭ 向こう岸に行く。

⑮ 幸せをつかみとる。

⑯ 船が港に入る。

⑰ ひかり号にのる。

⑱ 球根を育てる。

⑲ 夏祭りに行く。

⑳ 目を皿にする。

漢字 3-⑧

書きのたしかめ ②

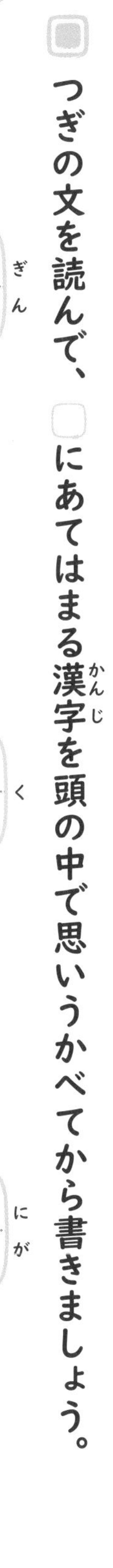

つぎの文を読んで、□にあてはまる漢字（かんじ）を頭の中で思いうかべてから書きましょう。

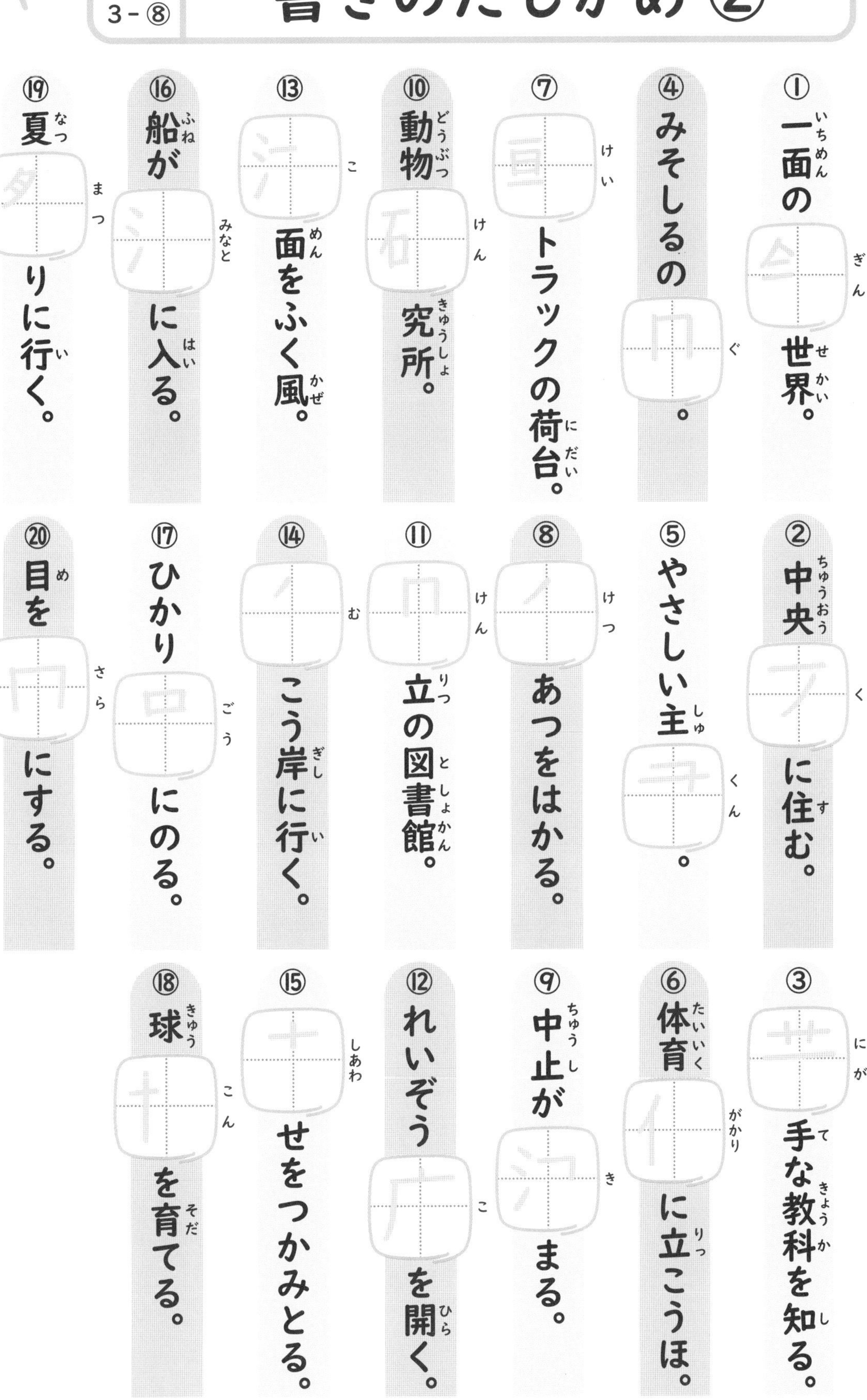

① 一面（いちめん）の□（ぎん）世界（せかい）。

② 中央（ちゅうおう）□（く）に住（す）む。

③ □（にが）手（て）な教科（きょうか）を知（し）る。

④ みそしるの□（ぐ）。

⑤ やさしい主（しゅ）□（くん）。

⑥ 体育（たいいく）□（がかり）に立（りっ）こうほ。

⑦ □（けい）トラックの荷台（にだい）。

⑧ □（けつ）あつをはかる。

⑨ 中止（ちゅうし）が□（き）まる。

⑩ 動物（どうぶつ）□（けん）究所（きゅうしょ）。

⑪ □（けん）立（りつ）の図書館（としょかん）。

⑫ れいぞう□（こ）を開（ひら）く。

⑬ □（こ）面（めん）をふく風（かぜ）。

⑭ □（む）こう岸（ぎし）に行（い）く。

⑮ □（しあわ）せをつかみとる。

⑯ 船（ふね）が□（みなと）に入（はい）る。

⑰ ひかり□（ごう）にのる。

⑱ 球（きゅう）□（こん）を育（そだ）てる。

⑲ 夏（なつ）□（まつ）りに行（い）く。

⑳ 目（め）を□（さら）にする。

漢字 3-⑨

書きのたしかめ ③

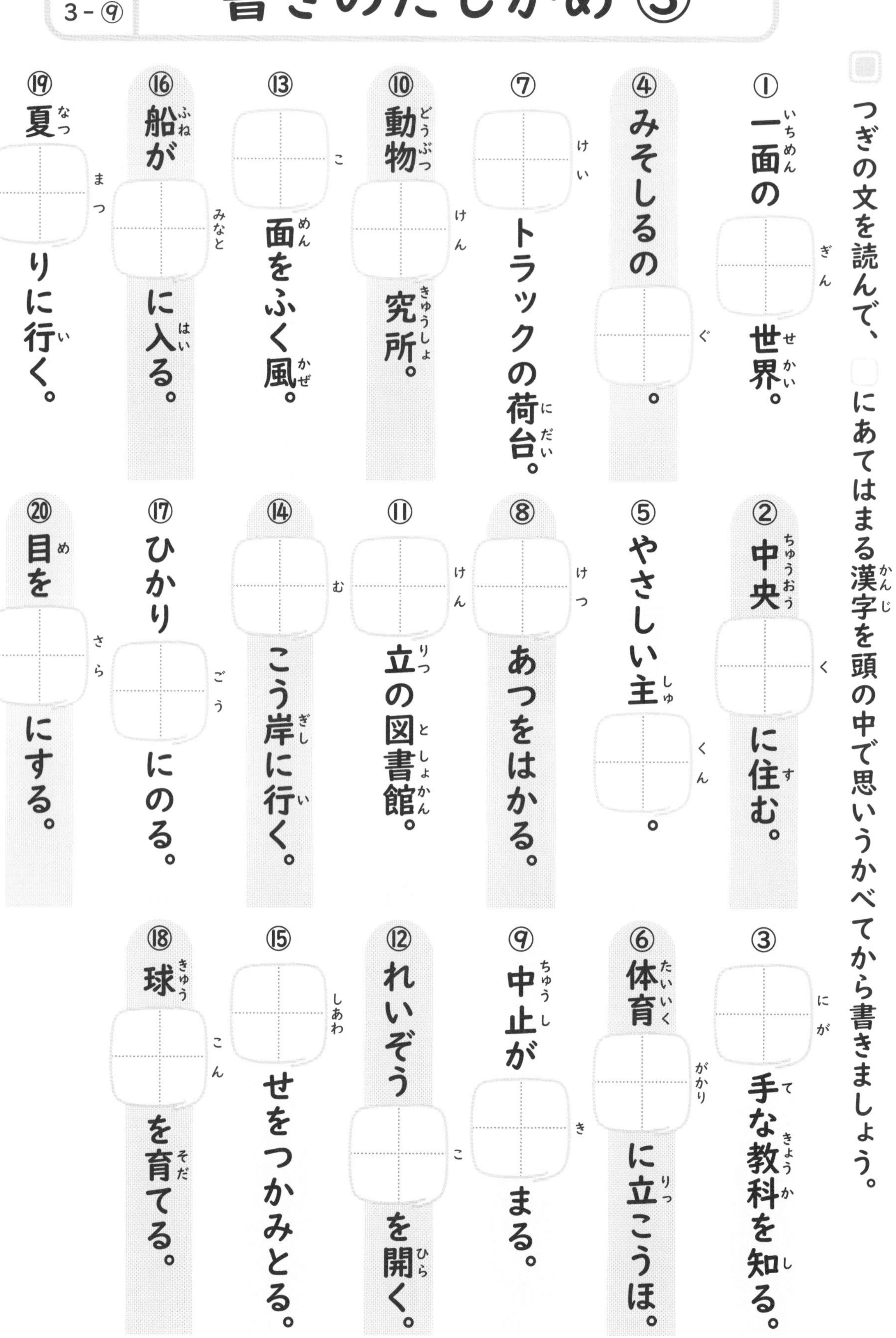

□ つぎの文を読んで、□にあてはまる漢字を頭の中で思いうかべてから書きましょう。

① 一面（いちめん）の□（ぎん）世界（せかい）。

② 中央（ちゅうおう）□（く）に住（す）む。

③ □（にが）手（て）な教科（きょうか）を知（し）る。

④ みそしるの□（ぐ）。

⑤ やさしい主（しゅ）□（くん）。

⑥ 体育（たいいく）□（がかり）に立（りっ）こうほ。

⑦ □（けい）トラックの荷台（にだい）。

⑧ □（けつ）あつをはかる。

⑨ 中止（ちゅうし）が□（き）まる。

⑩ 動物（どうぶつ）□（けん）究所（きゅうしょ）。

⑪ □（けん）立（りつ）の図書館（としょかん）。

⑫ れいぞう□（こ）を開（ひら）く。

⑬ □（こ）面（めん）をふく風（かぜ）。

⑭ □（む）こう岸（ぎし）に行（い）く。

⑮ □（しあわ）せをつかみとる。

⑯ 船（ふね）が□（みなと）に入（はい）る。

⑰ ひかり□（ごう）にのる。

⑱ 球（きゅう）□（こん）を育（そだ）てる。

⑲ 夏（なつ）□（まつ）りに行（い）く。

⑳ 目（め）を□（さら）にする。

正しい漢字みつけ！①

つぎの漢字は一画書きたされた、まちがい漢字です。正しい部分のみをなぞって、漢字を見つけましょう。

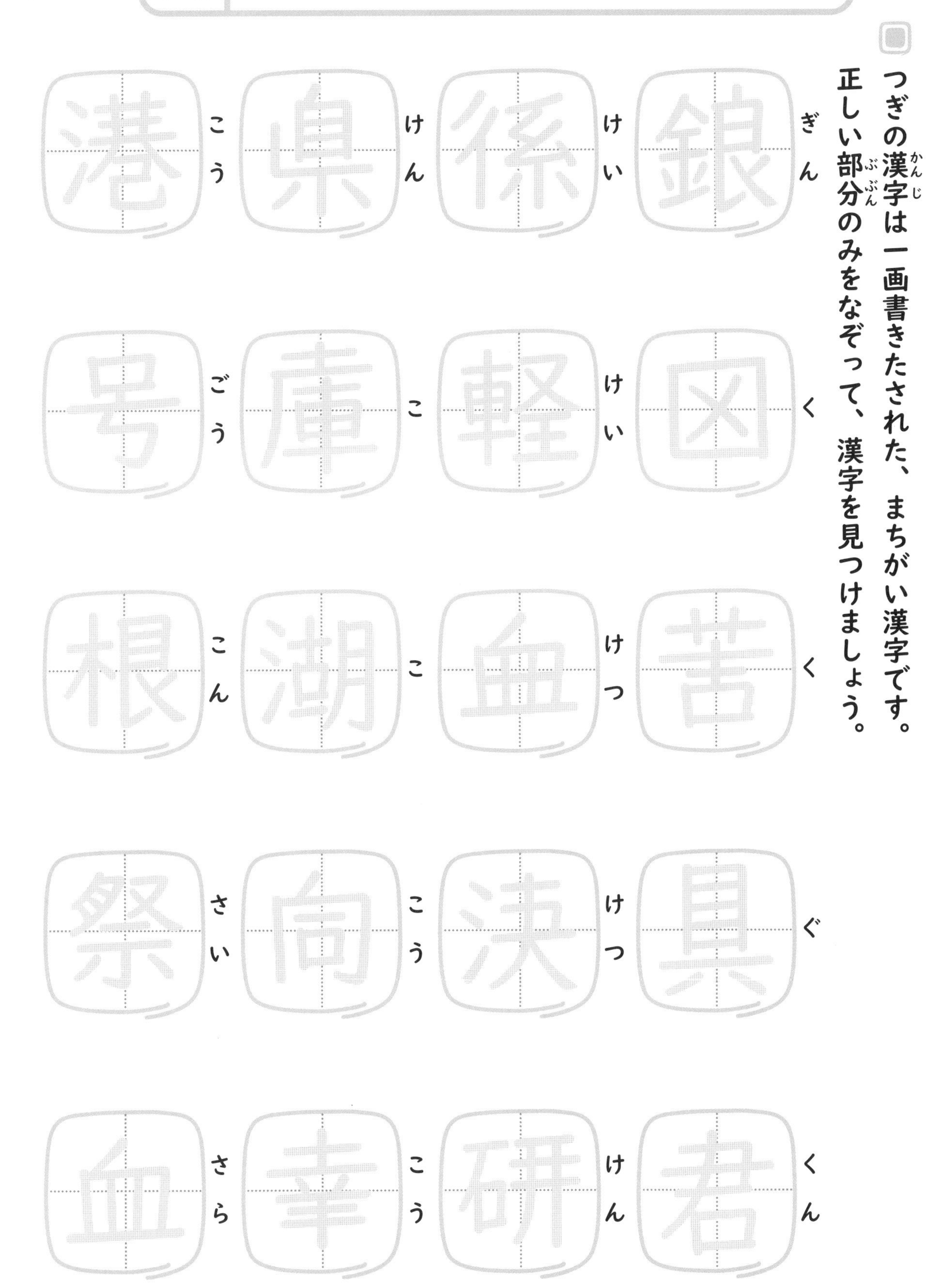

漢字 4-①

仕・死・使・始

手本の漢字(かんじ)を指(ゆび)でなぞります。
□には漢字を頭の中で思いうかべてから書きましょう。

仕

音 シ
訓 つか-える

仕(し)事(ごと)
仕(し)上(あ)げ
王(おう)に仕(つか)える。

使

音 シ
訓 つか-う

天(てん)使(し)
使(し)用中(ようちゅう)
お金(かね)を使(つか)う。

死

音 シ
訓 し-ぬ

生(せい)死(し)
急(きゅう)死(し)
死(し)ぬかくご。

始

音 シ
訓 はじ-める
はじ-まる

始(し)業式(ぎょうしき)
開(かい)始(し)
そうじを始(はじ)める。

漢字 4-②

指・歯・詩・次

■手本の漢字を指（ゆび）でなぞります。□には漢字を頭の中で思いうかべてから書きましょう。

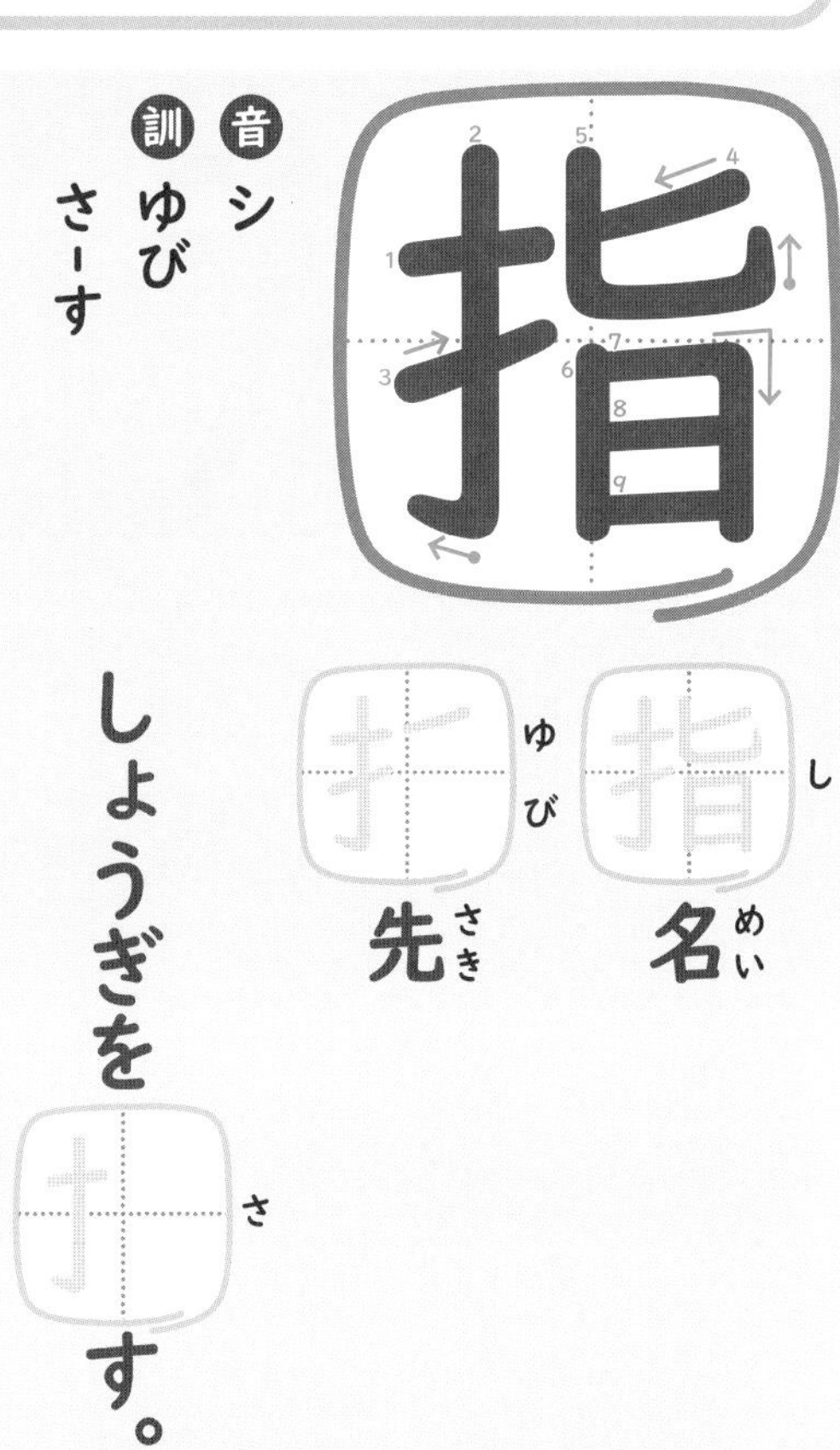

音 シ
訓 ゆび　さ-す

□（し）名（めい）

□（ゆび）先（さき）

しょうぎを□（さ）す。

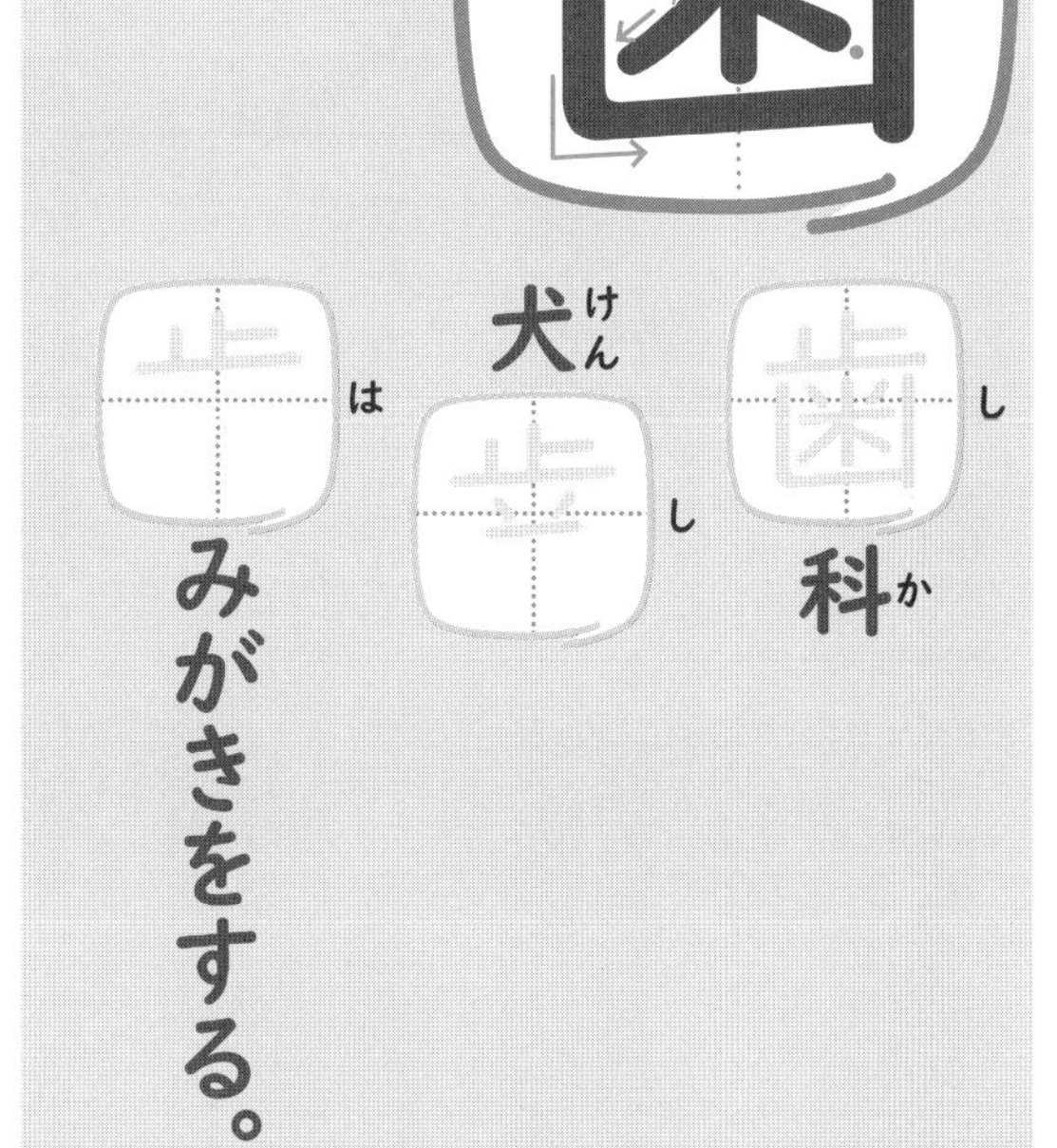

音 シ
訓 は

□（し）科（か）

犬（けん）□（し）

□（は）みがきをする。

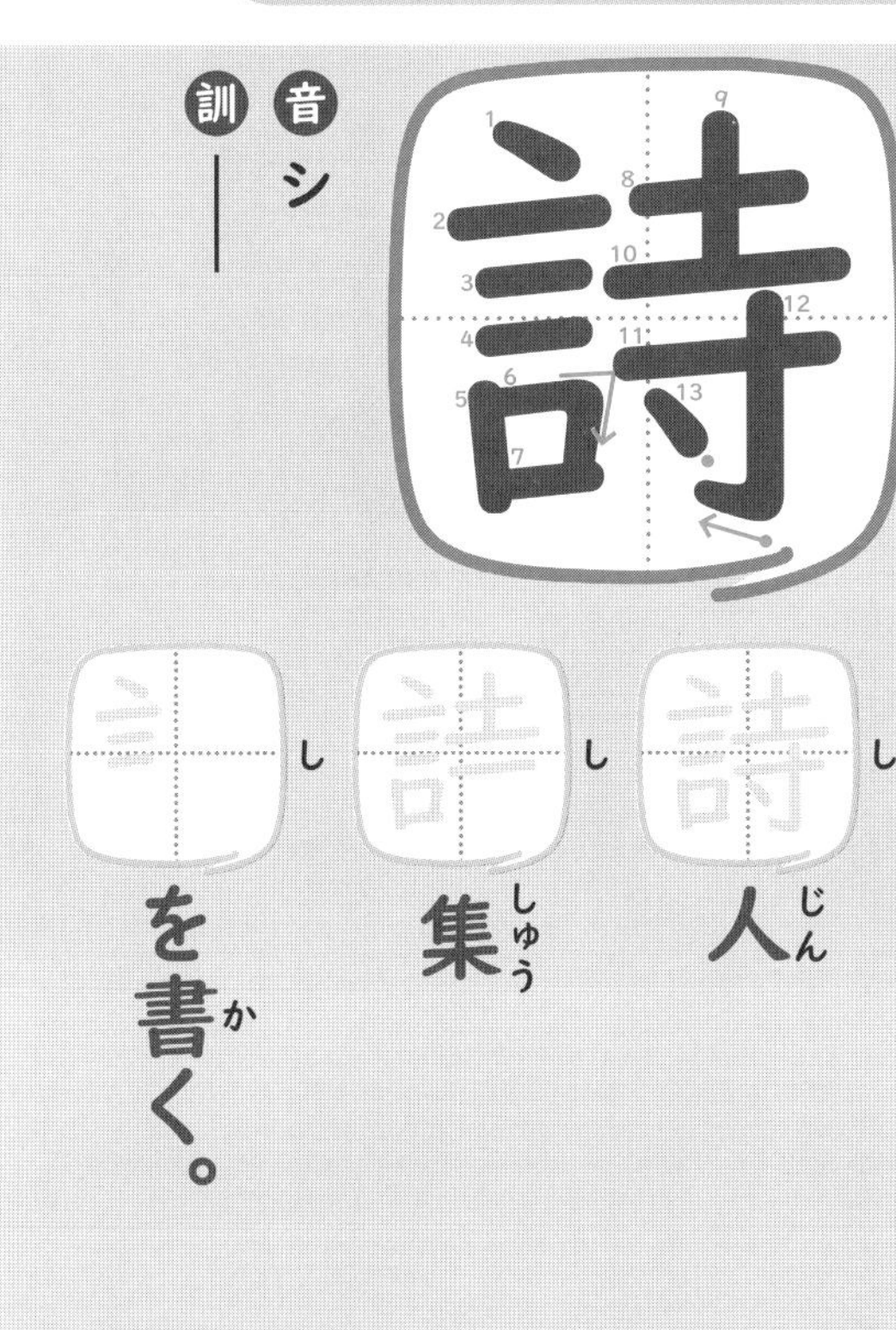

音 シ
訓 ―

□（し）人（じん）

□（し）集（しゅう）

□（し）を書（か）く。

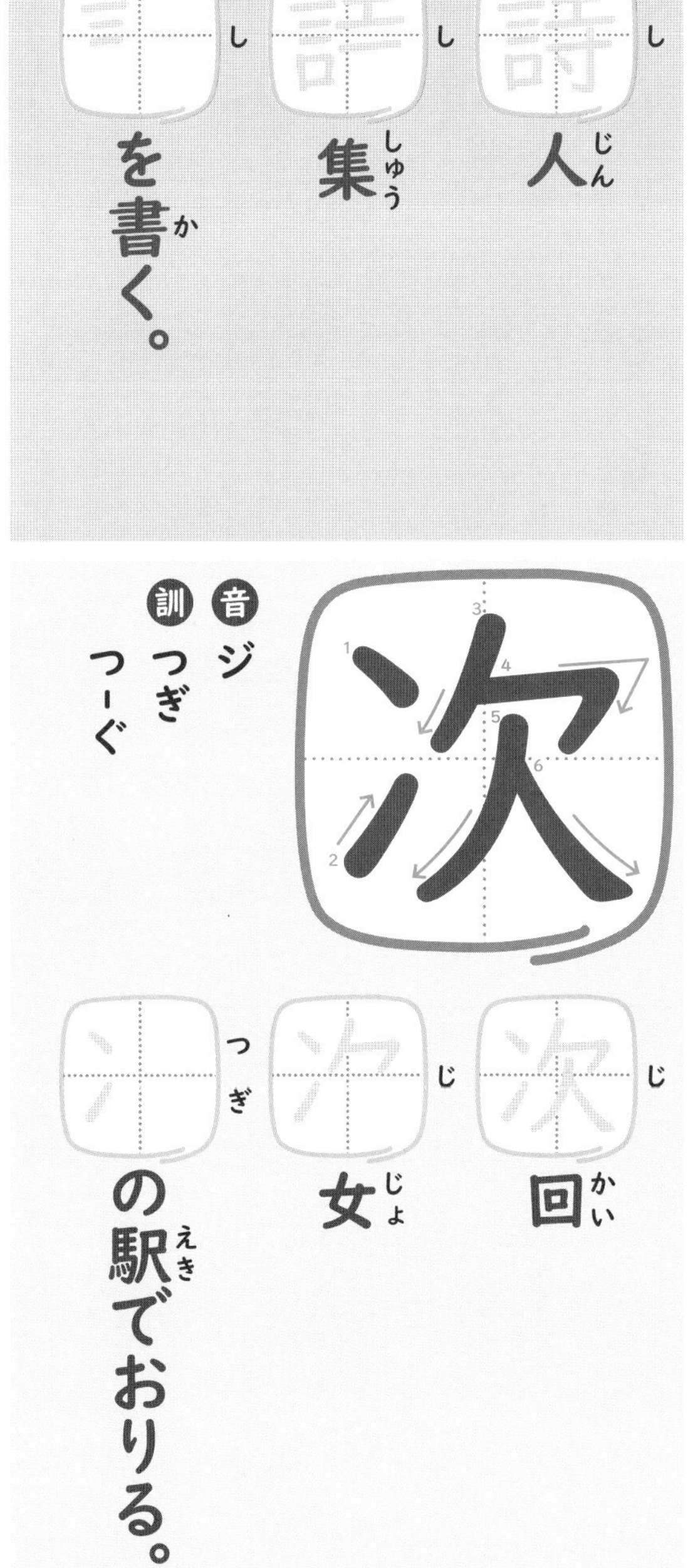

音 ジ
訓 つぎ　つ-ぐ

□（じ）回（かい）

□（じ）女（じょ）

□（つぎ）の駅（えき）でおりる。

漢字 4-③

事・持・式・実

□ 手本の漢字(かんじ)を指(ゆび)でなぞります。

□ には漢字を頭の中で思いうかべてから書きましょう。

事

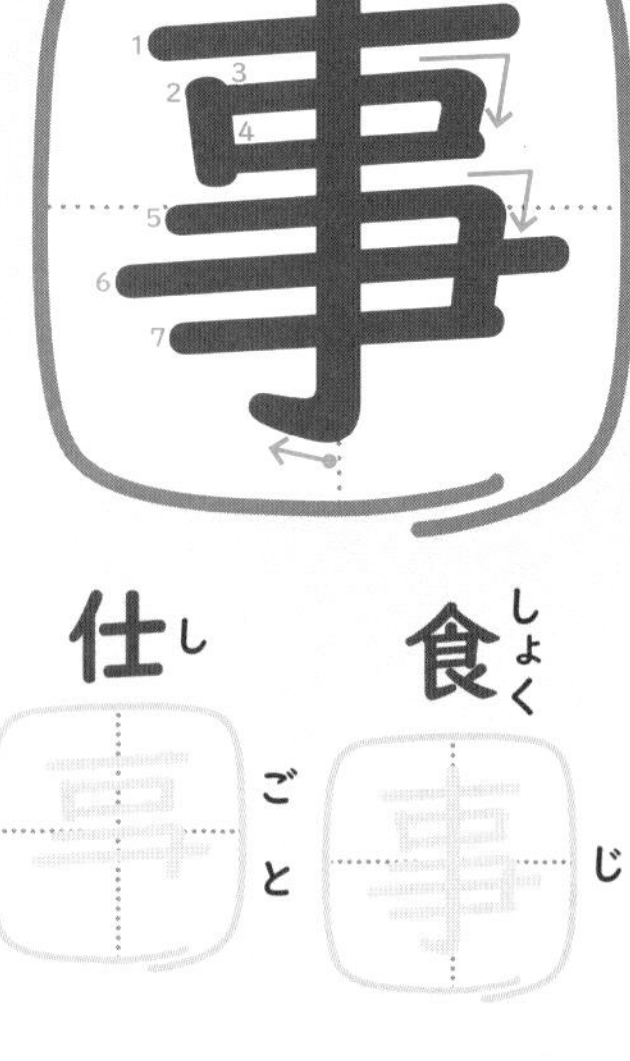

音 ジ
訓 こと

食(しょく)［事］(じ)

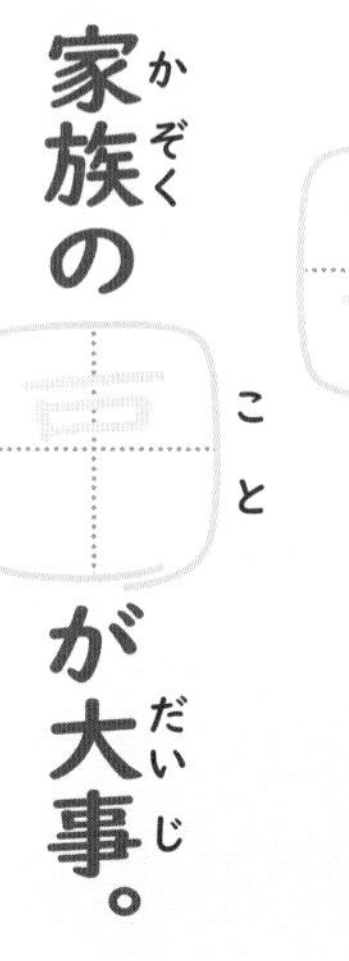

仕(し)［事］(ごと)

家族(かぞく)の［事］(こと)が大事(だいじ)。

式

音 シキ
訓 —

入学(にゅうがく)［式］(しき)

洋(よう)［式］(しき)

［式］(しき)と答(こた)え。

持

音 ジ
訓 も-つ

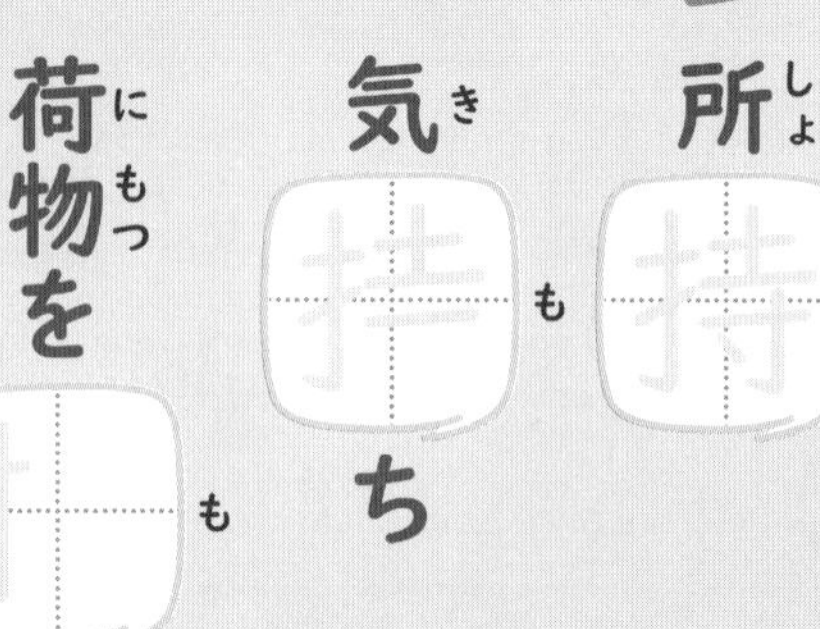

所(しょ)［持］(じ)

気(き)［持］(も)ち

荷物(にもつ)を［持］(も)つ。

実

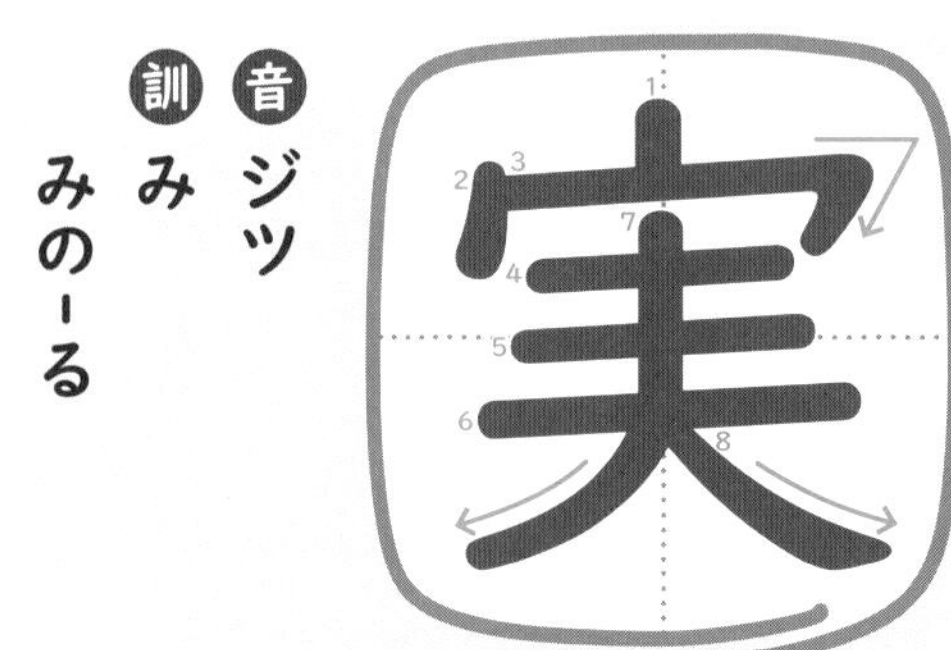

音 ジツ
訓 み
みの-る

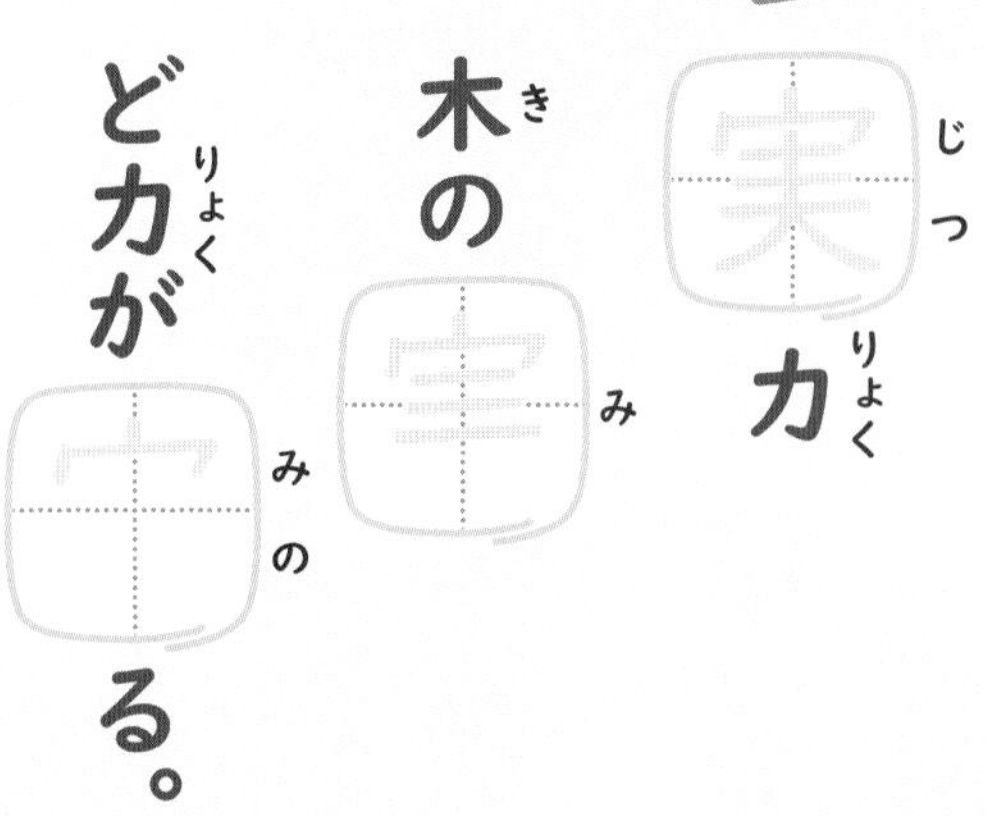

［実］(じつ)力(りょく)

木(き)の［実］(み)

ど力(りょく)が［実］(みの)る。

漢字 4-④

写・者・主・守

□手本の漢字を指でなぞります。□には漢字を頭の中で思いうかべてから書きましょう。

音 シャ
訓 うつ-す

写真（しゃしん）
書写（しょしゃ）
黒板の字を写す。

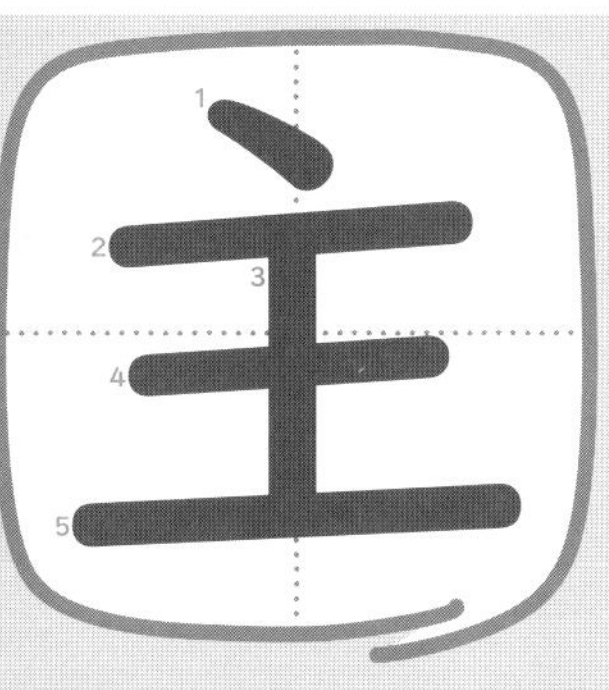

音 シュ
訓 ぬし おも

主人公（しゅじんこう）
持ち主（もちぬし）
主な作業。

者

音 シャ
訓 もの

読者（どくしゃ）
医者（いしゃ）
人気者になる。

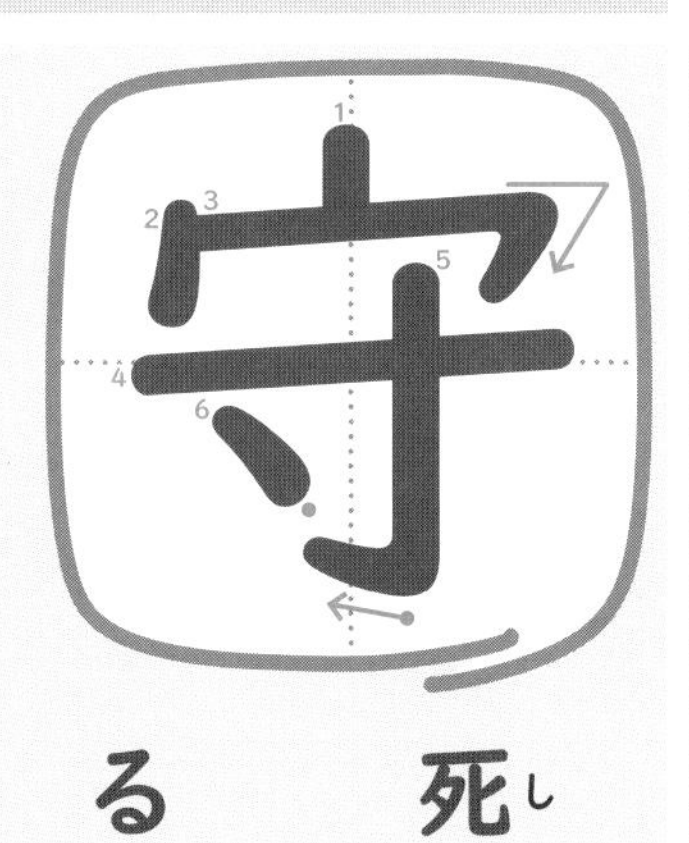

音 シュ ※ス
訓 まも-る

死守（ししゅ）
留守番（るすばん）
身を守る行動。

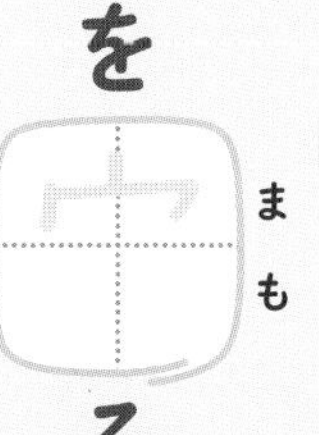

漢字 4－⑤

取・酒・受・州

手本の漢字を指でなぞります。□には漢字を頭の中で思いうかべてから書きましょう。

音 シュ
訓 と－る

先取点（せんしゅてん）

□る（と）

□り調べをする。（と）

音 シュ
訓 さけ ※さか

日本酒（にほんしゅ）

□場（さかば）

お□を飲む。（さけ）

音 ジュ
訓 う－ける

□話き（じゅわき）

□信（じゅしん）

テストを□ける。（う）

音 シュウ
訓 ──

本□（ほんしゅう）

九□（きゅうしゅう）

アメリカの□。（しゅう）

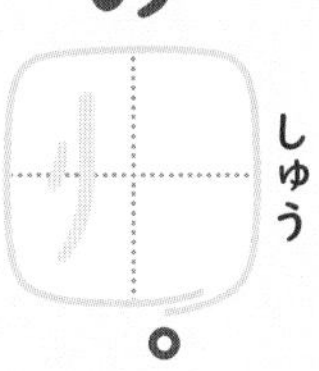

漢字 4-⑥

読みのたしかめ

□ つぎの文を読んで、―を引いた漢字の読みを（　）に書きましょう。

①二人（ふたり）で仕事（しごと）をする。（　）

②決死（けっし）のかくご。（　）

③時間（じかん）を使う。（　）

④始球式（しきゅうしき）をする。（　）

⑤指切（き）りをする。（　）

⑥歯がぬける。（　）

⑦作詩家（さくしか）になる。（　）

⑧本（ほん）の目次（もくじ）。（　）

⑨返事（へんじ）をする犬（いぬ）。（　）

⑩金持（かねも）ちになる。（　）

⑪公式（こうしき）をおぼえる。（　）

⑫計画（けいかく）を実行（じっこう）する。（　）

⑬動物園（どうぶつえん）で写生（しゃせい）する。（　）

⑭新聞記者（しんぶんきしゃ）になる。（　）

⑮番組（ばんぐみ）の主題歌（しゅだいか）。（　）

⑯外野（がいや）を守る。（　）

⑰家（いえ）の間取（まど）り。（　）

⑱うめ酒を飲（の）む。（　）

⑲待（ま）ち受け画面（がめん）。（　）

⑳九州（きゅうしゅう）を旅（たび）する。（　）

漢字 4-⑦

書きのたしかめ①

□ つぎの文を読んで、□にあてはまる漢字(かんじ)を頭の中で思いうかべてからなぞりましょう。

① 二人(ふたり)で［仕(し)］事(ごと)をする。
② 決(けっ)［死(し)］のかくご。
③ 時間(じかん)を［使(つか)］う。
④ ［始(し)］球式(きゅうしき)をする。
⑤ ［指(ゆび)］切(き)りをする。
⑥ ［歯(は)］がぬける。
⑦ 作(さく)［詩(し)］家(か)になる。
⑧ 本(ほん)の目(もく)［次(じ)］。
⑨ 返(へん)［事(じ)］をする犬(いぬ)。
⑩ 金(かね)［持(も)］ちになる。
⑪ 公(こう)［式(しき)］をおぼえる。
⑫ 計画(けいかく)を［実(じっ)］行(こう)する。
⑬ 動物園(どうぶつえん)で［写(しゃ)］生(せい)する。
⑭ 新聞記(しんぶんき)［者(しゃ)］になる。
⑮ 番組(ばんぐみ)の［主(しゅ)］題歌(だいか)。
⑯ 外野(がいや)を［守(まも)］る。
⑰ 家(いえ)の間(ま)［取(ど)］り。
⑱ うめ［酒(しゅ)］を飲(の)む。
⑲ 待(ま)ち［受(う)］け画面(がめん)。
⑳ 九(きゅう)［州(しゅう)］を旅(たび)する。

書きのたしかめ ②

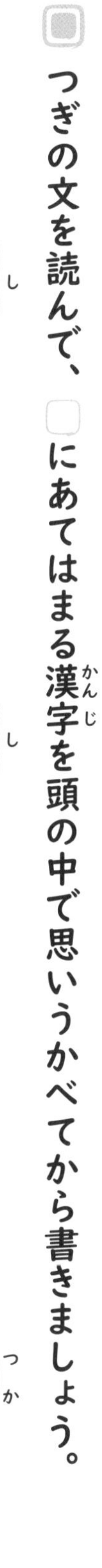

つぎの文を読んで、□にあてはまる漢字(かんじ)を頭の中で思いうかべてから書きましょう。

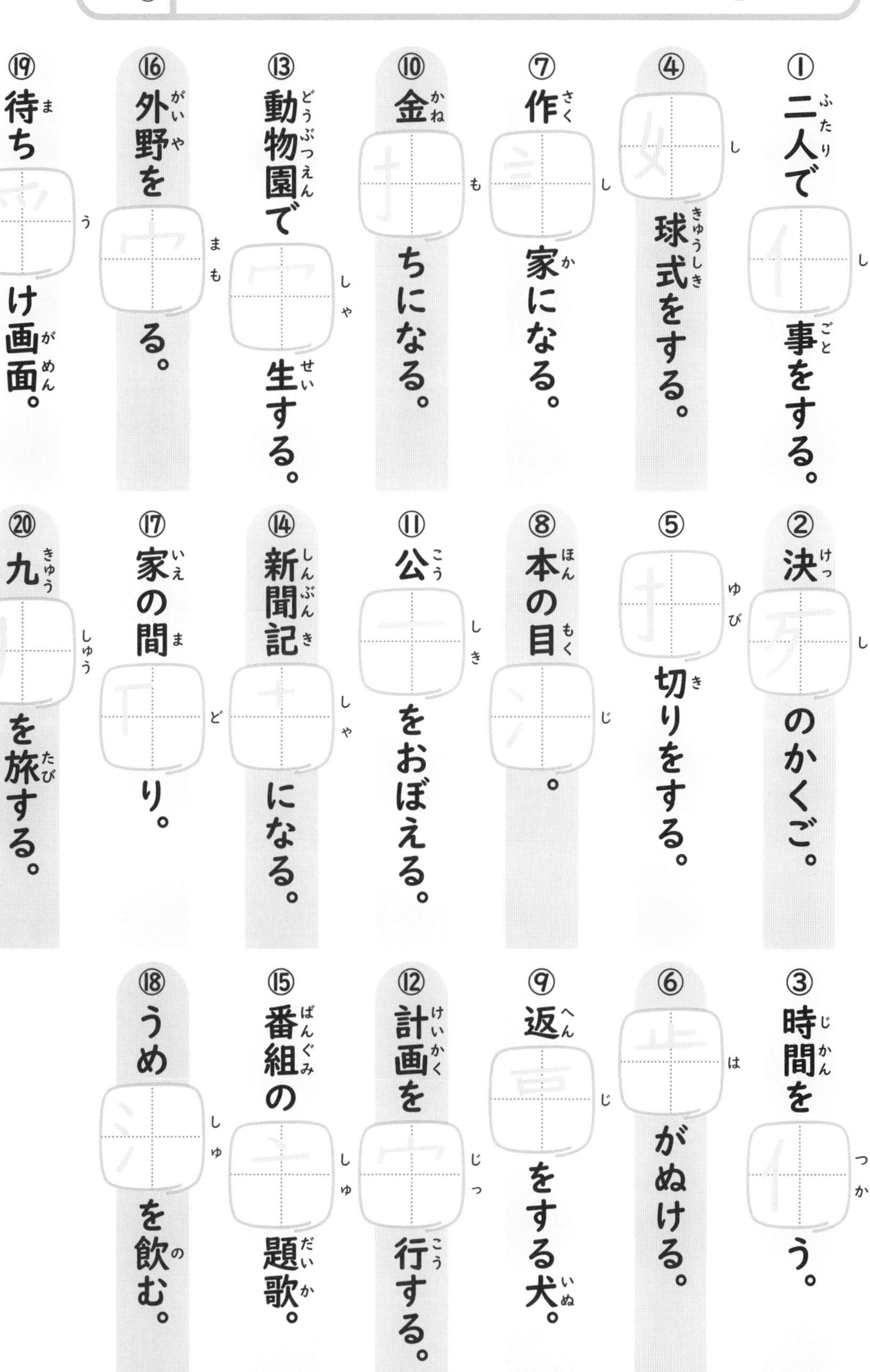

① 二人(ふたり)で□(し)事(ごと)をする。

② 決(けっ)□(し)のかくご。

③ 時間(じかん)を□(つか)う。

④ □(し)球式(きゅうしき)をする。

⑤ □(ゆび)切(き)りをする。

⑥ □(は)がぬける。

⑦ 作(さく)□(し)家(か)になる。

⑧ 本(ほん)の目(もく)□(じ)。

⑨ 返(へん)□(じ)をする犬(いぬ)。

⑩ 金(かね)□(も)ちになる。

⑪ 公(こう)□(しき)をおぼえる。

⑫ 計画(けいかく)を□(じっ)行(こう)する。

⑬ 動物園(どうぶつえん)で□(しゃ)生(せい)する。

⑭ 新聞記(しんぶんき)□(しゃ)になる。

⑮ 番組(ばんぐみ)の□(しゅ)題歌(だいか)。

⑯ 外野(がいや)を□(まも)る。

⑰ 家(いえ)の間(ま)□(ど)り。

⑱ うめ□(しゅ)を飲(の)む。

⑲ 待(ま)ち□(う)け画面(がめん)。

⑳ 九(きゅう)□(しゅう)を旅(たび)する。

漢字 4-⑨

書きのたしかめ ③

□ つぎの文を読んで、□にあてはまる漢字(かんじ)を頭の中で思いうかべてから書きましょう。

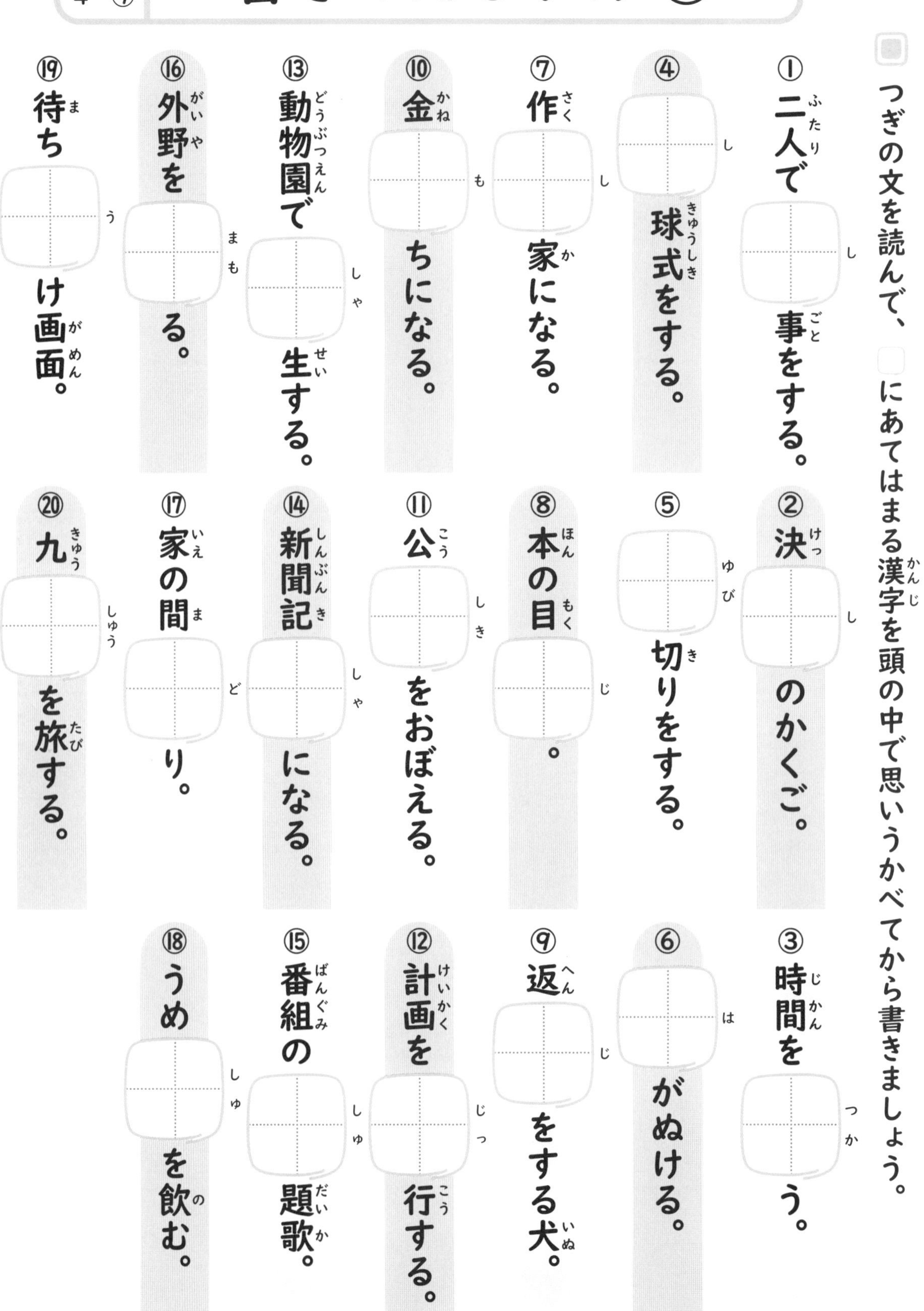

① 二人(ふたり)で□(し)事(ごと)をする。
② 決(けっ)□(し)のかくご。
③ 時間(じかん)を□(つか)う。
④ □(し)球式(きゅうしき)をする。
⑤ □(ゆび)切(き)りをする。
⑥ □(は)がぬける。
⑦ 作(さく)□(し)家(か)になる。
⑧ 本(ほん)の目(もく)□(じ)。
⑨ 返(へん)□(じ)をする犬(いぬ)。
⑩ 金(かね)□(も)ちになる。
⑪ 公(こう)□(しき)をおぼえる。
⑫ 計画(けいかく)を□(じっ)行(こう)する。
⑬ 動物園(どうぶつえん)で□(しゃ)生(せい)する。
⑭ 新聞記(しんぶんき)□(しゃ)になる。
⑮ 番組(ばんぐみ)の□(しゅ)題歌(だいか)。
⑯ 外野(がいや)を□(まも)る。
⑰ 家(いえ)の間(ま)□(ど)り。
⑱ うめ□(しゅ)を飲(の)む。
⑲ 待(ま)ち□(う)け画面(がめん)。
⑳ 九(きゅう)□(しゅう)を旅(たび)する。

漢字 4-⑩

漢字みつけ！②

□ つぎの図の中から、今回学習した漢字を二十字見つけましょう。見つけた漢字はなぞりましょう。

漢字 5-① 拾・終・習・集

手本の漢字を指でなぞります。□には漢字を頭の中で思いうかべてから書きましょう。

音 （シュウ）
訓 ひろ-う

ひろ（拾）う
命びろ（拾）い
朝のごみひろ（拾）い。

音 シュウ
訓 なら-う

学しゅう（習）
しゅう（習）字
水泳をなら（習）う教室。

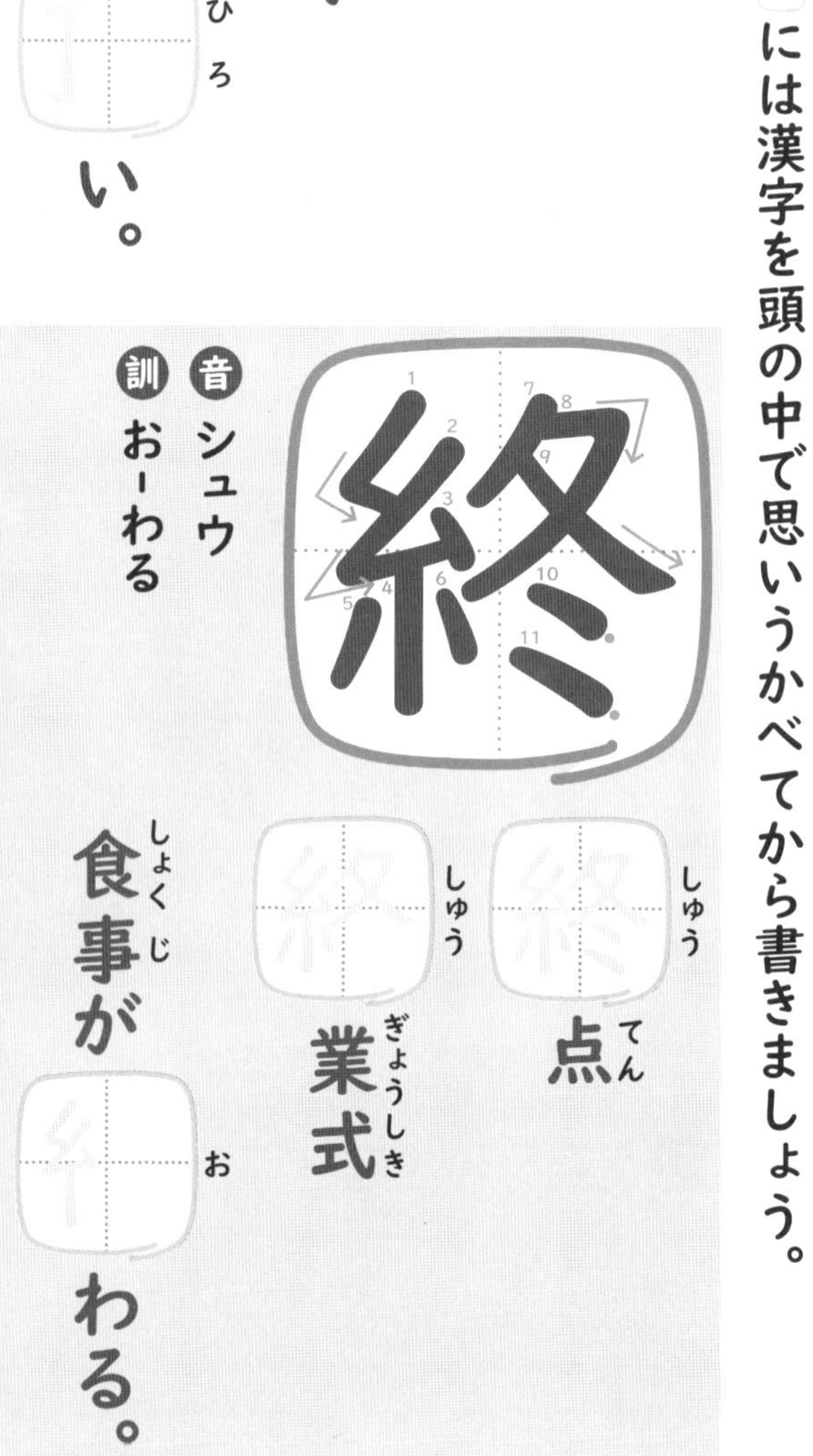

音 シュウ
訓 お-わる

しゅう（終）点
しゅう（終）業式
食事がお（終）わる。

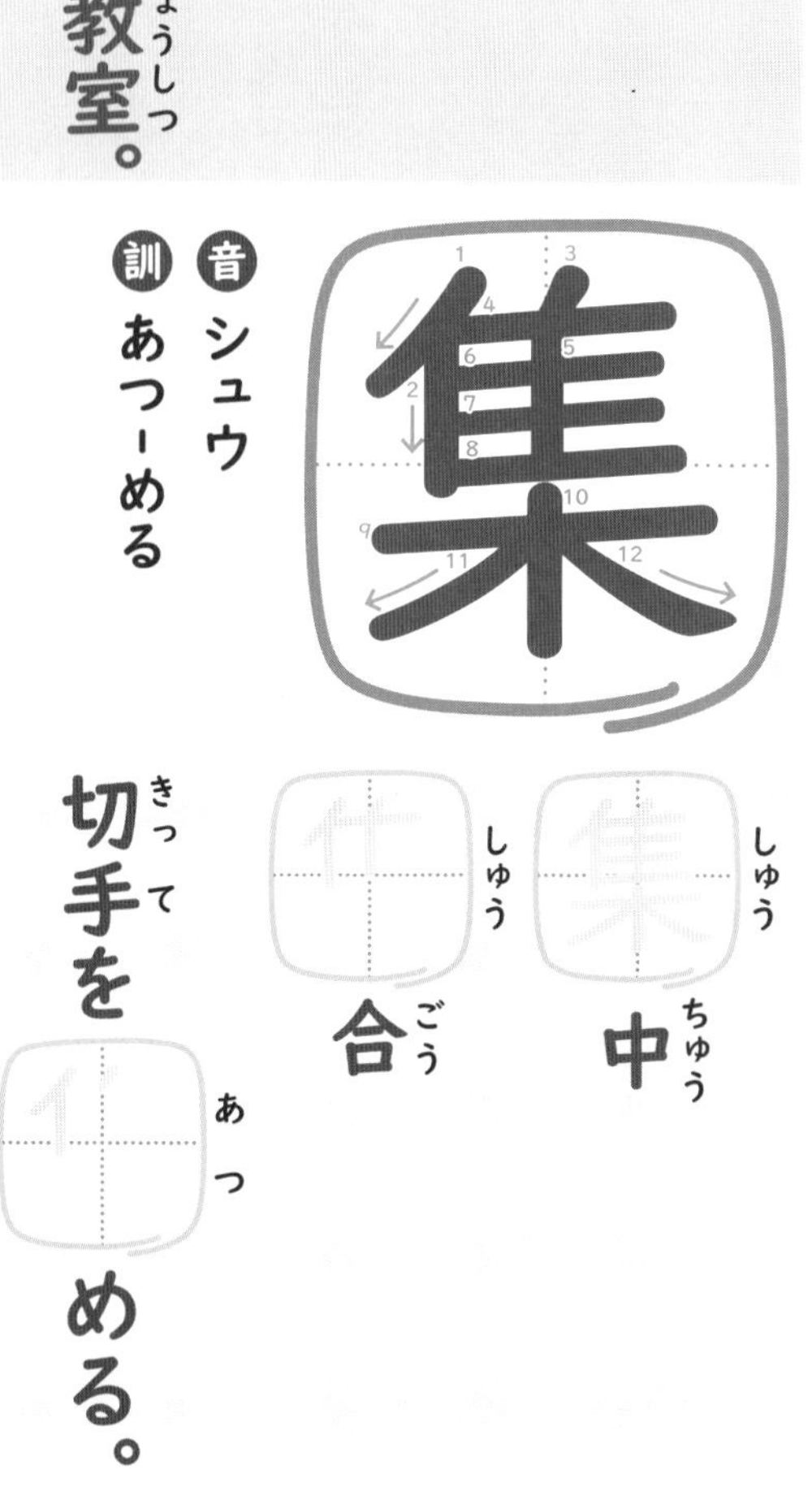

音 シュウ
訓 あつ-める

しゅう（集）中
しゅう（集）合
切手をあつ（集）める。

漢字 5-②

住・重・宿・所

手本の漢字を指でなぞります。
□には漢字を頭の中で思いうかべてから書きましょう。

音 ジュウ
訓 す-む

住人
住たく
都会に住む。

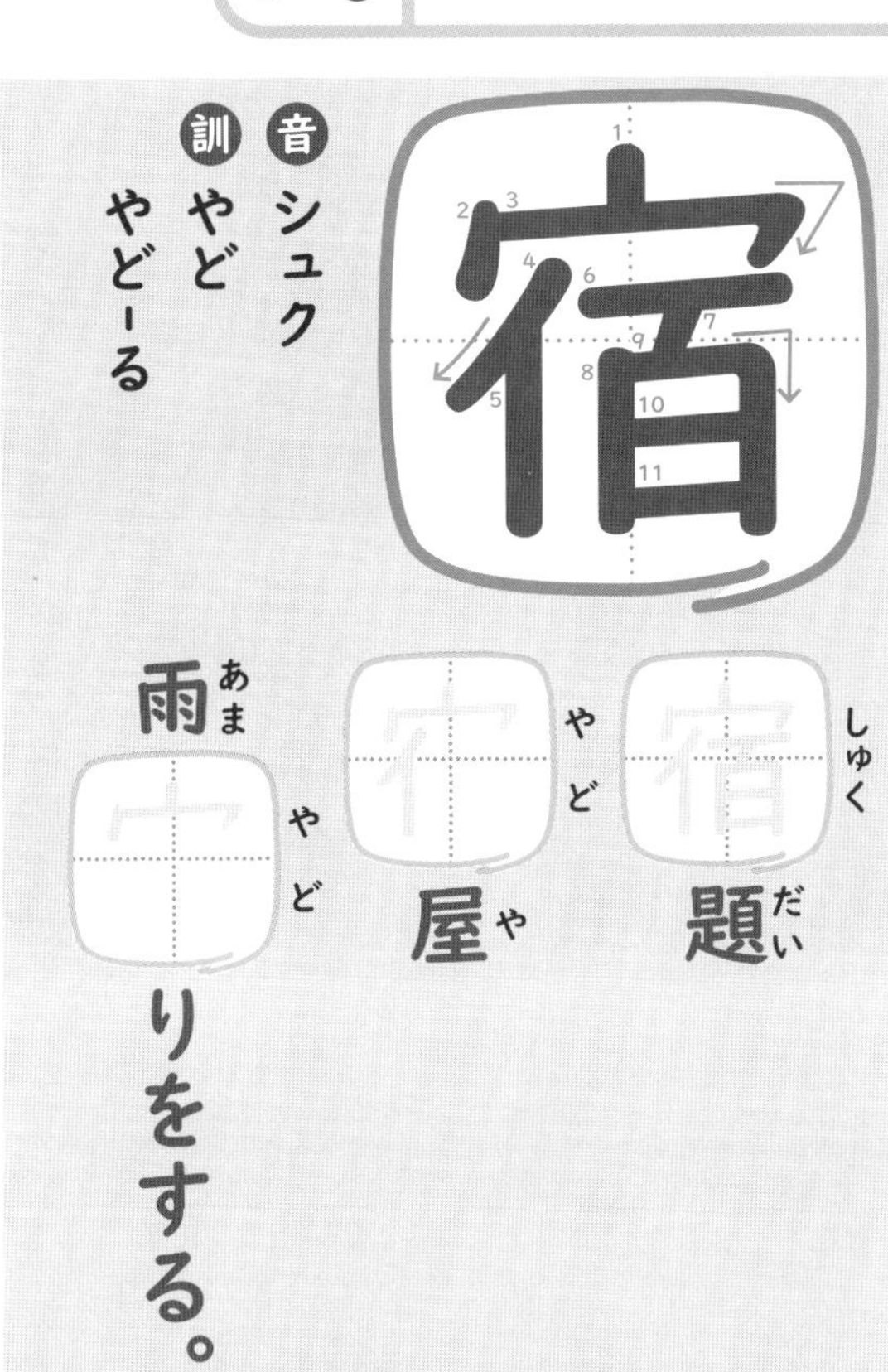

音 シュク
訓 やど
やど-る

宿題
宿屋
雨宿りをする。

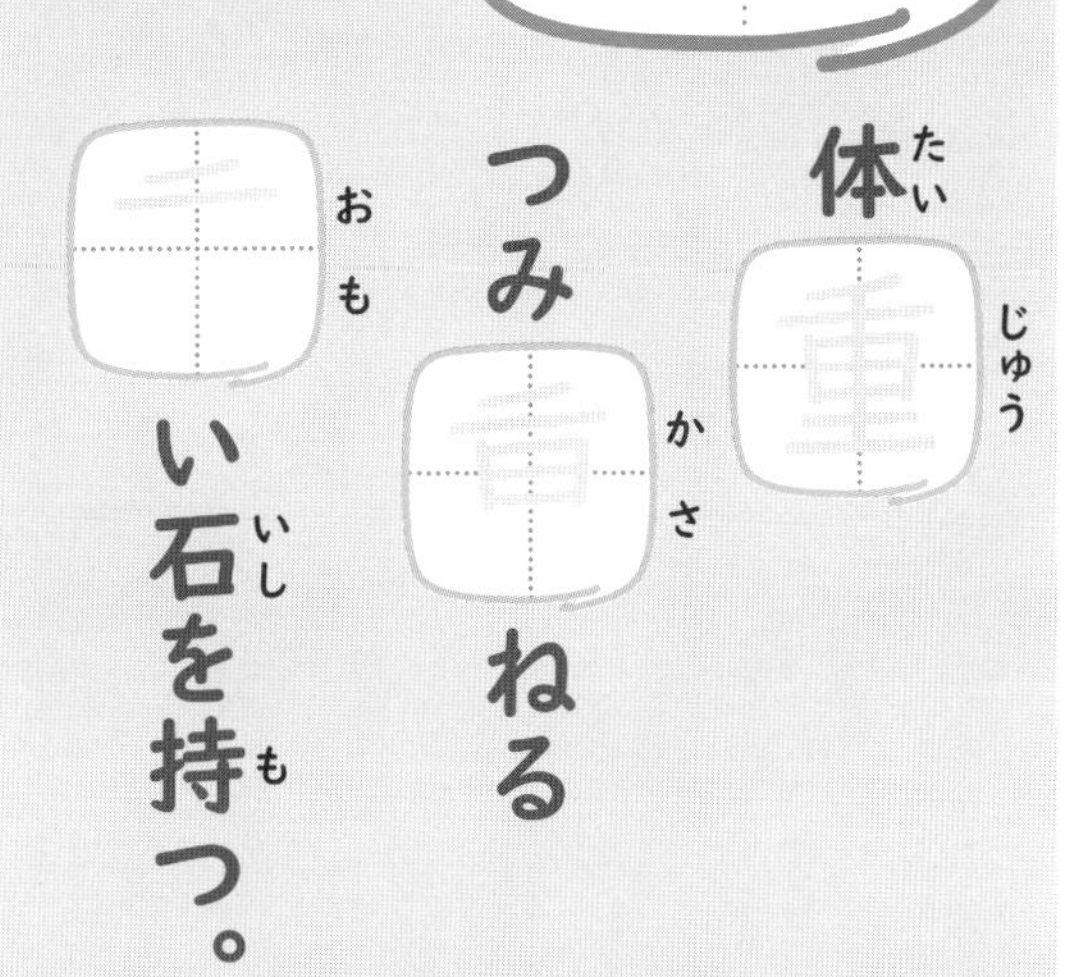

音 ジュウ
チョウ
訓 え・おも-い
かさ-ねる

体重
つみ重ねる
重い石を持つ。

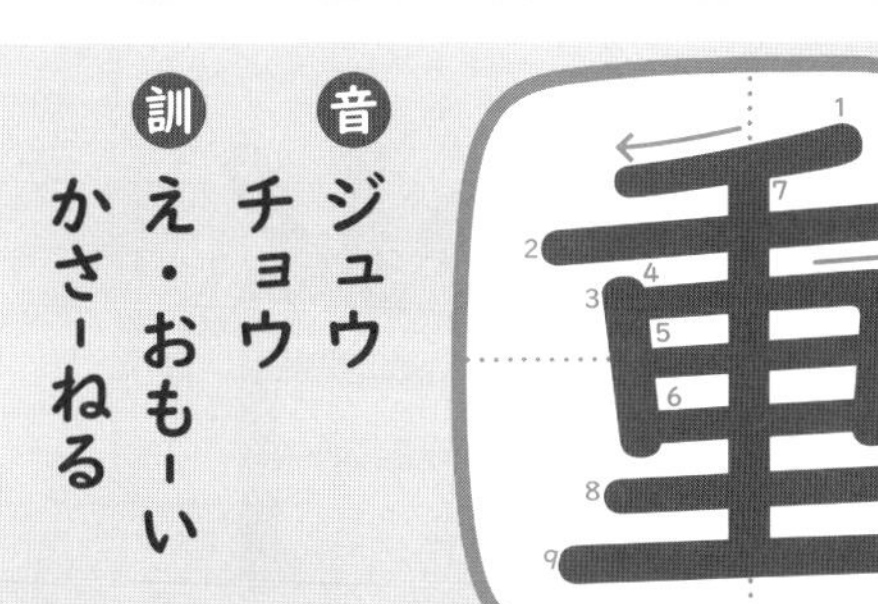

音 ショ
訓 ところ

住所
近所
遠い所に行く。

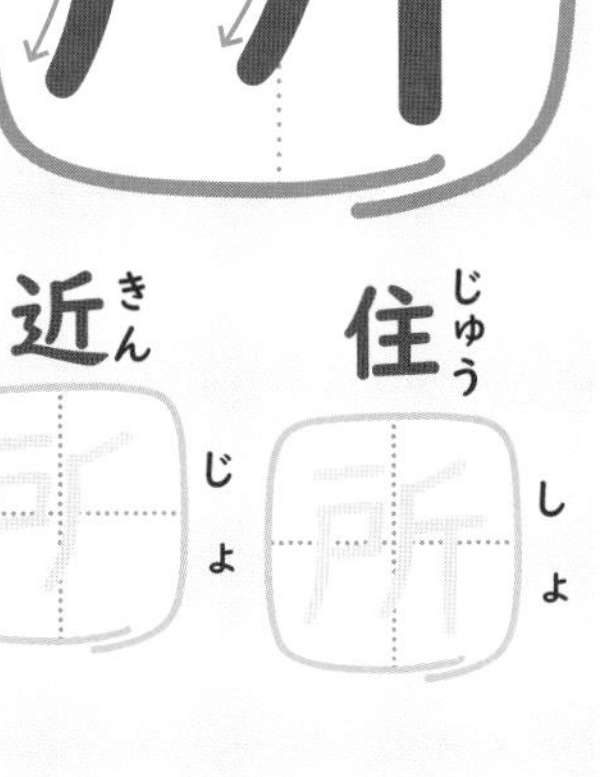

漢字 5-③

暑・助・昭・消

手本の漢字(かんじ)を指(ゆび)でなぞります。□には漢字を頭の中で思いうかべてから書きましょう。

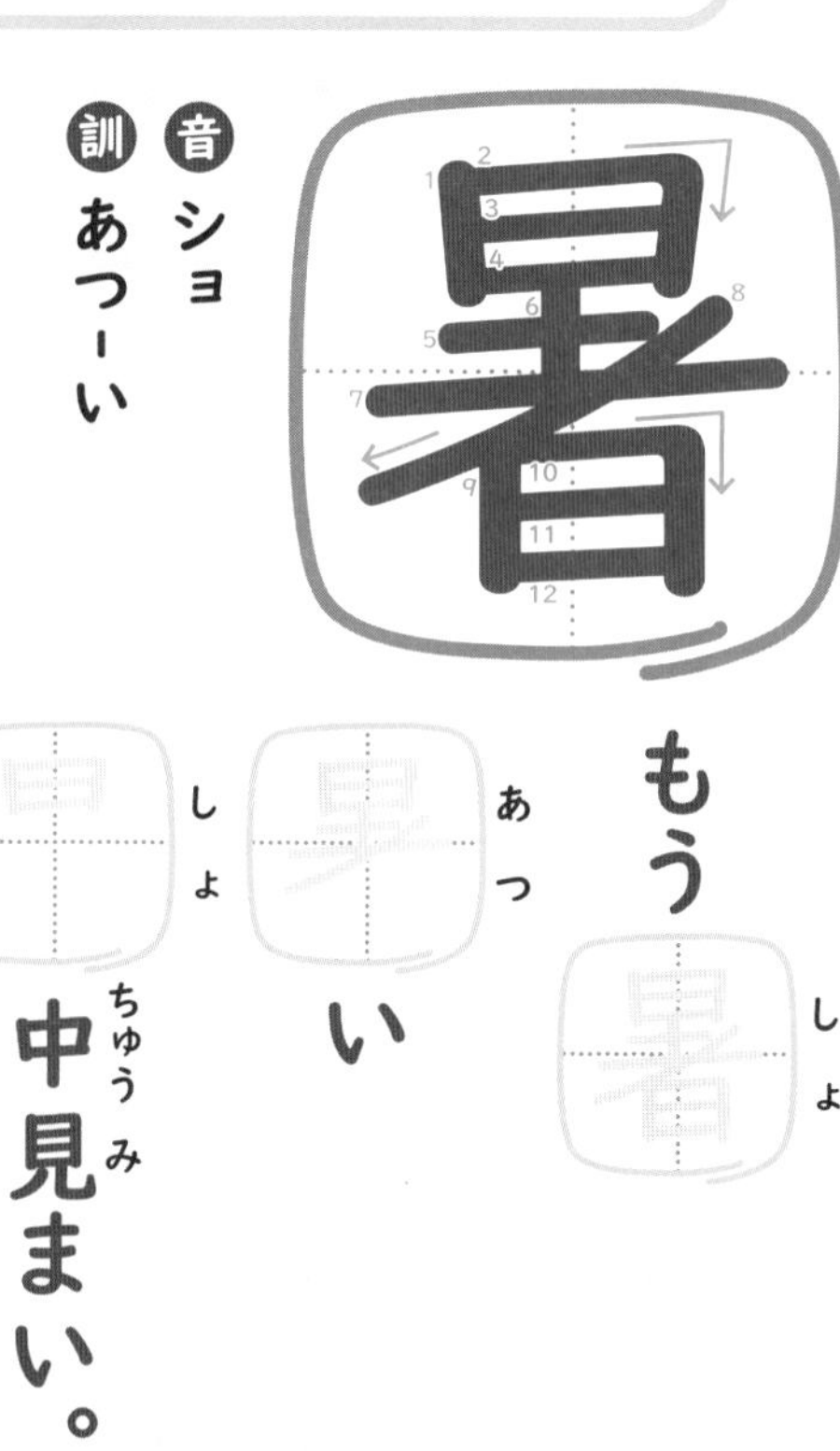

音 ショ
訓 あつ-い

もう暑(しょ)

暑(あつ)い

暑(しょ)中(ちゅう)見(み)まい。

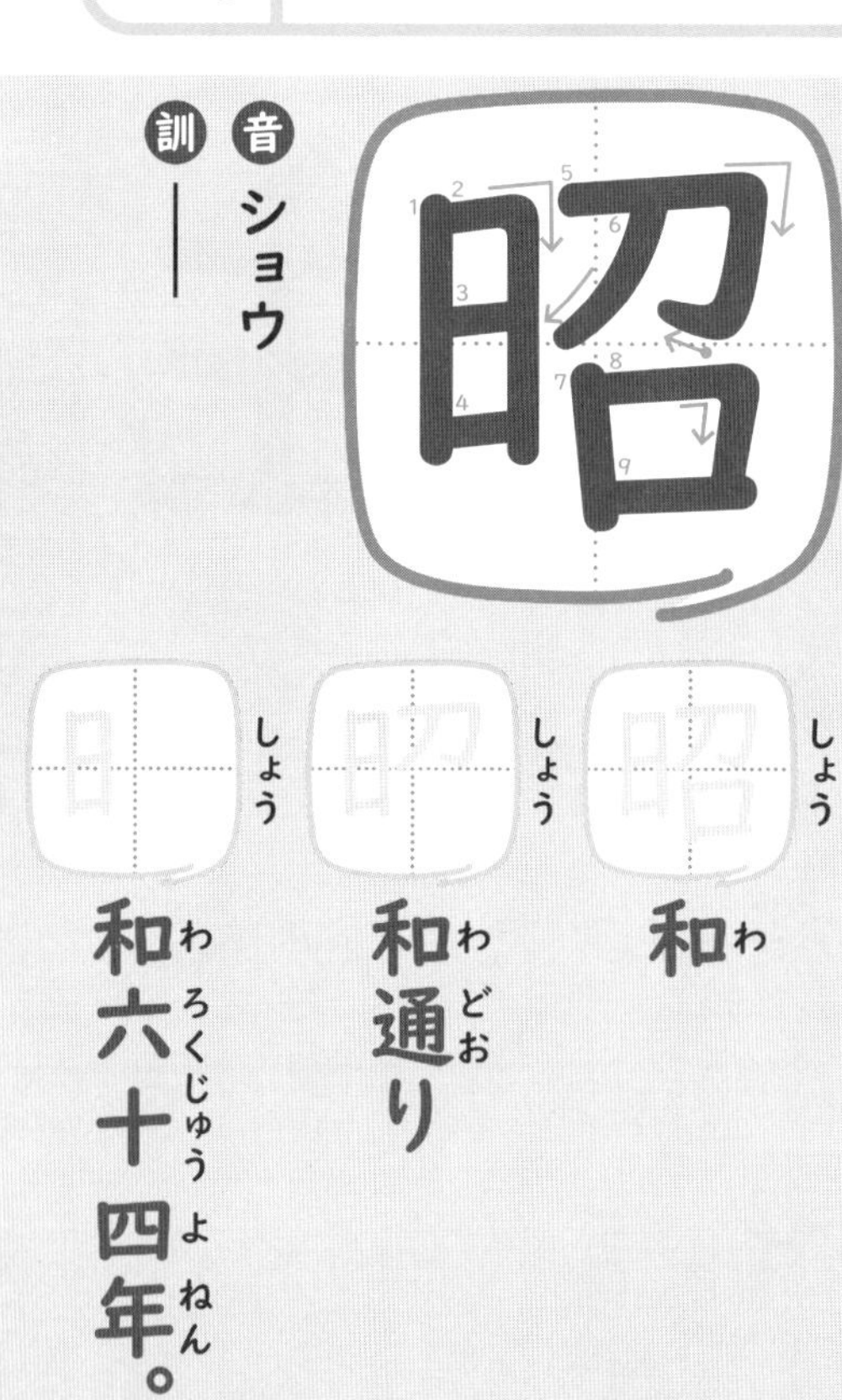

音 ショウ
訓 ―

昭(しょう)和(わ)

昭(しょう)和(わ)通(どお)り

昭(しょう)和(わ)六十四年(ろくじゅうよねん)。

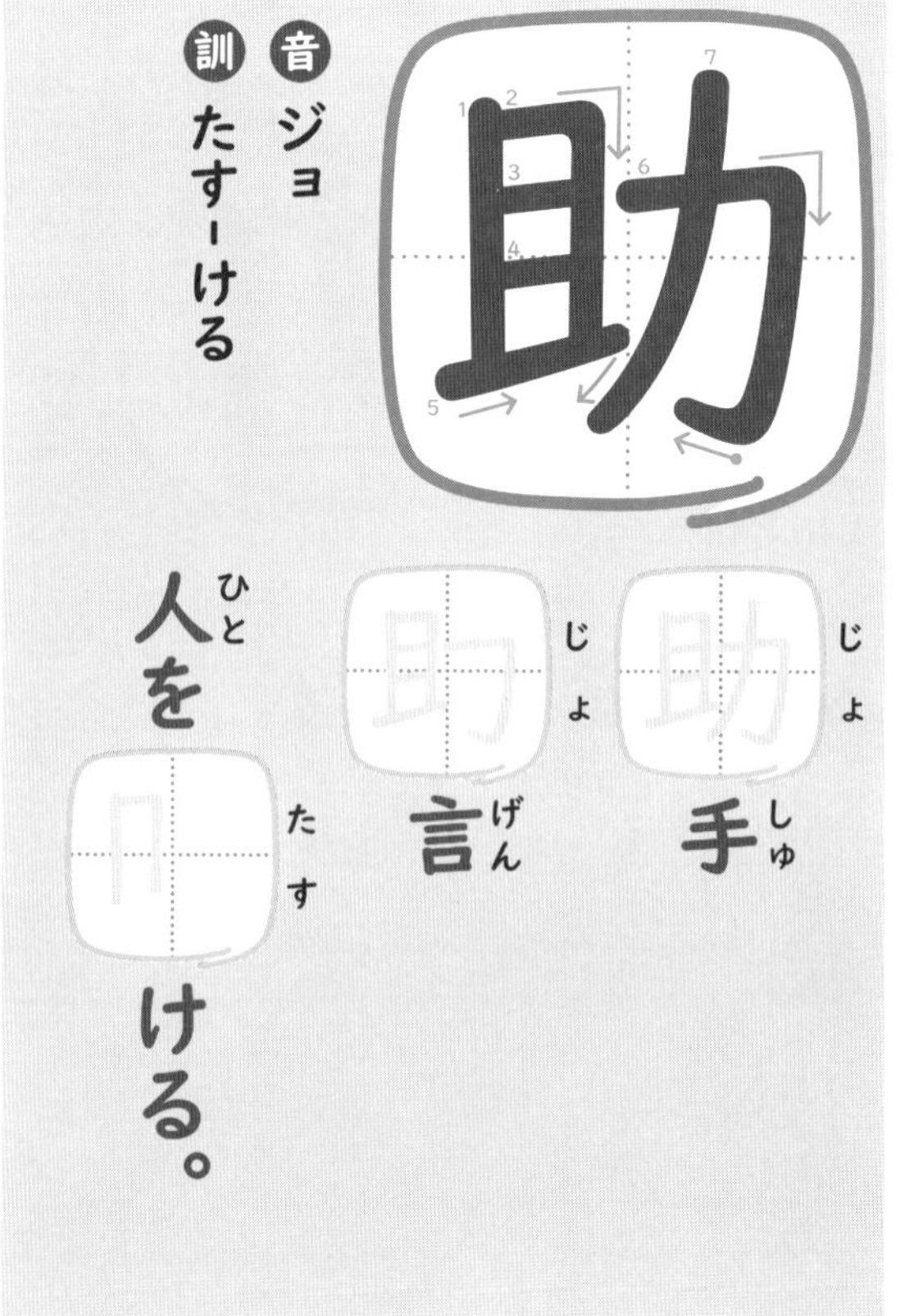

音 ジョ
訓 たす-ける

助(じょ)手(しゅ)

助(じょ)言(げん)

人(ひと)を助(たす)ける。

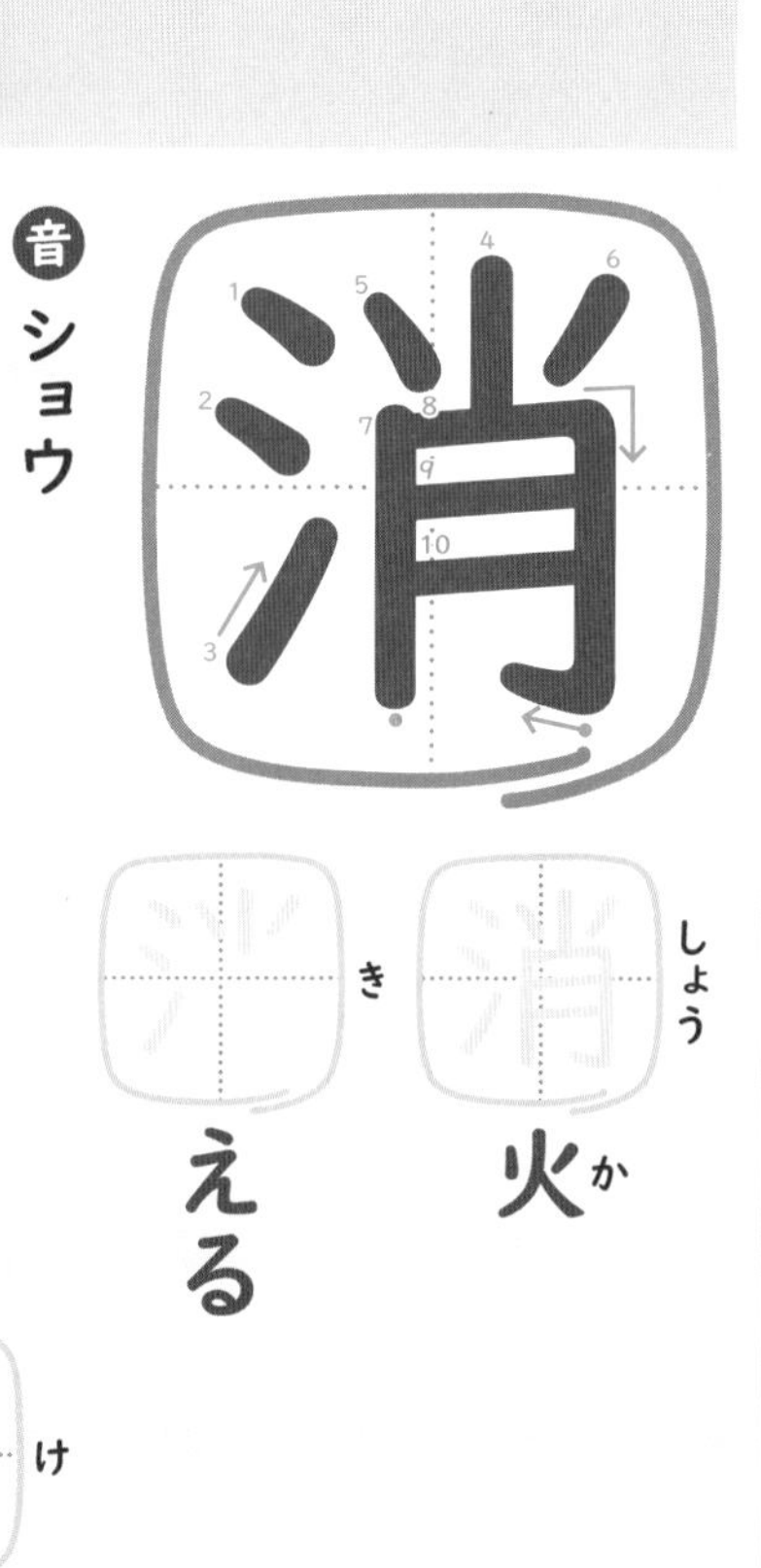

音 ショウ
訓 き-える
け-す

消(しょう)火(か)

消(き)える

放水(ほうすい)で火(ひ)を消(け)す。

漢字 5-④

商・章・勝・乗

■ 手本の漢字を指でなぞります。

□ には漢字を頭の中で思いうかべてから書きましょう。

商
音 ショウ
訓 ―

商(しょう)店(てん)
商(しょう)品(ひん)
商(しょう)売(ばい)を始(はじ)める。

勝
音 ショウ
訓 か-つ

勝(しょう)負(ぶ)
楽(らく)勝(しょう)
病(びょう)気(き)に勝(か)つ。

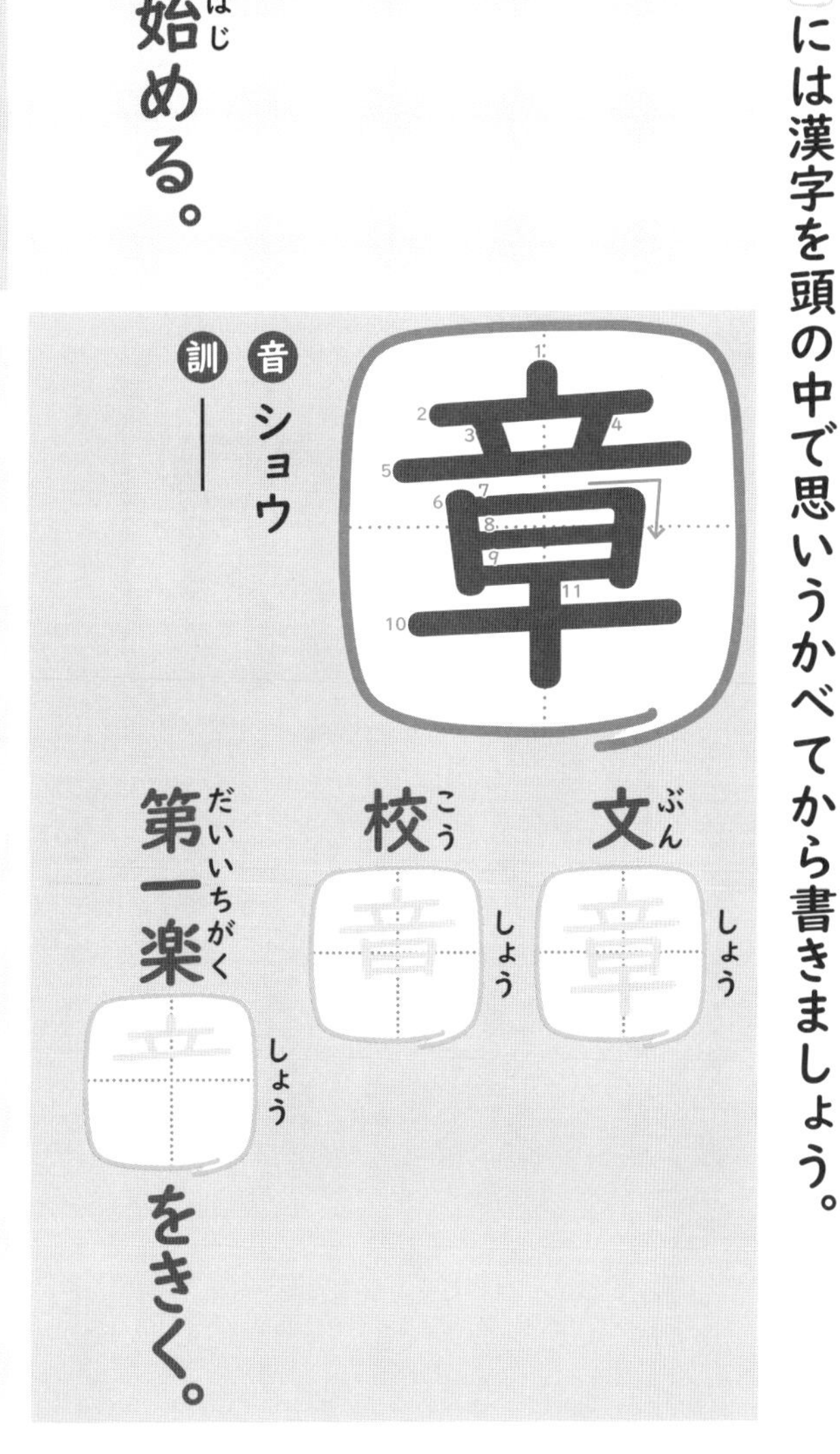

章
音 ショウ
訓 ―

文(ぶん)章(しょう)
校(こう)章(しょう)
第(だい)一(いち)楽(がく)章(しょう)をきく。

乗
音 ジョウ
訓 の-る

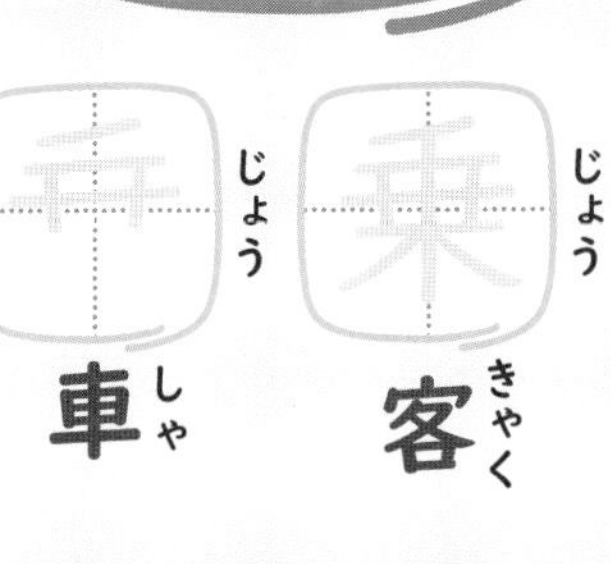

乗(じょう)客(きゃく)
乗(じょう)車(しゃ)

赤(あか)い電(でん)車(しゃ)に乗(の)る。

漢字 5-⑤

植・申・身・神

□ 手本の漢字（かんじ）を指（ゆび）でなぞります。□には漢字を頭の中で思いうかべてから書きましょう。

音 ショク
訓 う-える

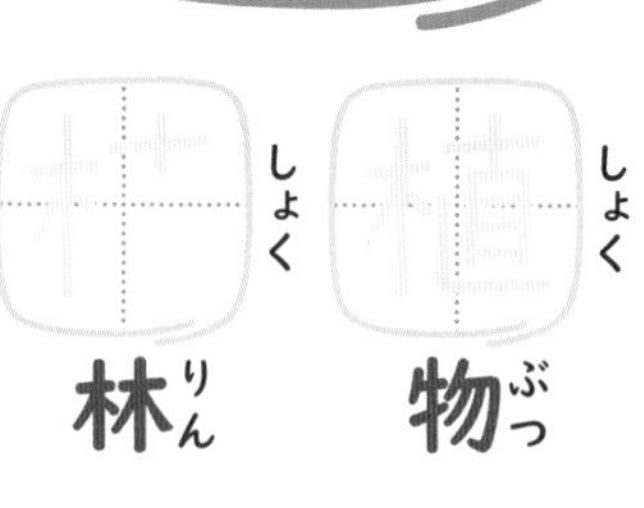

□（しょく）物（ぶつ）

□（しょく）林（りん）

木（き）を□（う）える。

音 シン
訓 み

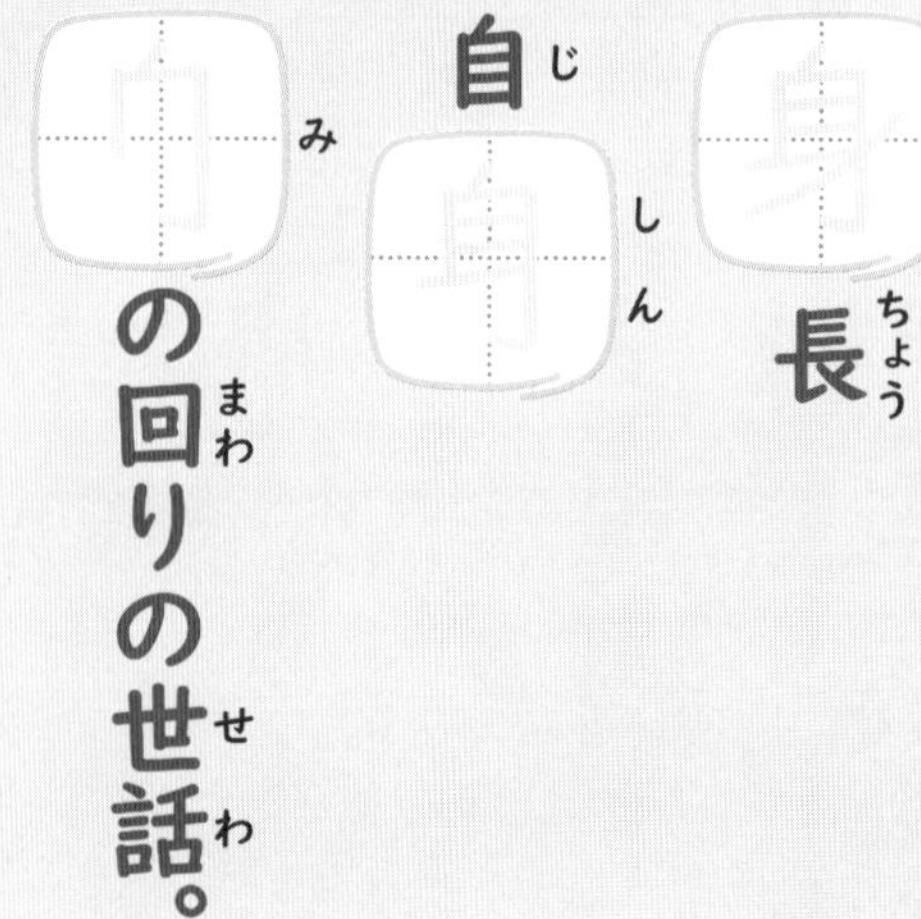

□（しん）長（ちょう）

自（じ）□（しん）

□（み）の回（まわ）りの世話（せわ）。

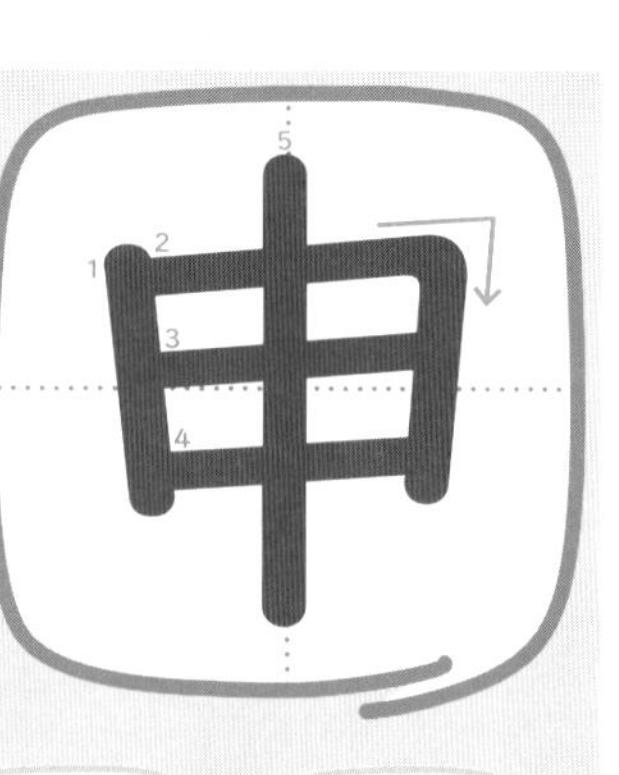

音 （シン）
訓 もう-す

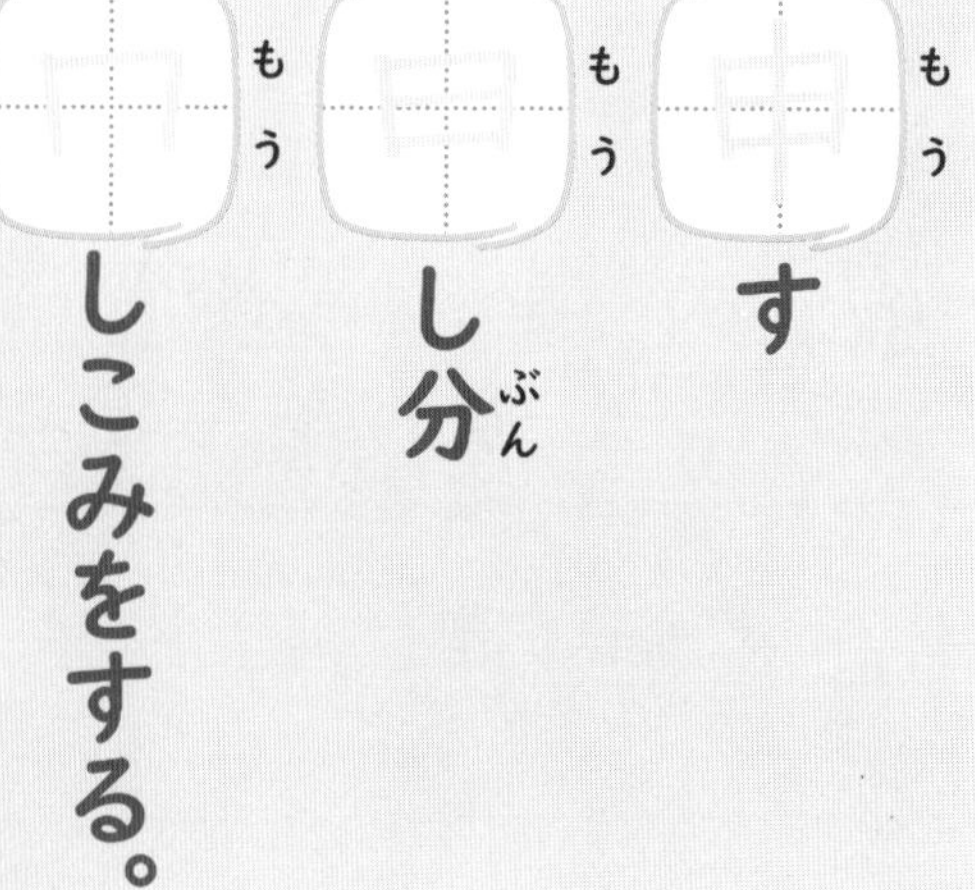

□（もう）す

□（もう）し分（ぶん）

□（もう）しこみをする。

音 シン ジン
訓 かみ

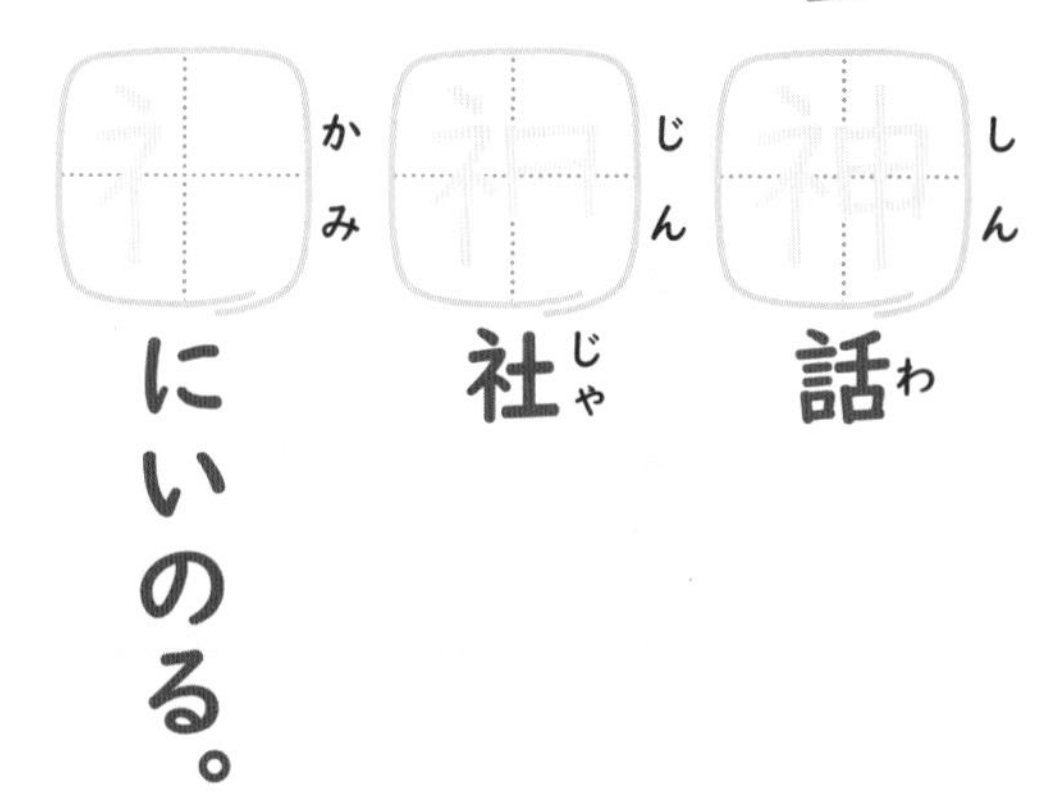

□（しん）話（わ）

□（じん）社（じゃ）

□（かみ）にいのる。

ゴール　スタート

漢字 5-⑥

読みのたしかめ

□ つぎの文を読んで、――を引いた漢字の読みを（　）に書きましょう。

① さいふを拾う。（　）
② バスの終点。（　）
③ ピアノを習う。（　）
④ 全集を読む。（　）
⑤ 住所を書く。（　）
⑥ 箱を重ねておく。（　）
⑦ 全員で合宿する。（　）
⑧ 研究所に行く。（　）
⑨ むし暑い日。（　）
⑩ 高とびの助走。（　）
⑪ 昭和の日。（　）
⑫ 食べ物を消化する。（　）
⑬ 商社につとめる。（　）
⑭ 文章を書く。（　）
⑮ 勝はいが決まる。（　）
⑯ 乗船客が多い。（　）
⑰ 花を植える。（　）
⑱ 王に申し上げる。（　）
⑲ 長身の人。（　）
⑳ 神様ほとけ様。（　）

漢字 5-⑦

書きのたしかめ ①

■ つぎの文を読んで、□にあてはまる漢字(かんじ)を頭の中で思いうかべてからなぞりましょう。

① さいふを拾(ひろ)う。

② バスの終(しゅう)点(てん)。

③ ピアノを習(なら)う。

④ 全(ぜん)集(しゅう)を読(よ)む。

⑤ 住(じゅう)所(しょ)を書(か)く。

⑥ 箱(はこ)を重(かさ)ねておく。

⑦ 全員(ぜんいん)で合(がっ)宿(しゅく)する。

⑧ 研究(けんきゅう)所(しょ)に行(い)く。

⑨ むし暑(あつ)い日(ひ)。

⑩ 高(たか)とびの助(じょ)走(そう)。

⑪ 昭(しょう)和(わ)の日(ひ)。

⑫ 食(た)べ物(もの)を消(しょう)化(か)する。

⑬ 商(しょう)社(しゃ)につとめる。

⑭ 文(ぶん)章(しょう)を書(か)く。

⑮ 勝(しょう)はいが決(き)まる。

⑯ 乗(じょう)船客(せんきゃく)が多(おお)い。

⑰ 花(はな)を植(う)える。

⑱ 王(おう)に申(もう)し上(あ)げる。

⑲ 長(ちょう)身(しん)の人(ひと)。

⑳ 神(かみ)様(さま)ほとけ様(さま)。

郵 便 は が き

料金受取人払郵便

大阪北局
承 認
3902

差出有効期間
2022年5月31日まで
※切手を貼らずに
お出しください。

530-8790

154

大阪市北区兎我野町15－13
ミユキビル

フォーラム・A
愛読者係 行

愛読者カード ご購入ありがとうございます。

フリガナ		性別	男 ・ 女
お名前		年齢	歳
TEL FAX	(　　)	ご職業	
ご住所	〒　　－		
E-mail	@		

ご記入いただいた個人情報は、当社の出版の参考にのみ活用させていただきます。
第三者には一切開示いたしません。

□学力がアップする教材満載のカタログ送付を希望します。

●ご購入書籍・プリント名

●本書（プリント含む）を何でお知りになりましたか？（あてはまる数字に○をつけてください。）

1．書店で実物を見て（書店名　　　　　　　　）
2．ネットで見て
3．広告を見て（新聞・雑誌名　　　　　　　　）
4．書評・紹介記事を見て（新聞・雑誌名　　　　　　　　）
5．友人・知人から紹介されて
6．その他（　　　　　　　　）

●本書の内容にはご満足いただけたでしょうか？（あてはまる数字に○をつけてください。）

たいへん満足　5　4　3　2　1　不満

●ご意見・ご感想、本書の内容に関してのご質問、また今後欲しい商品のアイデアがありましたら下欄にご記入ください。
おハガキをいただいた方の中から抽選で10名様に2,000円分の図書カードをプレゼントいたします。当選の発表は、賞品の発送をもってかえさせていただきます。

ご感想を小社HP等で匿名でご紹介させていただく場合もございます。　□可　□不可

小社の出版物はお近くの書店にご注文ください。　ご協力ありがとうございました。

漢字 5-⑧

書きのたしかめ ②

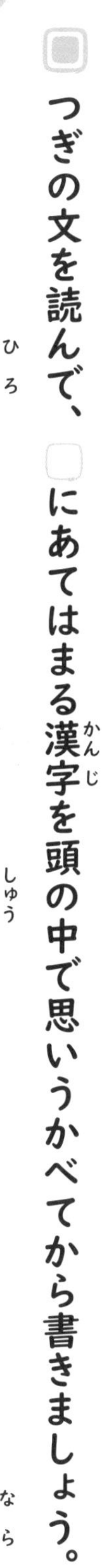

□ つぎの文を読んで、□にあてはまる漢字を頭の中で思いうかべてから書きましょう。

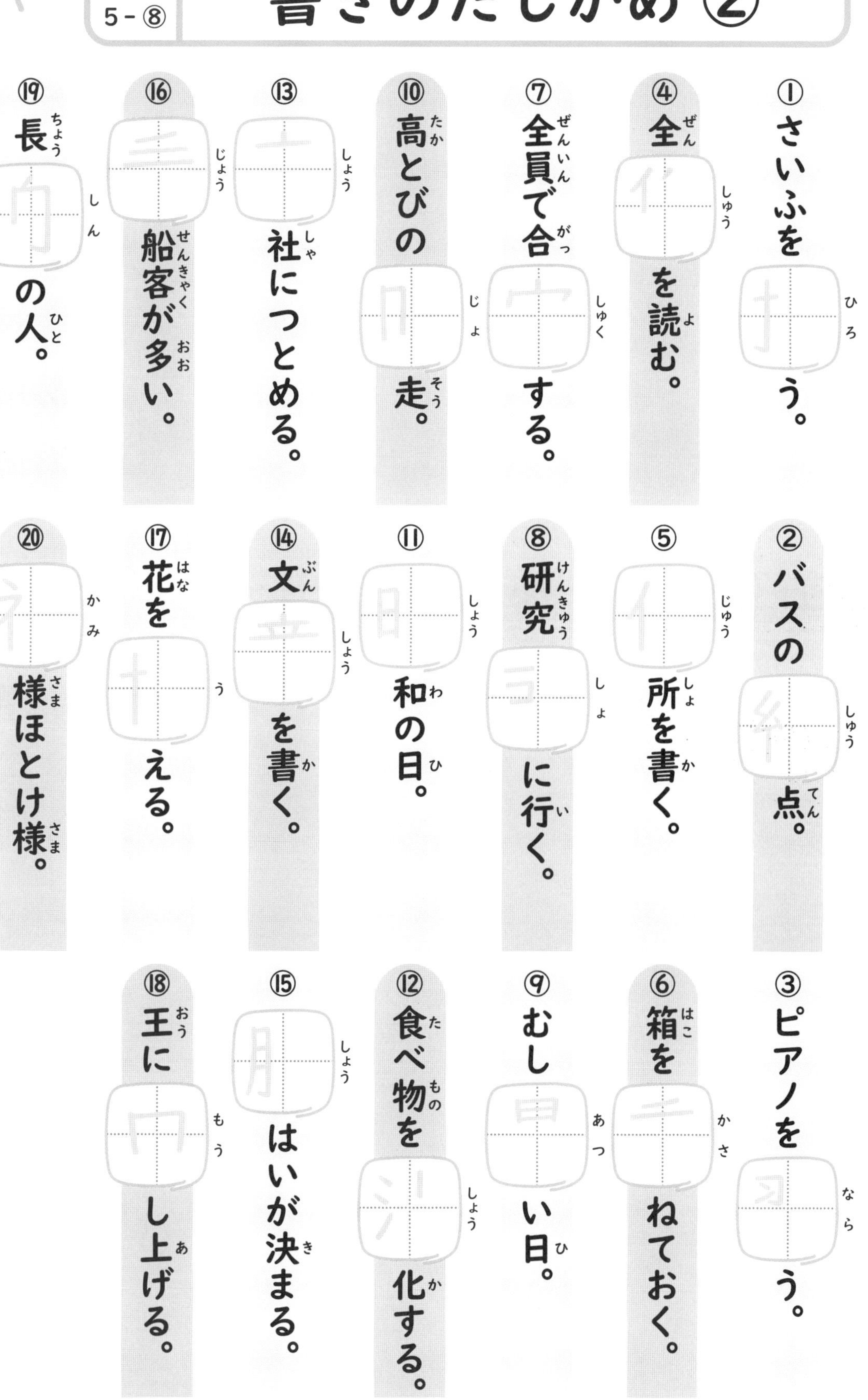

① さいふを［ひろ］う。
② バスの［しゅう］点。
③ ピアノを［なら］う。
④ 全［しゅう］を読む。
⑤ ［じゅう］所を書く。
⑥ 箱を［かさ］ねておく。
⑦ 全員で合［しゅく］する。
⑧ 研究［しょ］に行く。
⑨ むし［あつ］い日。
⑩ 高とびの［じょ］走。
⑪ ［しょう］和の日。
⑫ 食べ物を［しょう］化する。
⑬ ［しょう］社につとめる。
⑭ 文［しょう］を書く。
⑮ ［しょう］はいが決まる。
⑯ ［じょう］船客が多い。
⑰ 花を［う］える。
⑱ 王に［もう］し上げる。
⑲ 長［しん］の人。
⑳ ［かみ］様ほとけ様。

漢字 5-⑨

書きのたしかめ ③

つぎの文を読んで、□にあてはまる漢字（かんじ）を頭の中で思いうかべてから書きましょう。

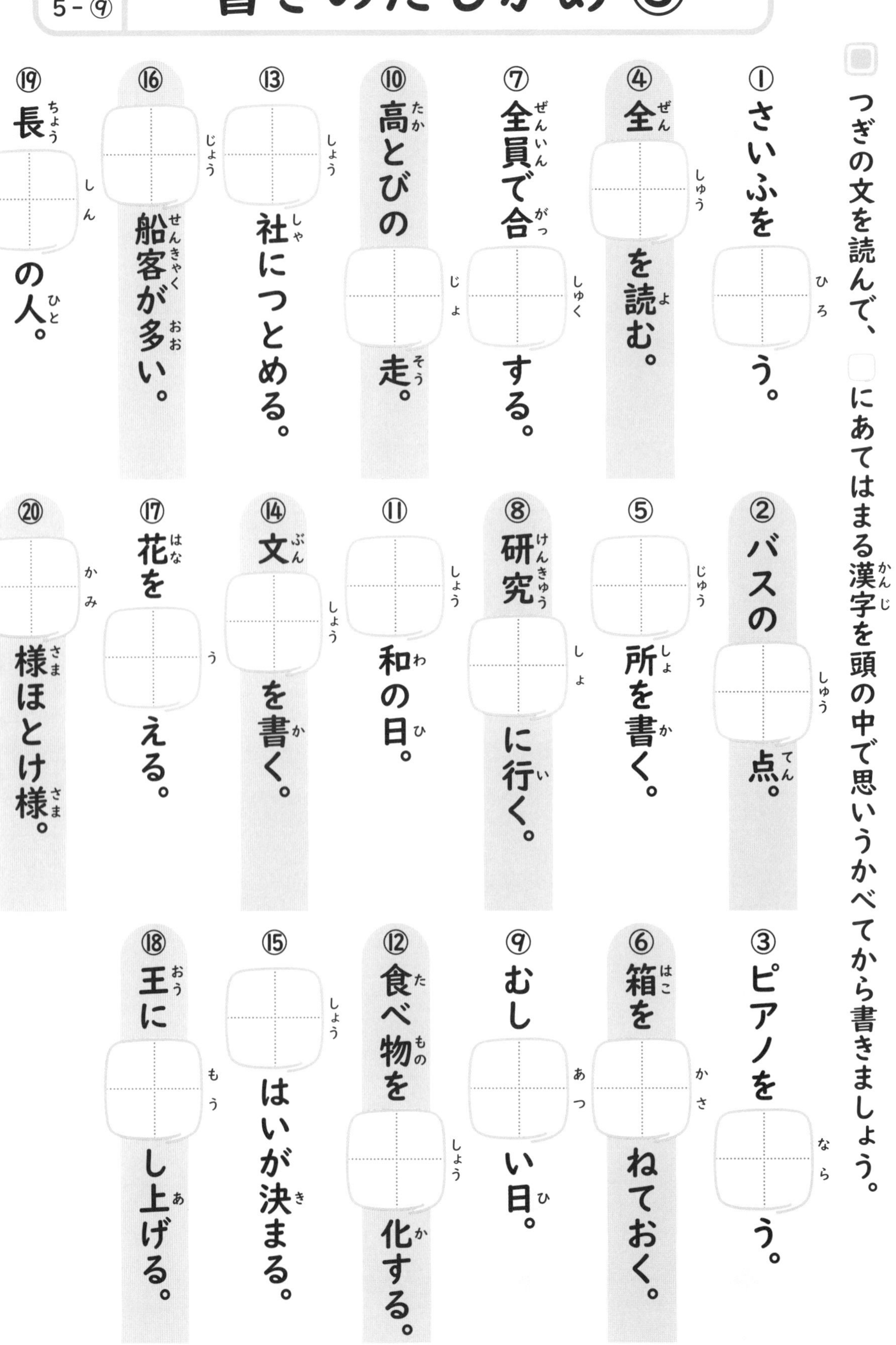

① さいふを□（ひろ）う。

② バスの□（しゅう）点（てん）。

③ ピアノを□（なら）う。

④ 全（ぜん）□（しゅう）を読（よ）む。

⑤ □（じゅう）所（しょ）を書（か）く。

⑥ 箱（はこ）を□（かさ）ねておく。

⑦ 全員（ぜんいん）で合（がっ）□（しゅく）する。

⑧ 研究（けんきゅう）□（しょ）に行（い）く。

⑨ むし□（あつ）い日（ひ）。

⑩ 高（たか）とびの□（じょ）走（そう）。

⑪ □（しょう）和（わ）の日（ひ）。

⑫ 食（た）べ物（もの）を□（しょう）化（か）する。

⑬ □（しょう）社（しゃ）につとめる。

⑭ 文（ぶん）□（しょう）を書（か）く。

⑮ □（しょう）はいが決（き）まる。

⑯ □（じょう）船客（せんきゃく）が多（おお）い。

⑰ 花（はな）を□（う）える。

⑱ 王（おう）に□（もう）し上（あ）げる。

⑲ 長（ちょう）□（しん）の人（ひと）。

⑳ □（かみ）様（さま）ほとけ様（さま）。

漢字めいろ ②

□ 正しい漢字の道を通って、スタートからゴールまで進みます。正しい漢字のみをなぞりましょう。(さらに、まちがい漢字を正しく書けたら、花丸です)

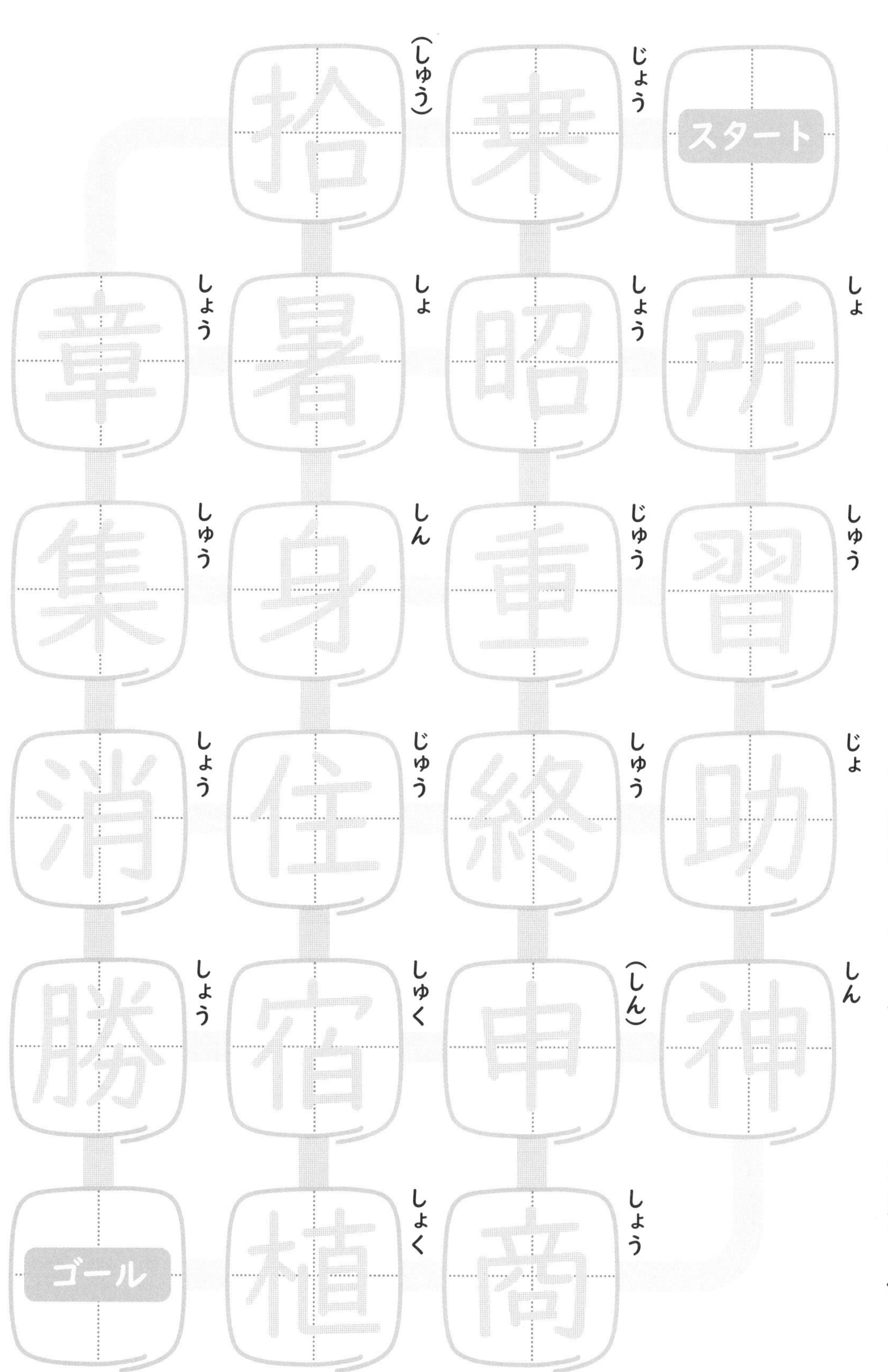

漢字 6-①

真・深・進・世

□ 手本の漢字を指でなぞります。□には漢字を頭の中で思いうかべてから書きましょう。

真 音 シン 訓 ま

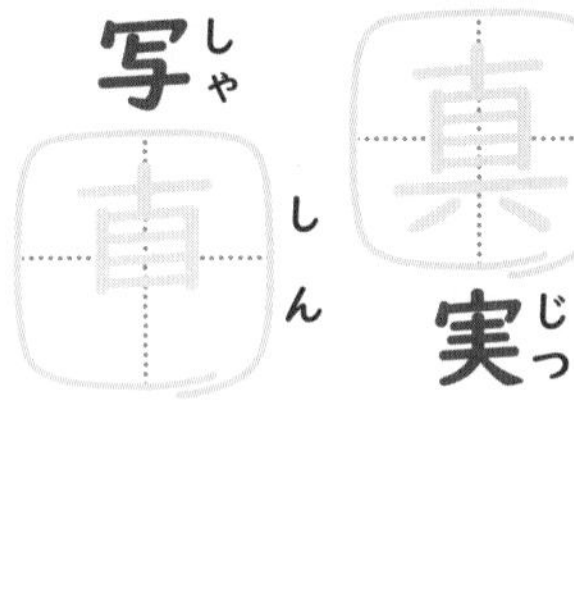

真(しん)実(じつ)

写(しゃ)真(しん)

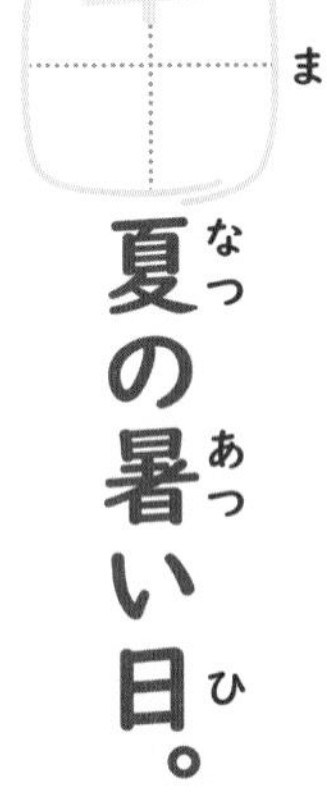

真(ま)夏(なつ)の暑(あつ)い日(ひ)。

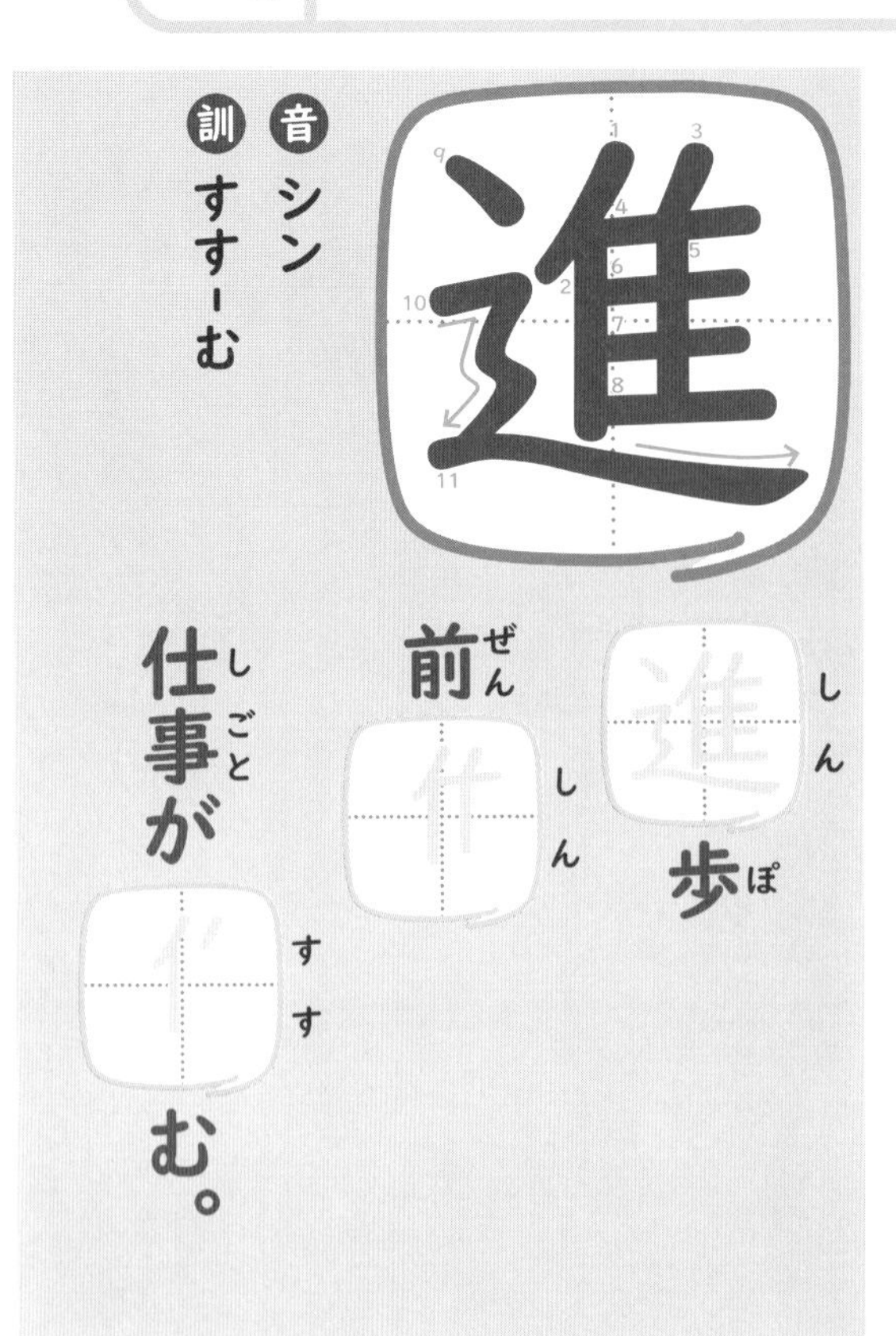

進 音 シン 訓 すす-む

進(しん)歩(ぽ)

前(ぜん)進(しん)

仕事(しごと)が進(すす)む。

深 音 シン 訓 ふか-い ふか-まる ふか-める

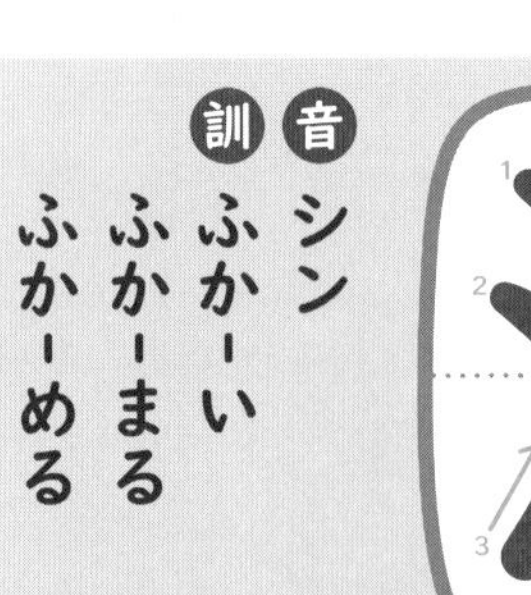

深(しん)夜(や)

深(ふか)い

秋(あき)が深(ふか)まる。

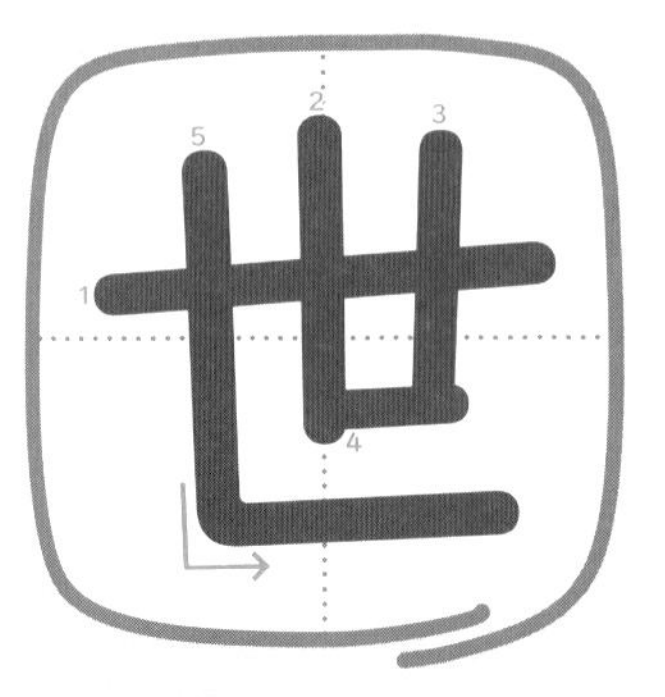

世 音 セイ セ 訓 よ

世(せ)界(かい)

後(こう)世(せい)

世(よ)の中(なか)の出来事(できごと)。

漢字 6-②

整・昔・全・相

手本の漢字を指でなぞります。□には漢字を頭の中で思いうかべてから書きましょう。

音 セイ
訓 ととの-える

整理　整列　本を整える。

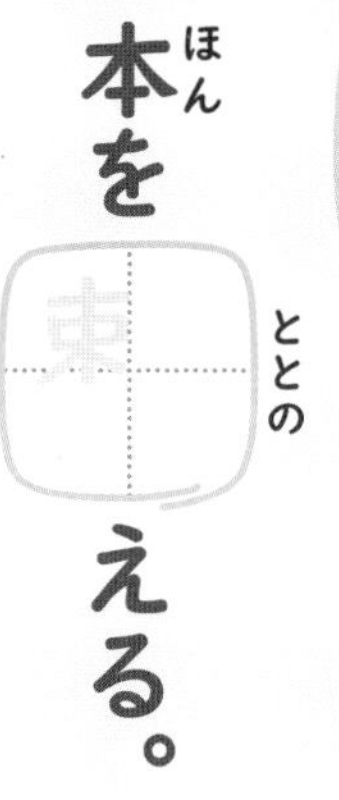

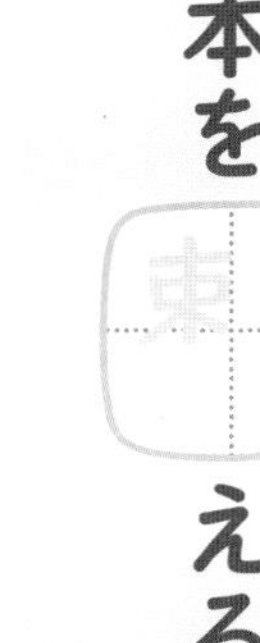

音 (セキ)
訓 むかし

昔話　大昔　今と昔の話。

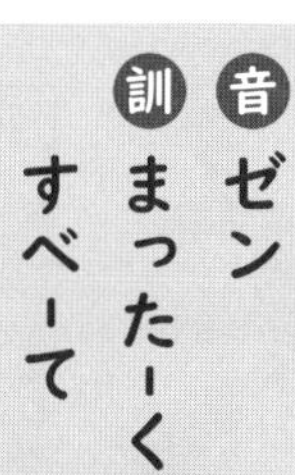

音 ゼン
訓 まった-く　すべ-て

全体　全て　全く同じ形。

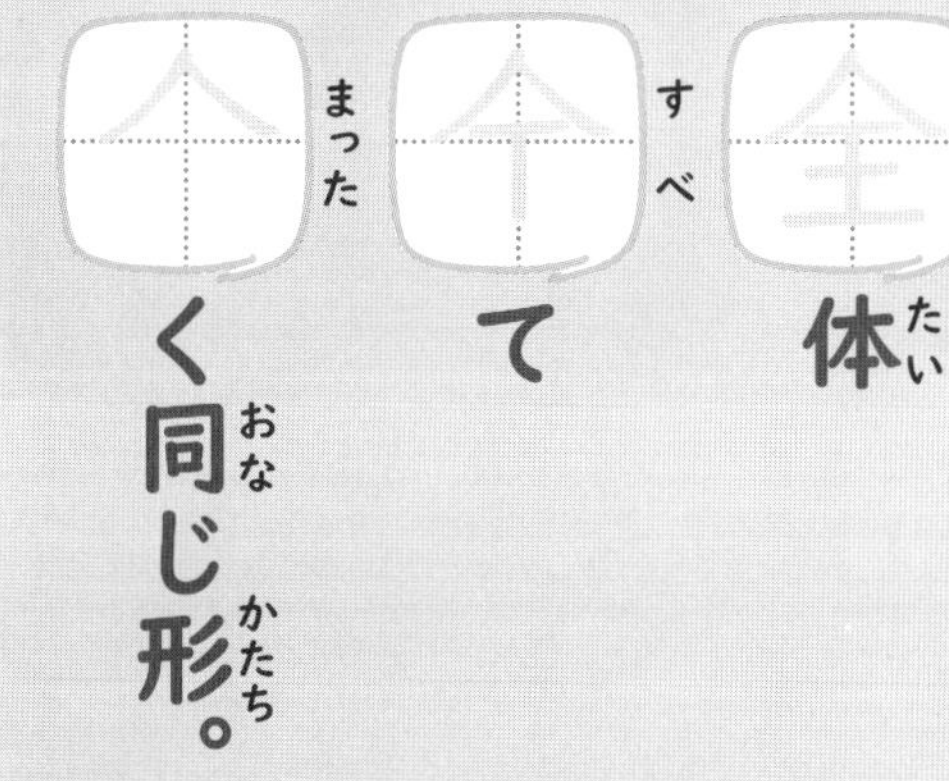

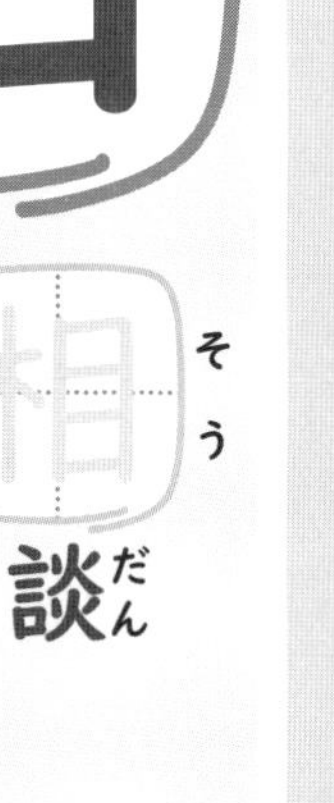

音 ソウ
訓 あい

相談　手相　会話の相手。

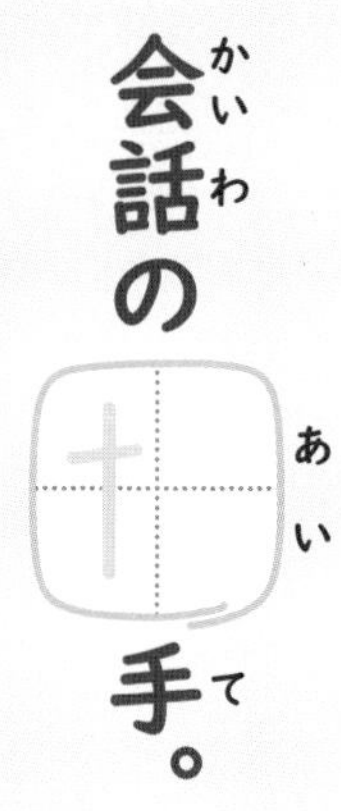

漢字 6-③ 送・想・息・速

□ 手本の漢字を指でなぞります。□には漢字を頭の中で思いうかべてから書きましょう。

送
音 ソウ
訓 おく-る

放(ほう)□(そう)
□(そう)金(きん)
駅(えき)まで□(おく)る。

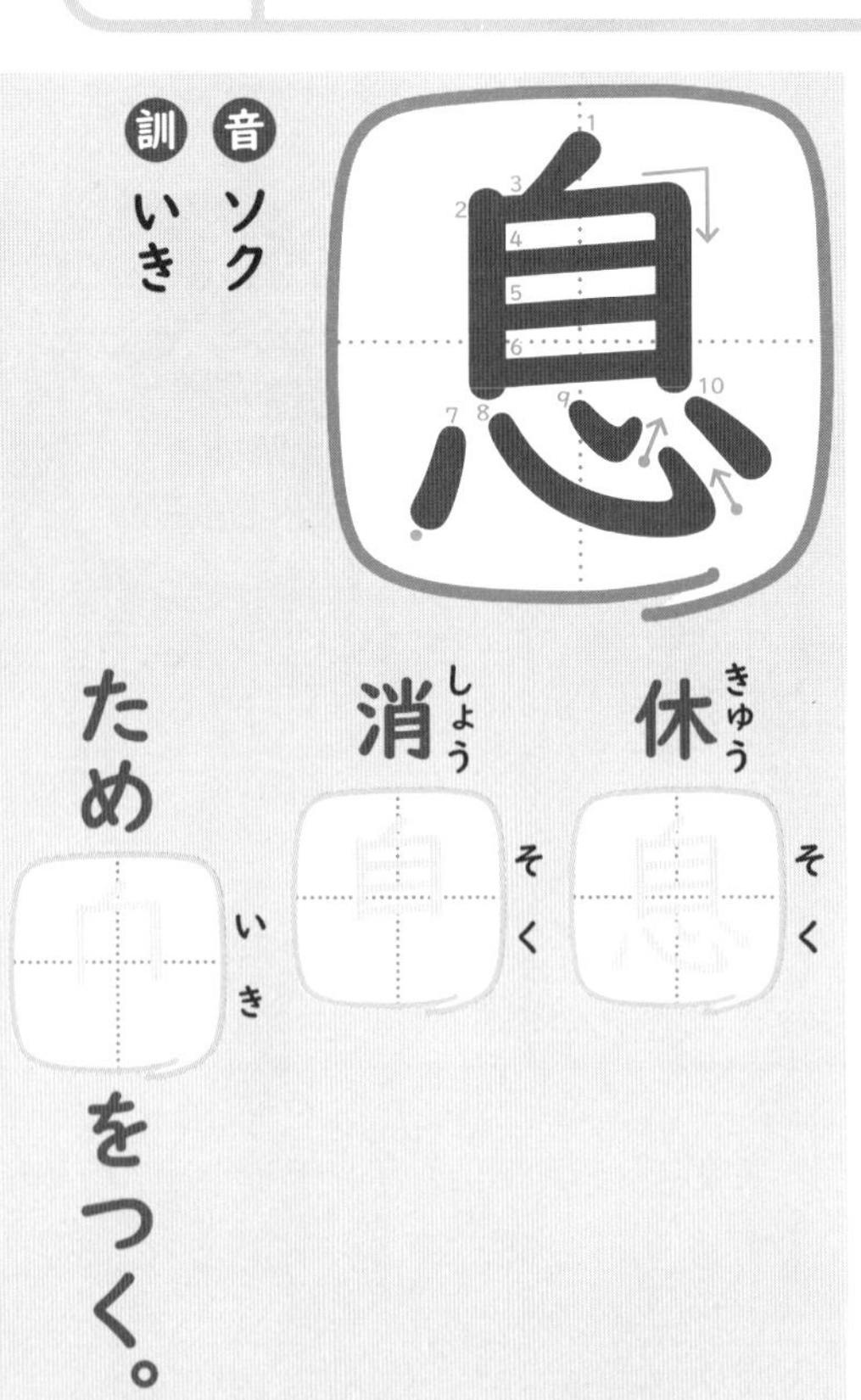

息
音 ソク
訓 いき

休(きゅう)□(そく)
消(しょう)□(そく)
ため□(いき)をつく。

想
音 ソウ
訓 ―

感(かん)□(そう)文(ぶん)
空(くう)□(そう)
理(り)□(そう)をいだく。

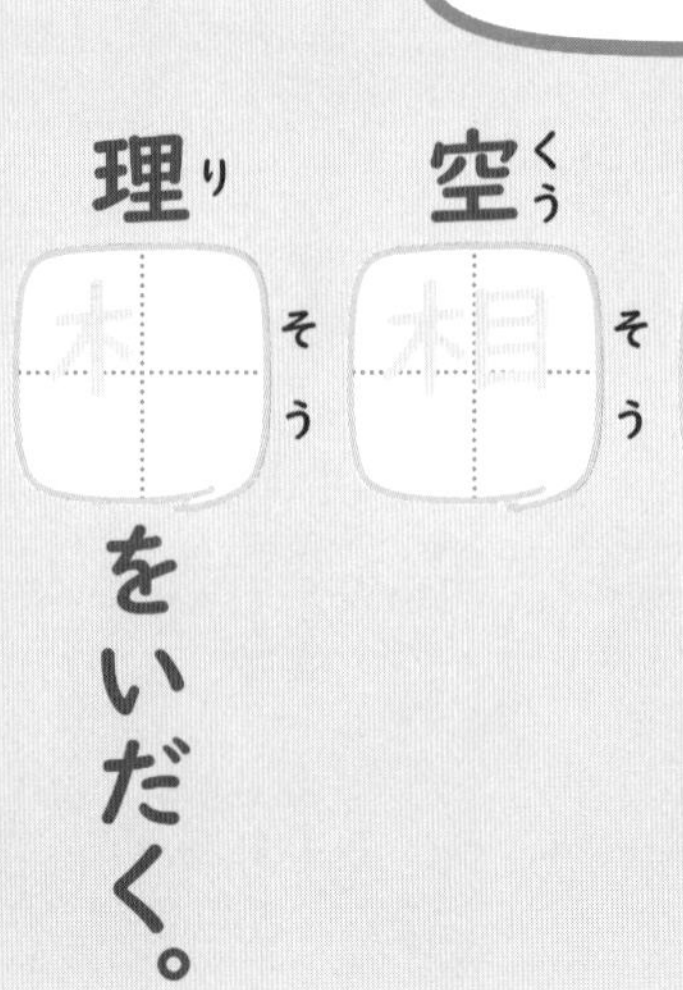

速
音 ソク
訓 はや-い
はや-める

□(そく)度(ど)
□(はや)い
高(こう)□(そく)道路(どうろ)を走(はし)る。

漢字 6-④

族・他・打・対

手本の漢字を指でなぞります。□には漢字を頭の中で思いうかべてから書きましょう。

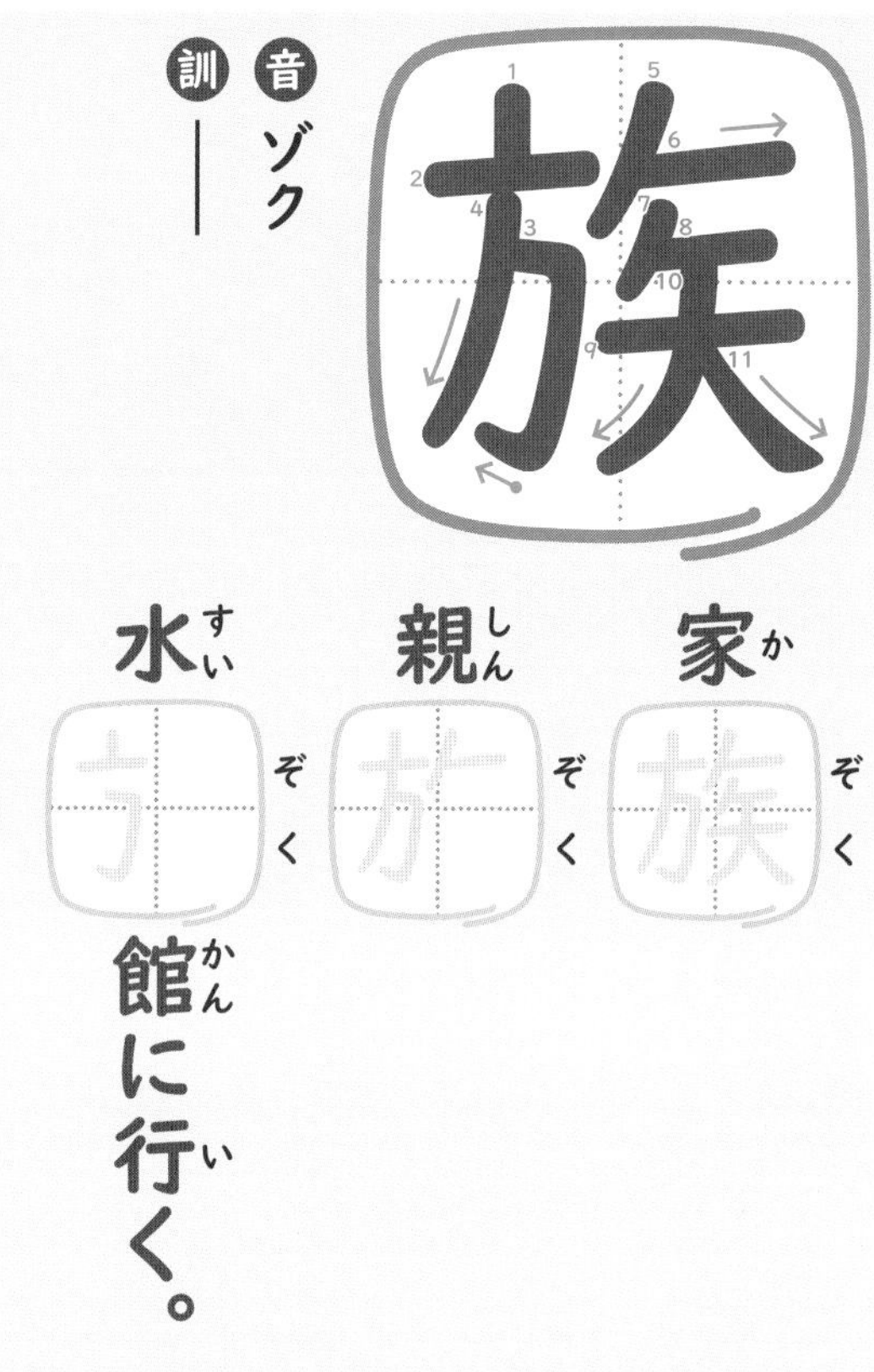

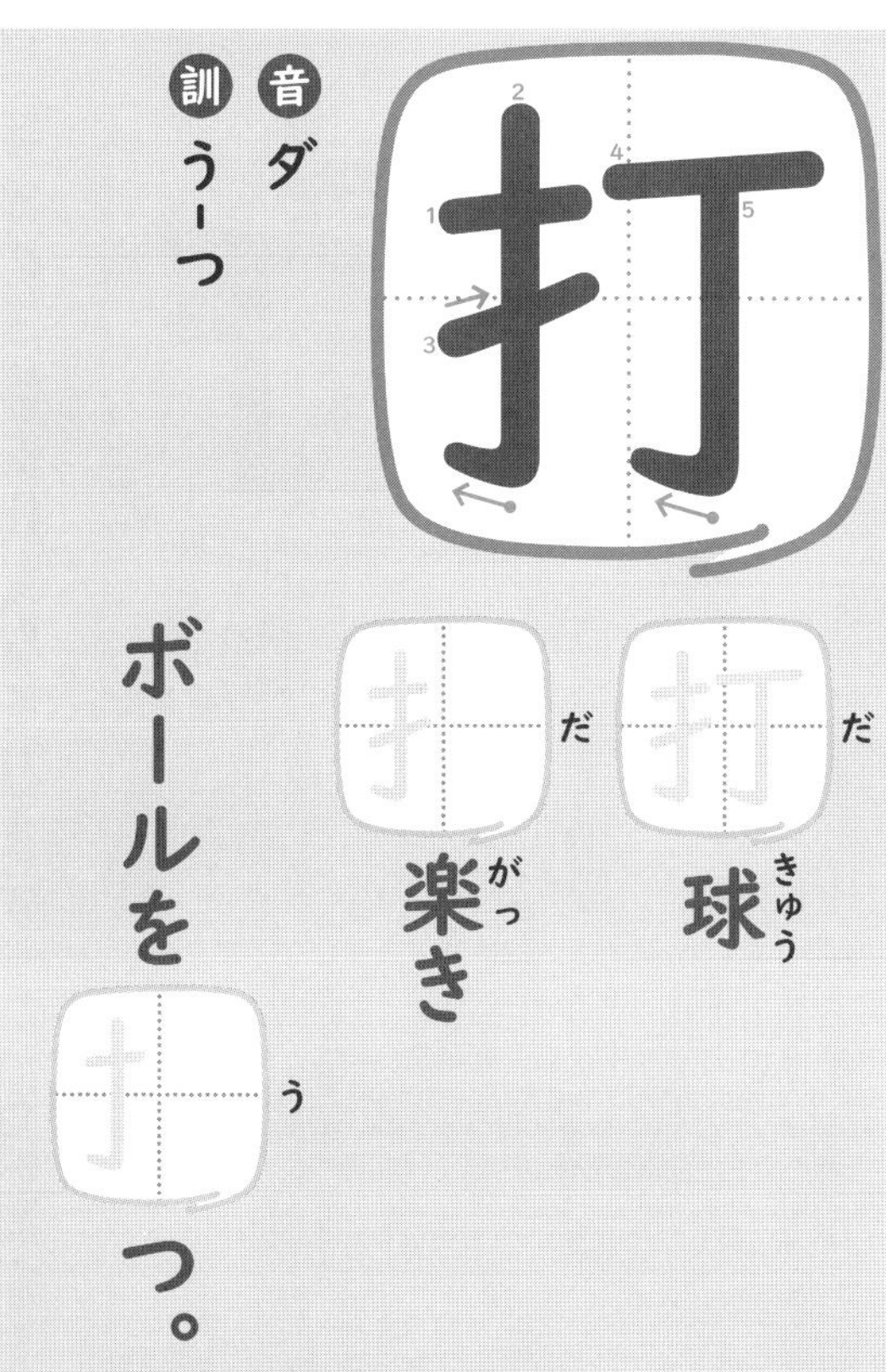

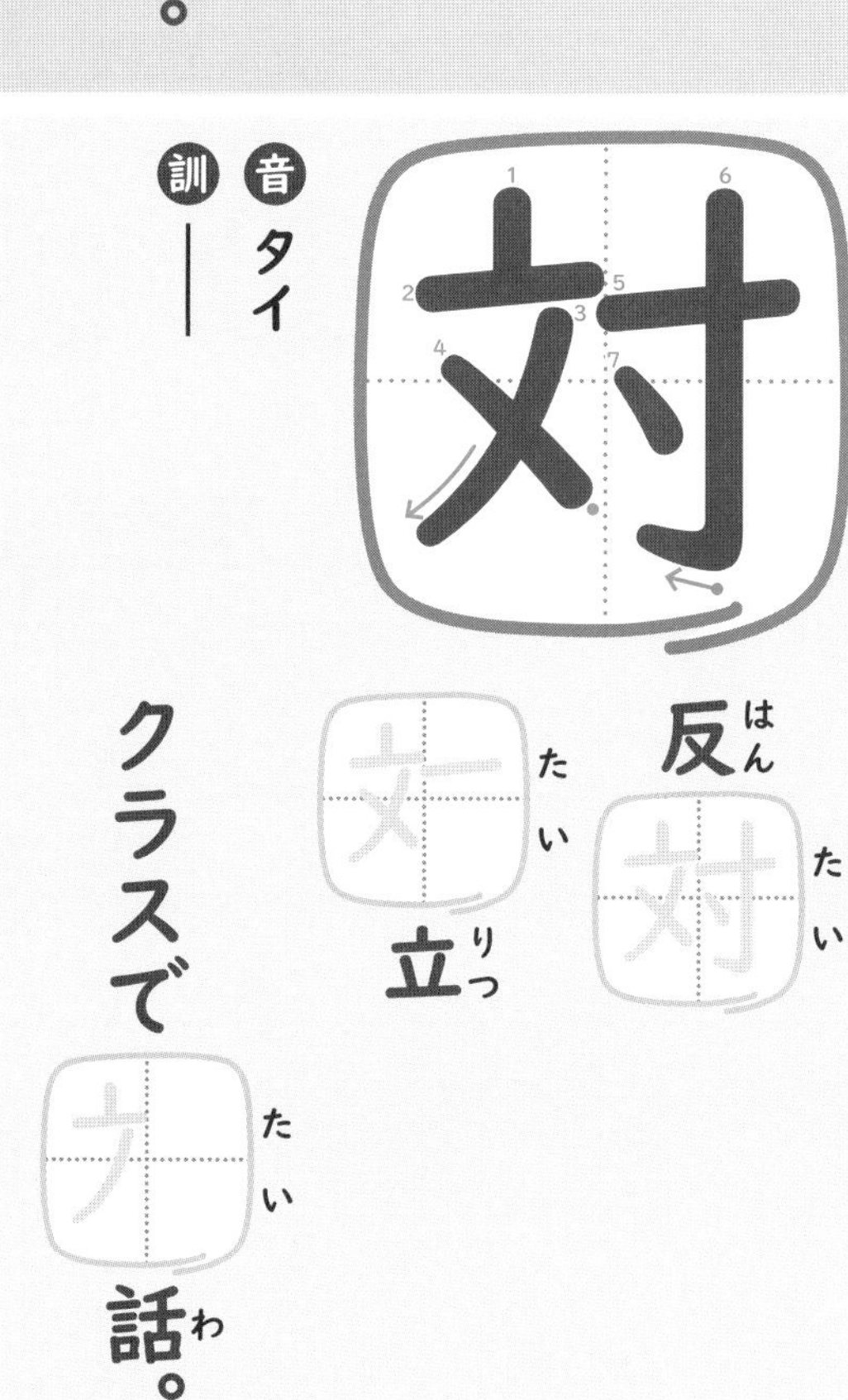

漢字 6-⑤ 待・代・第・題

□手本の漢字（かんじ）を指（ゆび）でなぞります。□には漢字を頭の中で思いうかべてから書きましょう。

音 タイ
訓 ま-つ

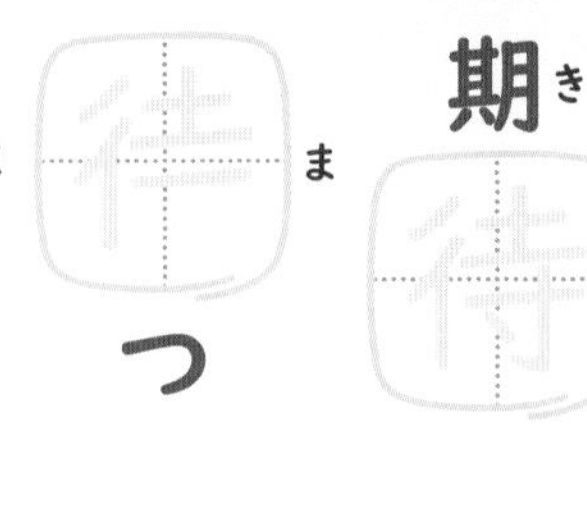

期（き）待（たい）

待（ま）つ

待（ま）ち合（あ）わせの日（ひ）。

音 ダイ
訓 ―

第（だい）一（いち）

落（らく）第（だい）

手（て）あたり次（し）第（だい）。

音 ダイ タイ
訓 か-わる よ

代（だい）金（きん）

千（ち）代（よ）紙（がみ）

当番（とうばん）を代（か）わる。

音 ダイ
訓 ―

題（だい）名（めい）

話（わ）題（だい）

宿（しゅく）題（だい）をする。

ゴール　スタート

漢字 6-⑥

読みのたしかめ

□ つぎの文を読んで、――を引いた漢字の読みを（　）に書きましょう。

① 真水を飲む。（　）

② 深海魚を見る。（　）

③ 道を直進する。（　）

④ 道で世間話をする。（　）

⑤ 整数のたし算。（　）

⑥ 昔を思い出す場面。（　）

⑦ 全力をつくす。（　）

⑧ 土地を相続する。（　）

⑨ 送りがなをふる。（　）

⑩ 回想にふける。（　）

⑪ 息を止める。（　）

⑫ 風速が強い。（　）

⑬ 大家族でくらす。（　）

⑭ 他国の文化。（　）

⑮ 打ち上げ花火。（　）

⑯ 十年ぶりの対面。（　）

⑰ 春が待ち遠しい。（　）

⑱ クラスの代表。（　）

⑲ 落第点を取る。（　）

⑳ 問題をとき始める。（　）

漢字 6-⑦

書きのたしかめ ①

□ つぎの文を読んで、□にあてはまる漢字(かんじ)を頭の中で思いうかべてからなぞりましょう。

① 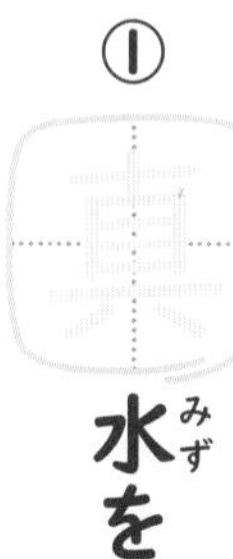[真](ま)水(みず)を飲(の)む。

② [深](しん)海魚(かいぎょ)を見(み)る。

③ 道(みち)を直(ちょく)[進](しん)する。

④ 道(みち)で[世](せ)間話(けんばなし)をする。

⑤ [整](せい)数(すう)のたし算(ざん)。

⑥ [昔](むかし)を思(おも)い出(だ)す場面(ばめん)。

⑦ [全](ぜん)力(りょく)をつくす。

⑧ 土地(とち)を[相](そう)続(ぞく)する。

⑨ [送](おく)りがなをふる。

⑩ 回(かい)[想](そう)にふける。

⑪ [息](いき)を止(と)める。

⑫ 風(ふう)[速](そく)が強(つよ)い。

⑬ 大家(だいか)[族](ぞく)でくらす。

⑭ [他](た)国(こく)の文化(ぶんか)。

⑮ [打](う)ち上(あ)げ花火(はなび)。

⑯ 十年(じゅうねん)ぶりの[対](たい)面(めん)。

⑰ 春(はる)が[待](ま)ち遠(どお)しい。

⑱ 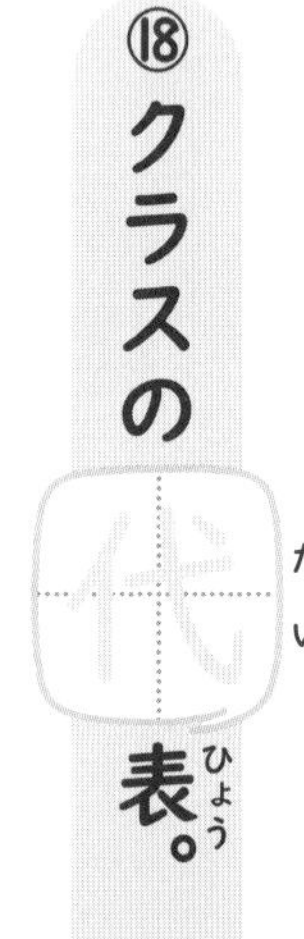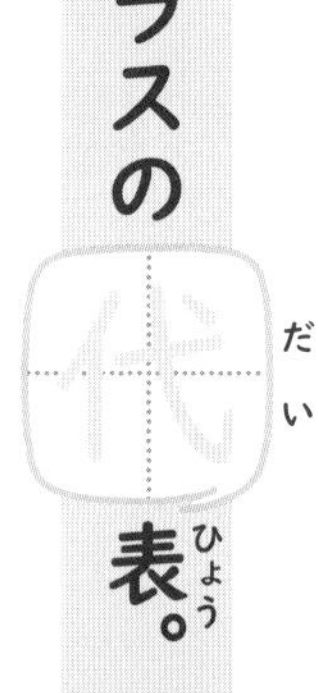クラスの[代](だい)表(ひょう)。

⑲ 落(らく)[第](だい)点(てん)を取(と)る。

⑳ 問(もん)[題](だい)をとき始(はじ)める。

漢字 6-⑧

書きのたしかめ ②

つぎの文を読んで、□にあてはまる漢字を頭の中で思いうかべてから書きましょう。

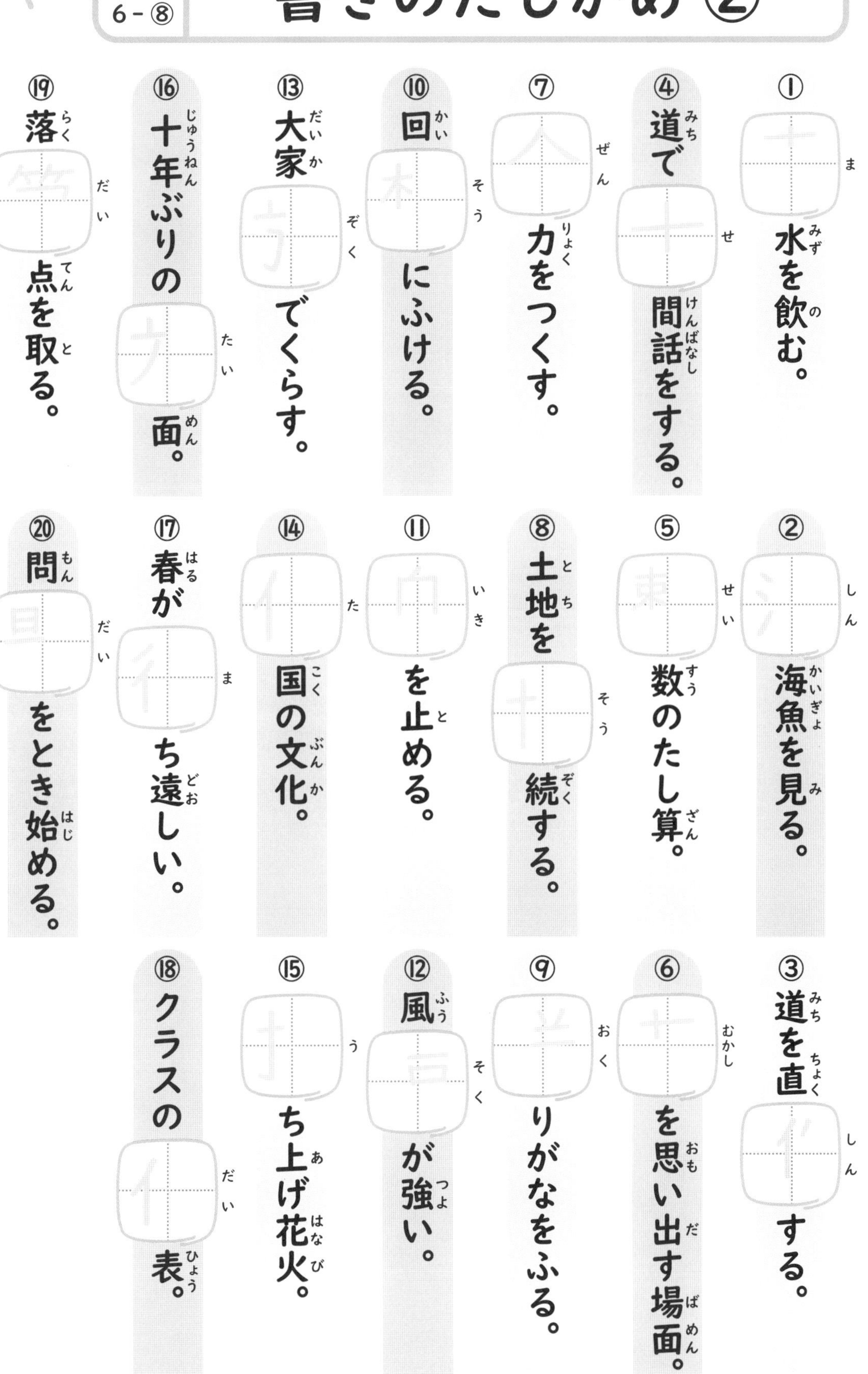

① □(ま)水を飲む。

② □(しん)海魚を見る。

③ 道を直□(しん)する。

④ 道で□(せ)間話をする。

⑤ □(せい)数のたし算。

⑥ □(むかし)を思い出す場面。

⑦ □(ぜん)力をつくす。

⑧ 土地を□(そう)続する。

⑨ □(おく)りがなをふる。

⑩ 回□(そう)にふける。

⑪ □(いき)を止める。

⑫ 風□(そく)が強い。

⑬ 大家□(ぞく)でくらす。

⑭ □(た)国の文化。

⑮ □(う)ち上げ花火。

⑯ 十年ぶりの□(たい)面。

⑰ 春が□(ま)ち遠しい。

⑱ クラスの□(だい)表。

⑲ 落□(だい)点を取る。

⑳ 問□(だい)をとき始める。

漢字 6-⑨

書きのたしかめ ③

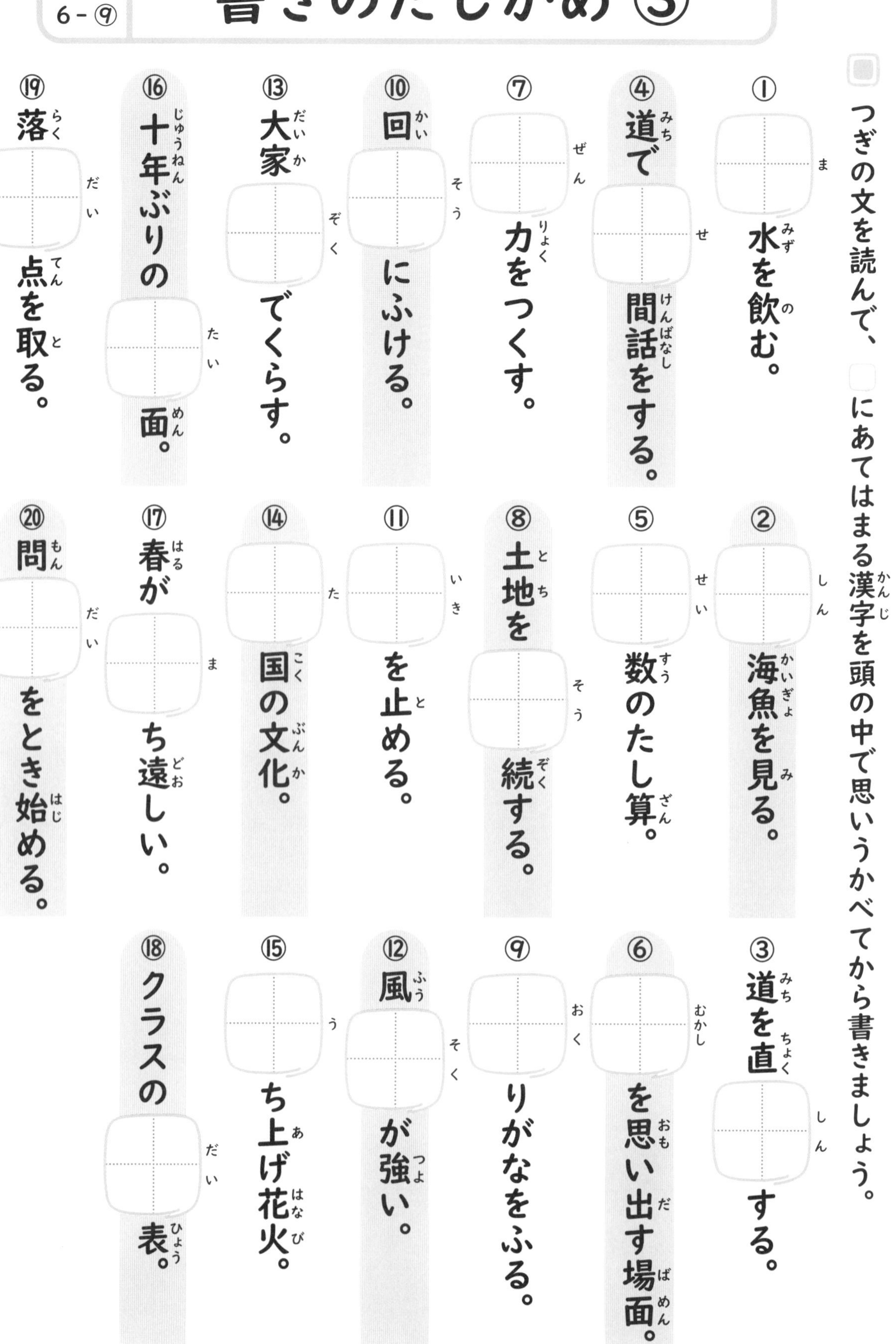

□ つぎの文を読んで、□にあてはまる漢字(かんじ)を頭の中で思いうかべてから書きましょう。

① □(ま)水(みず)を飲(の)む。

② □(しん)海魚(かいぎょ)を見(み)る。

③ 道(みち)を直(ちょく)□(しん)する。

④ 道(みち)で□(せ)間話(けんばなし)をする。

⑤ □(せい)数(すう)のたし算(ざん)。

⑥ □(むかし)を思(おも)い出(だ)す場面(ばめん)。

⑦ □(ぜん)力(りょく)をつくす。

⑧ 土地(とち)を□(そう)続(ぞく)する。

⑨ □(おく)りがなをふる。

⑩ 回(かい)□(そう)にふける。

⑪ □(いき)を止(と)める。

⑫ 風(ふう)□(そく)が強(つよ)い。

⑬ 大家(だいか)□(ぞく)でくらす。

⑭ □(た)国(こく)の文化(ぶんか)。

⑮ □(う)ち上(あ)げ花火(はなび)。

⑯ 十年(じゅうねん)ぶりの□(たい)面(めん)。

⑰ 春(はる)が□(ま)ち遠(どお)しい。

⑱ クラスの□(だい)表(ひょう)。

⑲ 落(らく)□(だい)点(てん)を取(と)る。

⑳ 問(もん)□(だい)をとき始(はじ)める。

漢字 6-⑩

正しい漢字みつけ！②

□ つぎの漢字は一画書きたされた、まちがい漢字です。正しい部分のみをなぞって、漢字を見つけましょう。

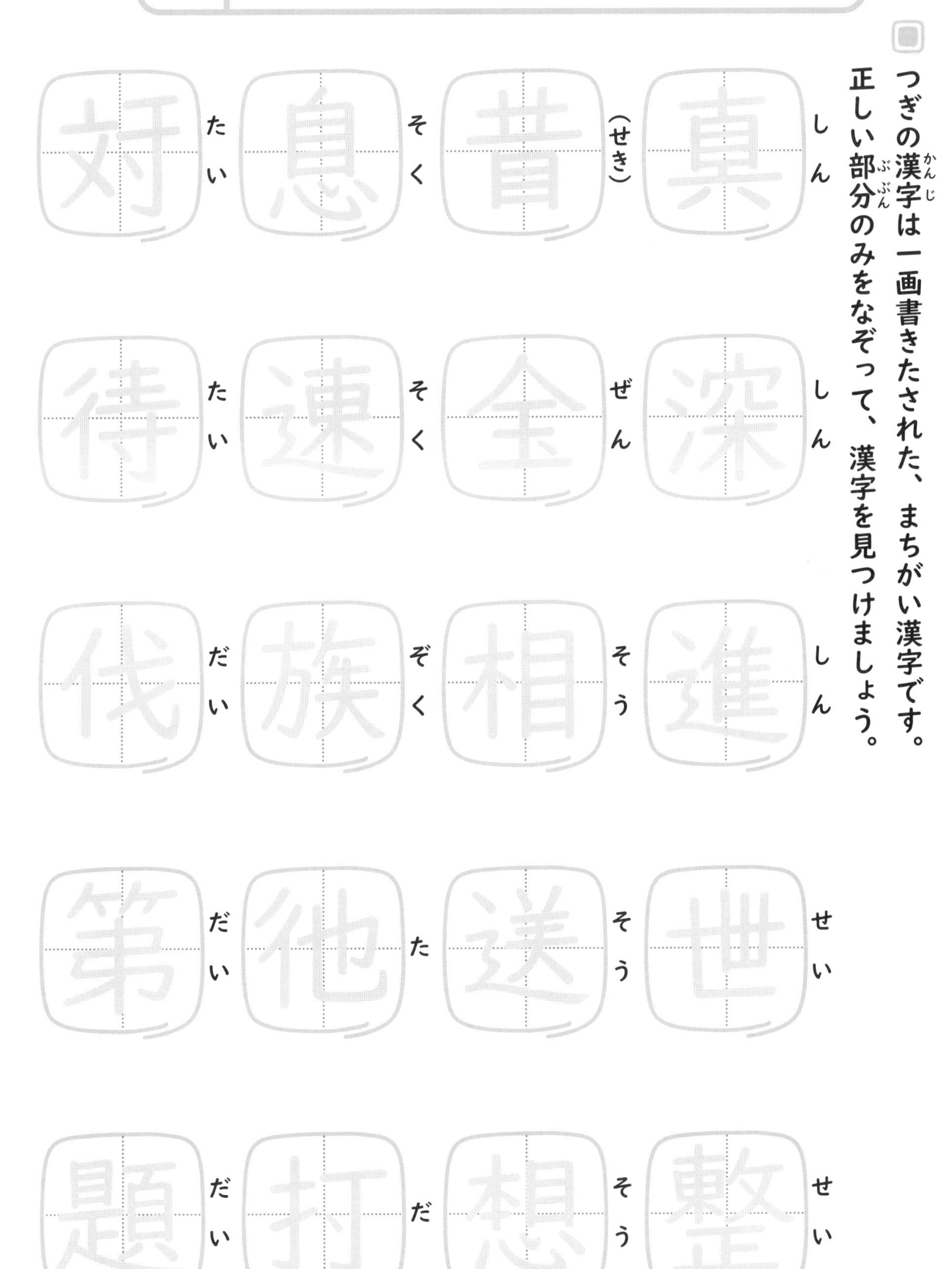

漢字 7-①

炭・短・談・着

手本の漢字を指でなぞります。

□には漢字を頭の中で思いうかべてから書きましょう。

音 タン
訓 すみ

石炭（せきたん）
木炭（もくたん）

炭（すみ）火で肉をやく。

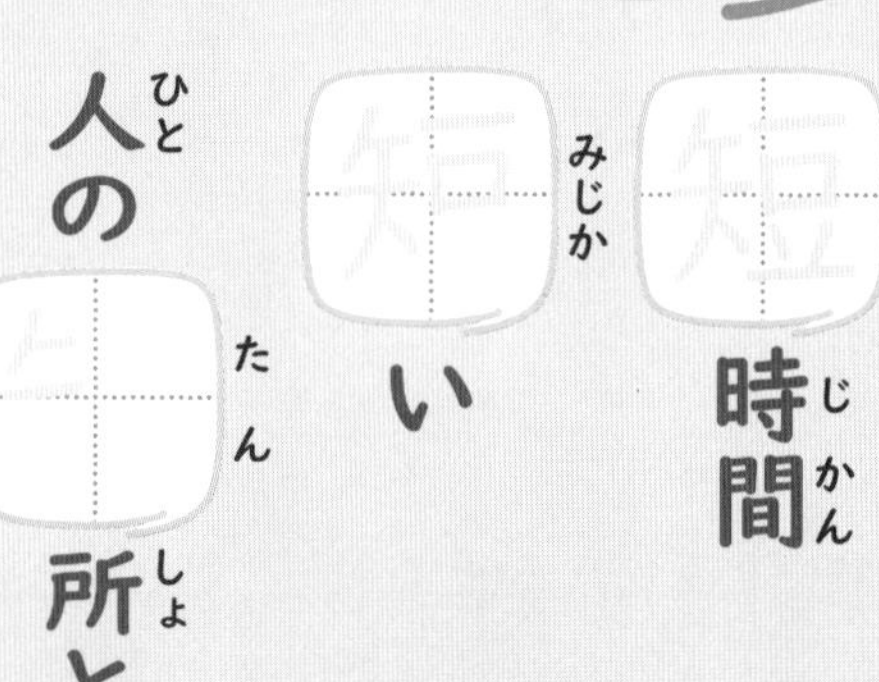

音 タン
訓 みじか-い

短時間（たんじかん）
短（みじか）い

人の短所（たんしょ）と長所。

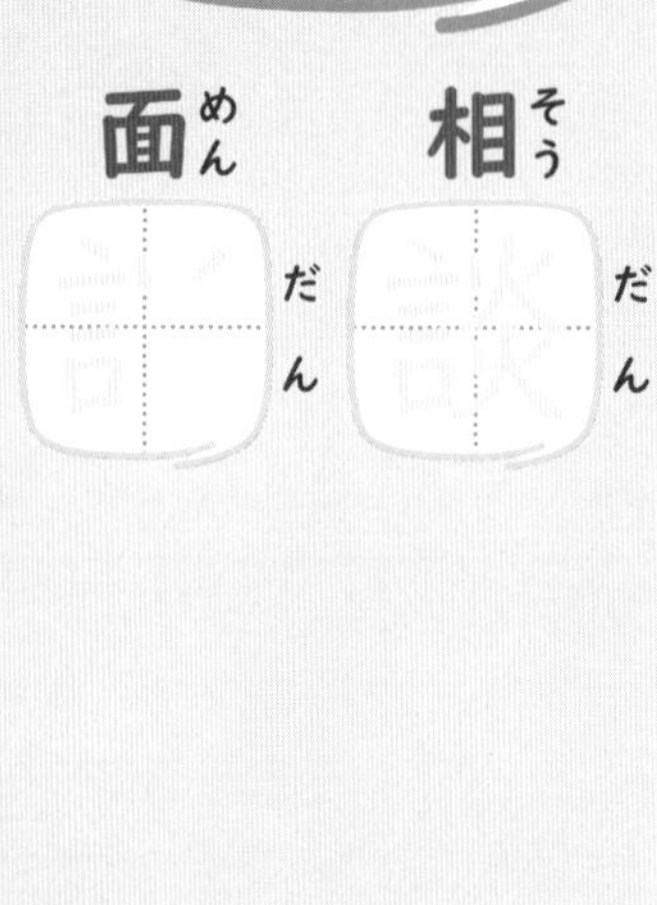

音 ダン
訓 ―

相談（そうだん）
面談（めんだん）

学級こん談（だん）会。

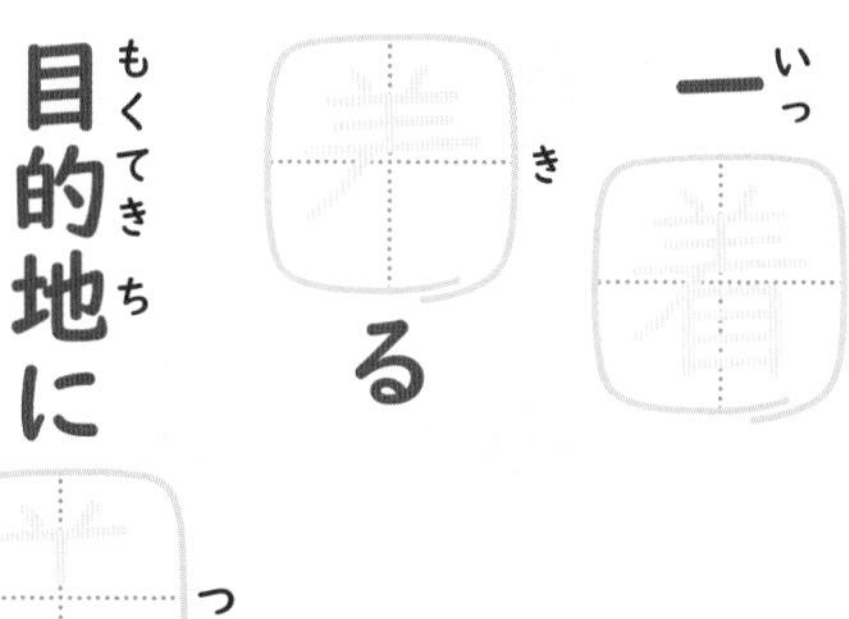

音 チャク
訓 き-る
　 つ-く

一着（いっちゃく）
着（き）る

目的地に着（つ）く。

漢字 7-②

注・柱・丁・帳

■手本の漢字(かんじ)を指(ゆび)でなぞります。

□には漢字を頭の中で思いうかべてから書きましょう。

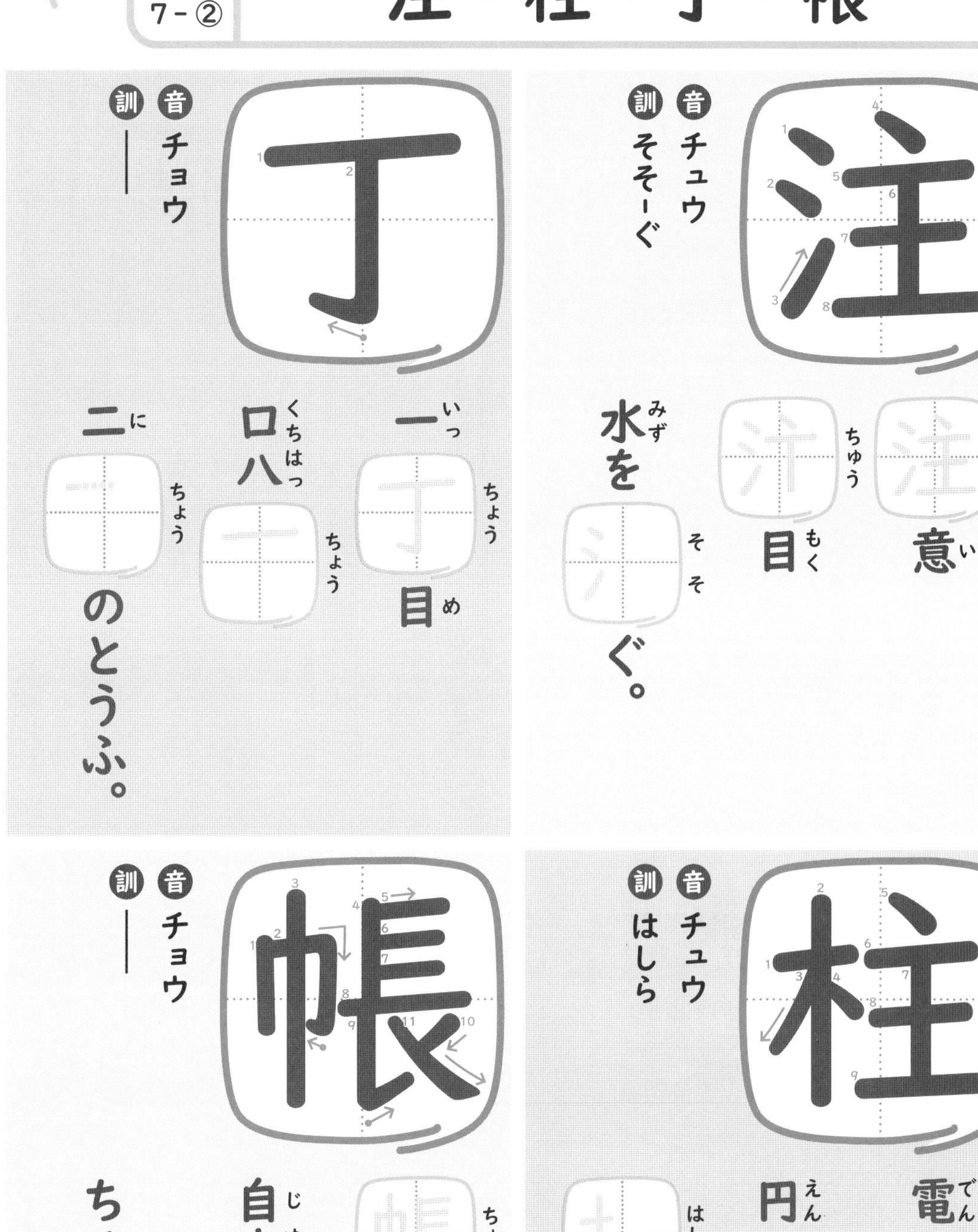

注

音 チュウ
訓 そそ-ぐ

□(ちゅう)意(い)

□(ちゅう)目(もく)

水(みず)を□(そそ)ぐ。

丁

音 チョウ
訓 —

一(いっ)□(ちょう)目(め)

口(くち)八(はっ)□(ちょう)

二(に)□(ちょう)のとうふ。

柱

音 チュウ
訓 はしら

電(でん)□(ちゅう)

円(えん)□(ちゅう)

□(はしら)時(ど)計(けい)をつける。

帳

音 チョウ
訓 —

□(ちょう)面(めん)

自(じ)由(ゆう)□(ちょう)

ちょ金(きん)通(つう)□(ちょう)。

漢字 7-③

調・追・定・庭

手本の漢字を指でなぞります。

□には漢字を頭の中で思いうかべてから書きましょう。

調

音 チョウ

訓 しら-べる

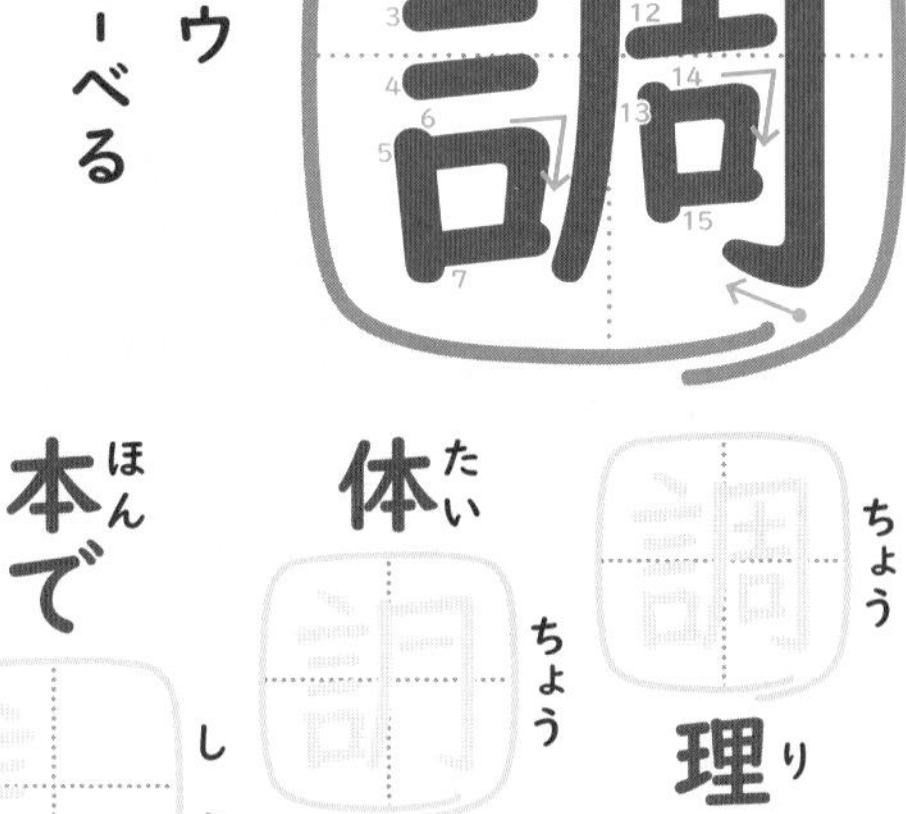

□(ちょう)理

体(たい)□(ちょう)

本(ほん)で□(しら)べる。

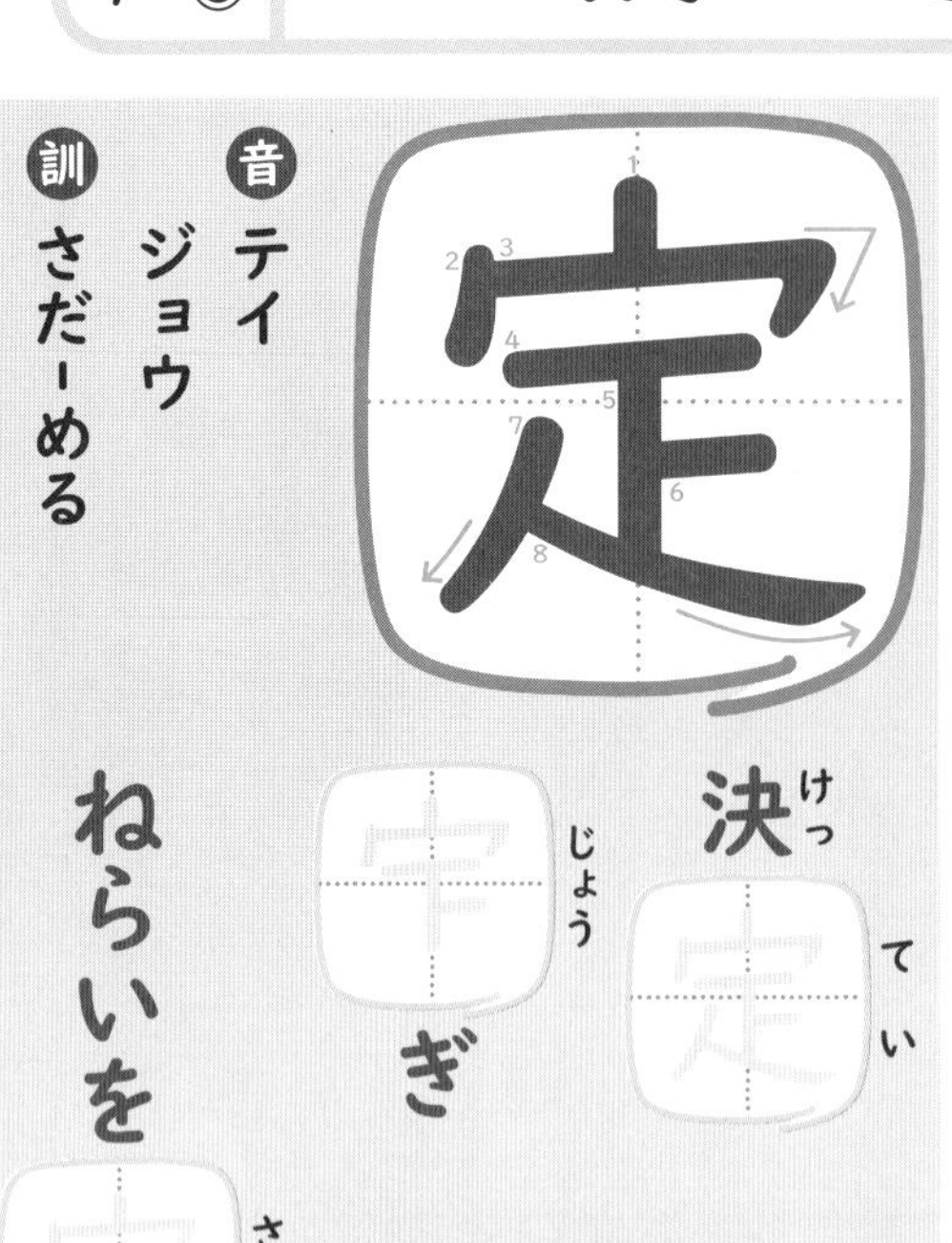

定

音 テイ ジョウ

訓 さだ-める

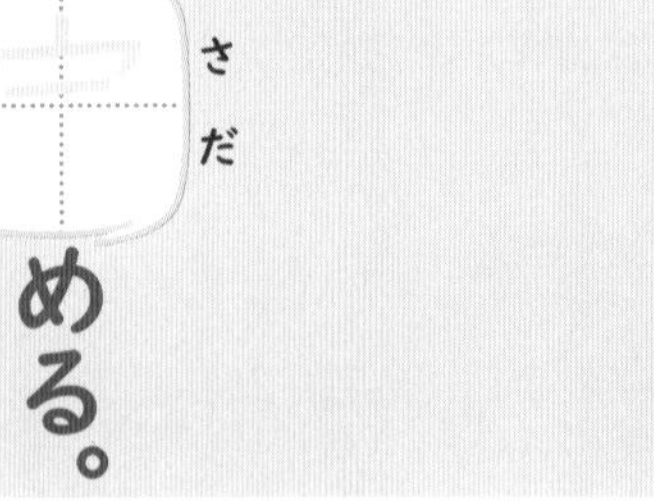

決(けっ)□(てい)

□(じょう)ぎ

ねらいを□(さだ)める。

追

音 ツイ

訓 お-う

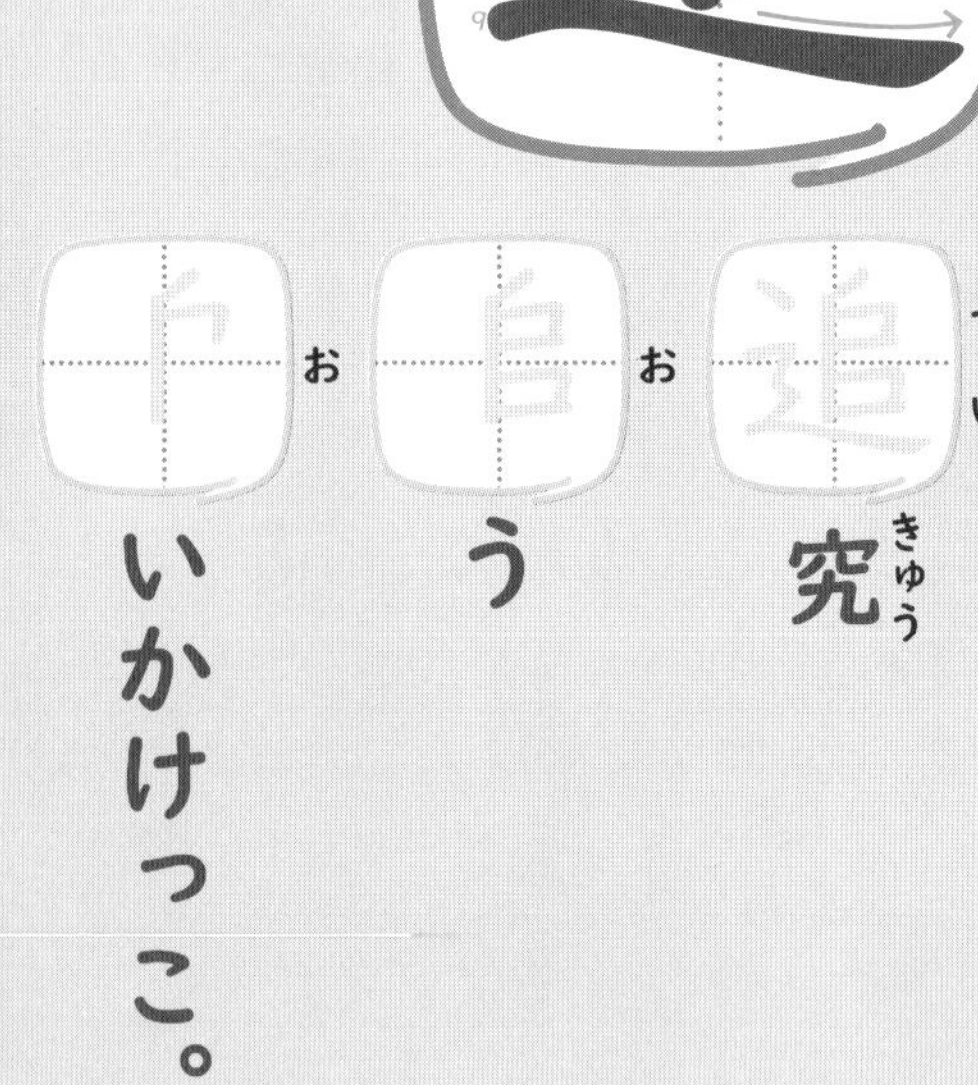

□(つい)究(きゅう)

□(お)う

□(お)いかけっこ。

庭

音 テイ

訓 にわ

校(こう)□(てい)

家(か)□(てい)

中(なか)□(にわ)で遊(あそ)ぶ。

漢字 7-④

笛・鉄・転・都

手本の漢字を指でなぞります。
□には漢字を頭の中で思いうかべてから書きましょう。

音 テキ
訓 ふえ

汽笛（きてき）
草笛（くさぶえ）
笛（ふえ）の音をきく。

音 テン
訓 ころ-がる ころ-ぶ

転（てん）校生
回転（かいてん）
自転車で転（ころ）ぶ。

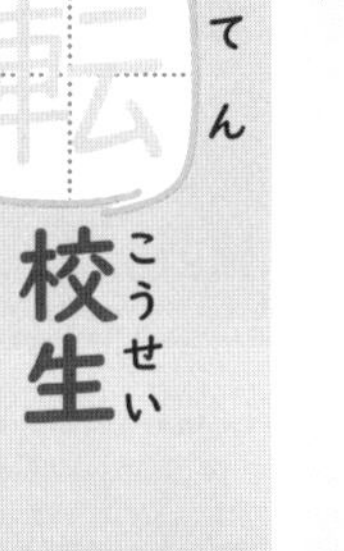

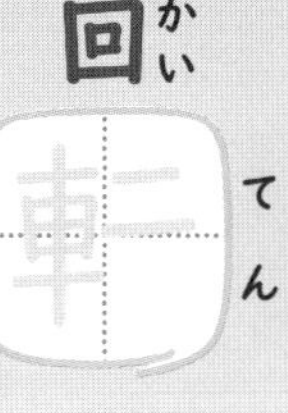

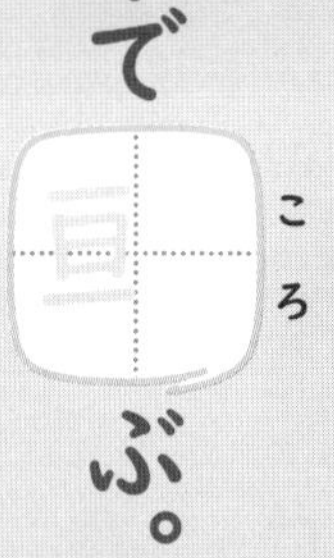

音 テツ
訓 ―

地下鉄（ちかてつ）
鉄（てっ）橋
鉄（てつ）ぼうで遊ぶ。

音 ト ツ
訓 みやこ

都（と）会
都（つ）合
住めば都（みやこ）。

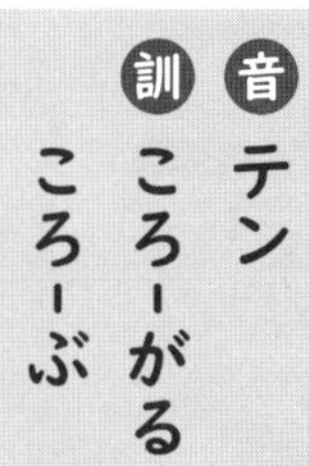

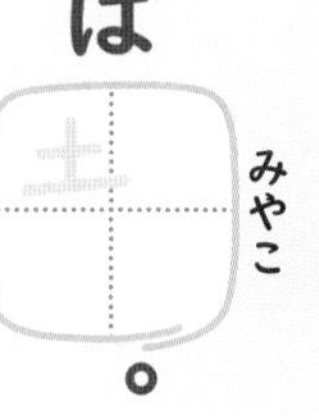

漢字 7-⑤ 度・投・豆・島

□ 手本の漢字（かんじ）を指（ゆび）でなぞります。

□には漢字を頭の中で思いうかべてから書きましょう。

音 ド

訓 ―

温（おん）□（ど）

何（なん）□（ど）

角（かく）□（ど）をはかる。

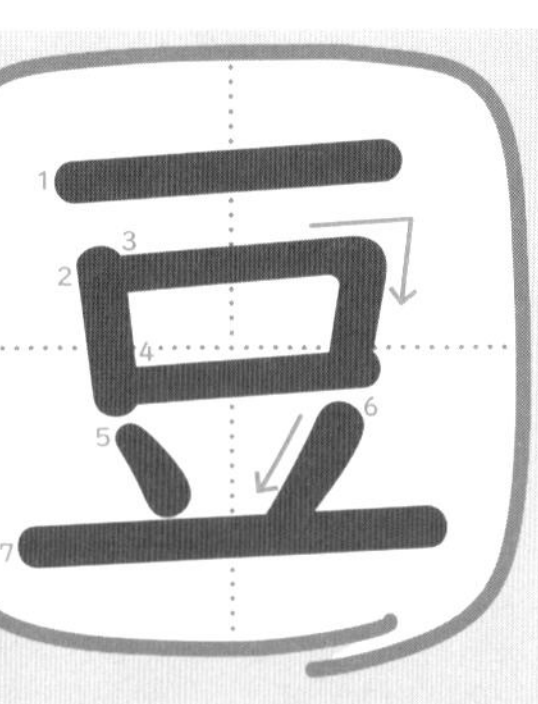

音 トウ ※ズ

訓 まめ

なっ□（とう）

大（だい）□（ず）

□（まめ）まきをする。

音 トウ

訓 な-げる

□（とう）手（しゅ）

□（とう）球（きゅう）

ボールを□（な）げる。

音 トウ

訓 しま

半（はん）□（とう）

列（れっ）□（とう）

小（ちい）さな□（しま）に行（い）く。

ゴール　スタート

漢字 7-⑥

読みのたしかめ

□ つぎの文を読んで、——を引いた漢字の読みを（　）に書きましょう。

①炭で火を起こす。（　）

②短気な人はそん。（　）

③首相の談話。（　）

④ビルを着工する。（　）

⑤黒板に注目する。（　）

⑥火柱が立つ。（　）

⑦二丁目に住む。（　）

⑧日記帳に書く。（　）

⑨朝から調子がよい。（　）

⑩王を追放する。（　）

⑪とんかつ定食。（　）

⑫庭で花を育てる。（　）

⑬たて笛をふく。（　）

⑭鉄道ファン。（　）

⑮地球が自転する。（　）

⑯日本の首都。（　）

⑰度の強いめがね。（　）

⑱新聞に投書する。（　）

⑲豆ふを食べる。（　）

⑳日本は島国だ。（　）

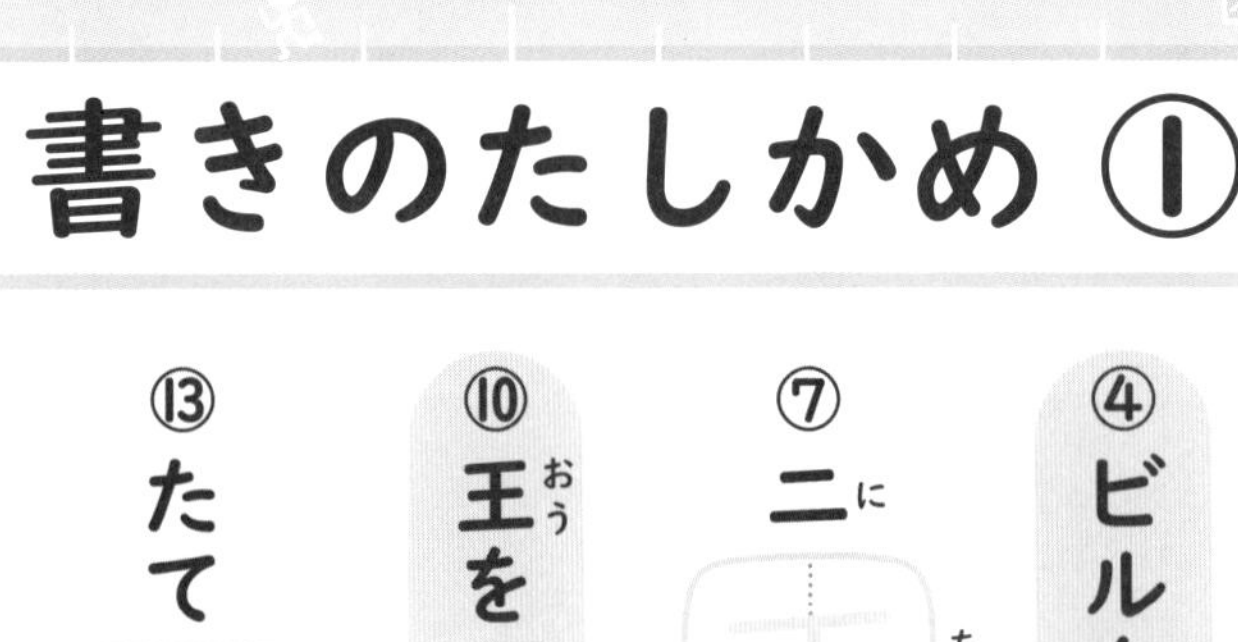

漢字 7－⑦

書きのたしかめ ①

□ つぎの文を読んで、□にあてはまる漢字を頭の中で思いうかべてからなぞりましょう。

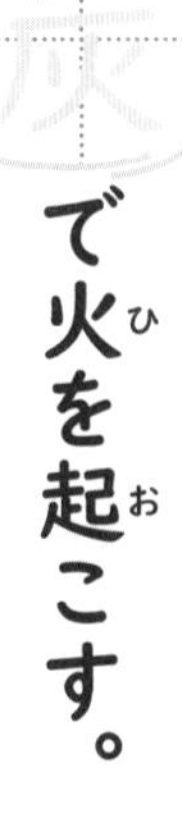

① 炭（すみ）で火を起こす。

② 短（たん）気な人はそん。

③ 首相の談（だん）話。

④ ビルを着（ちゃっ）工する。

⑤ 黒板に注（ちゅう）目する。

⑥ 火柱（ばしら）が立つ。

⑦ 二丁（ちょう）目に住む。

⑧ 日記帳（ちょう）に書く。

⑨ 朝から調（ちょう）子がよい。

⑩ 王を追（つい）放する。

⑪ とんかつ定（てい）食。

⑫ 庭（にわ）で花を育てる。

⑬ たて笛（ぶえ）をふく。

⑭ 鉄（てつ）道ファン。

⑮ 地球が自転（てん）する。

⑯ 日本の首都（と）。

⑰ 度（ど）の強いめがね。

⑱ 新聞に投（とう）書する。

⑲ 豆（とう）ふを食べる。

⑳ 日本は島（しま）国だ。

書きのたしかめ ②

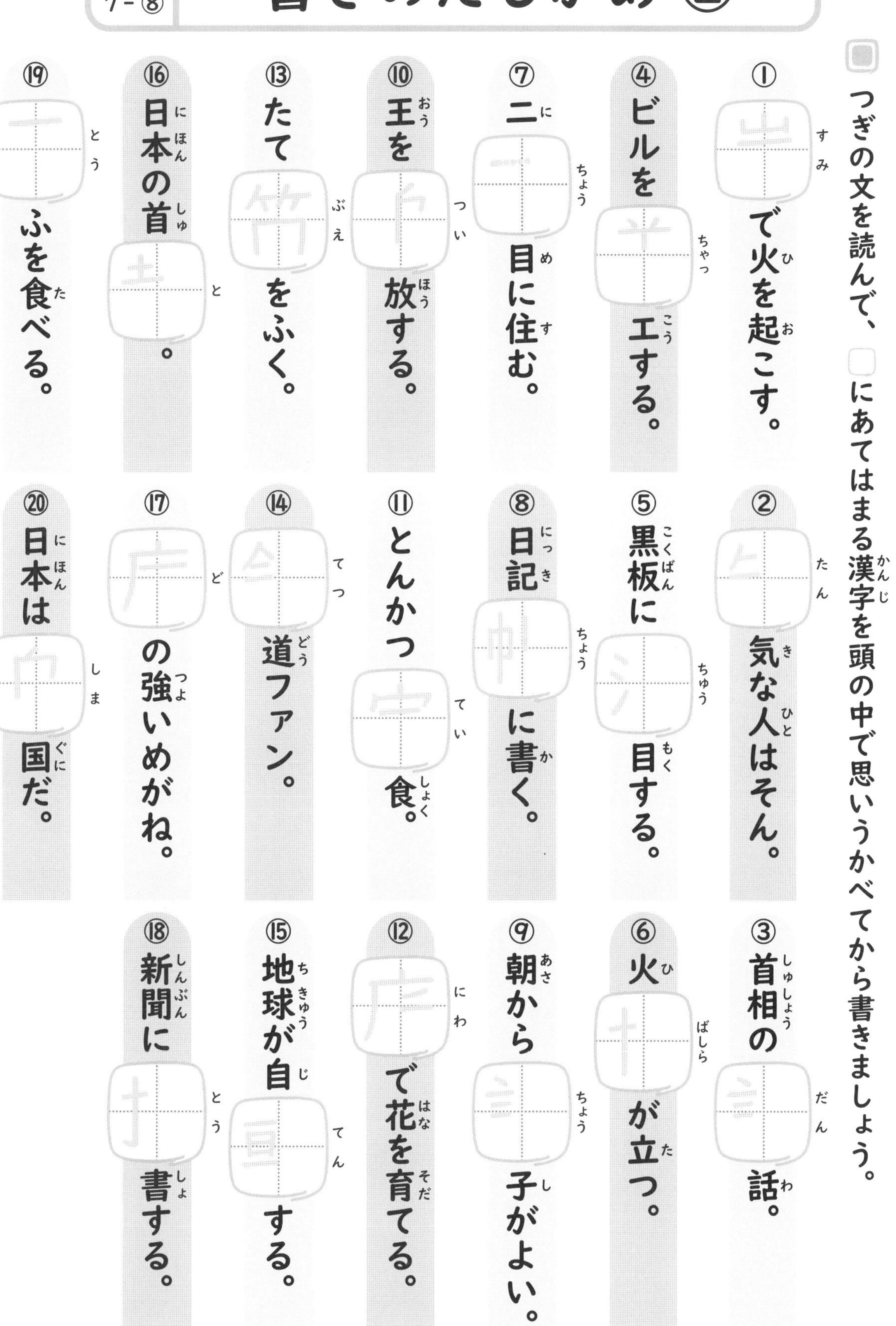

□ つぎの文を読んで、□にあてはまる漢字(かんじ)を頭の中で思いうかべてから書きましょう。

① □(すみ)で火(ひ)を起(お)こす。

② □(たん)気(き)な人(ひと)はそん。

③ 首相(しゅしょう)の□(だん)話(わ)。

④ ビルを□(ちゃっ)工(こう)する。

⑤ 黒板(こくばん)に□(ちゅう)目(もく)する。

⑥ 火(ひ)□(ばしら)が立(た)つ。

⑦ 二(に)□(ちょう)目(め)に住(す)む。

⑧ 日記(にっき)□(ちょう)に書(か)く。

⑨ 朝(あさ)から□(ちょう)子(し)がよい。

⑩ 王(おう)を□(つい)放(ほう)する。

⑪ とんかつ□(てい)食(しょく)。

⑫ □(にわ)で花(はな)を育(そだ)てる。

⑬ たて□(ぶえ)をふく。

⑭ □(てつ)道(どう)ファン。

⑮ 地球(ちきゅう)が自(じ)□(てん)する。

⑯ 日本(にほん)の首(しゅ)□(と)。

⑰ □(ど)の強(つよ)いめがね。

⑱ 新聞(しんぶん)に□(とう)書(しょ)する。

⑲ □(とう)ふを食(た)べる。

⑳ 日本(にほん)は□(しま)国(ぐに)だ。

漢字 7-⑨

書きのたしかめ ③

□ つぎの文を読んで、□にあてはまる漢字を頭の中で思いうかべてから書きましょう。

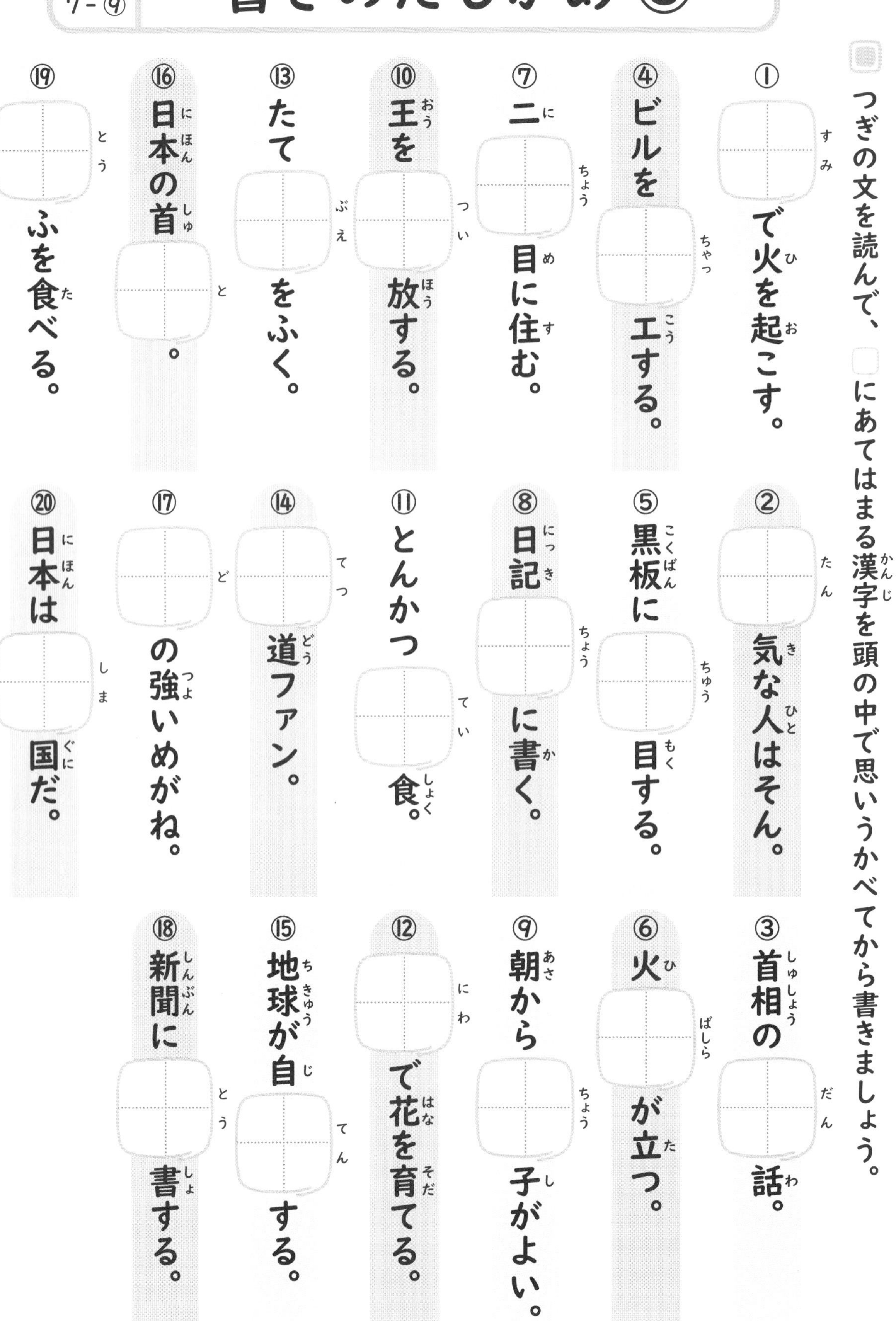

① □（すみ）で火を起こす。

② □（たん）気な人はそん。

③ 首相の□（だん）話。

④ ビルを□（ちゃっ）工する。

⑤ 黒板に□（ちゅう）目する。

⑥ 火□（ばしら）が立つ。

⑦ 二□（ちょう）目に住む。

⑧ 日記□（ちょう）に書く。

⑨ 朝から□（ちょう）子がよい。

⑩ 王を□（つい）放する。

⑪ とんかつ□（てい）食。

⑫ □（にわ）で花を育てる。

⑬ たて□（ぶえ）をふく。

⑭ □（てつ）道ファン。

⑮ 地球が自□（てん）する。

⑯ 日本の首□（と）。

⑰ □（ど）の強いめがね。

⑱ 新聞に□（とう）書する。

⑲ □（とう）ふを食べる。

⑳ 日本は□（しま）国だ。

漢字 7-⑩

漢字みつけ！③

□ つぎの図の中から、今回学習（がくしゅう）した漢字（かんじ）を二十字見つけましょう。見つけた漢字はなぞりましょう。

漢字 8-① 湯・登・等・動

□ 手本の漢字を指でなぞります。□には漢字を頭の中で思いうかべてから書きましょう。

湯 音 トウ 訓 ゆ

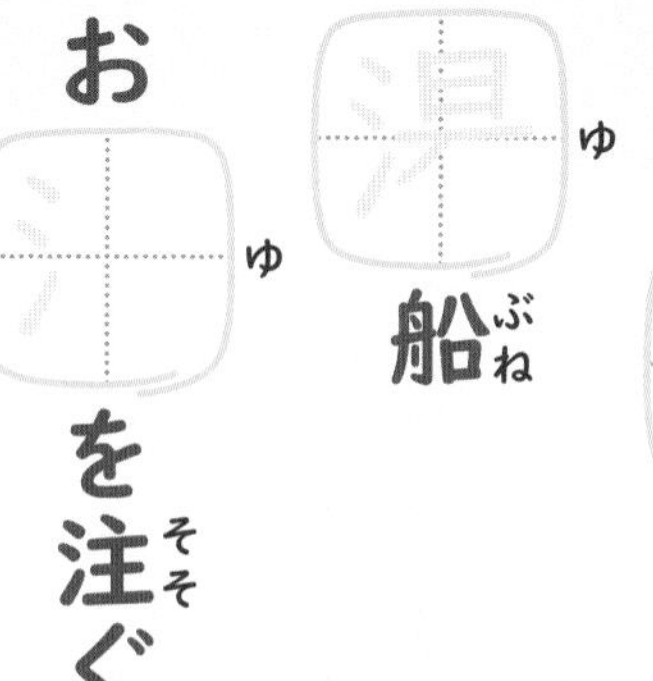

ねっ[湯](とう)
[湯](ゆ)船
お[湯](ゆ)を注ぐ。

等 音 トウ 訓 ひと-しい

上[等](とう)
[等](とう)分
[等](ひと)しく分ける。

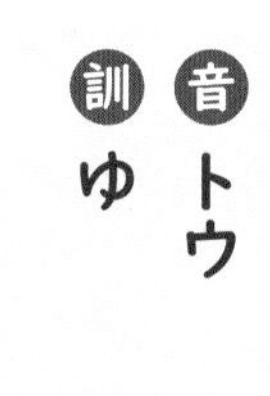

登 音 トウ ト 訓 のぼ-る

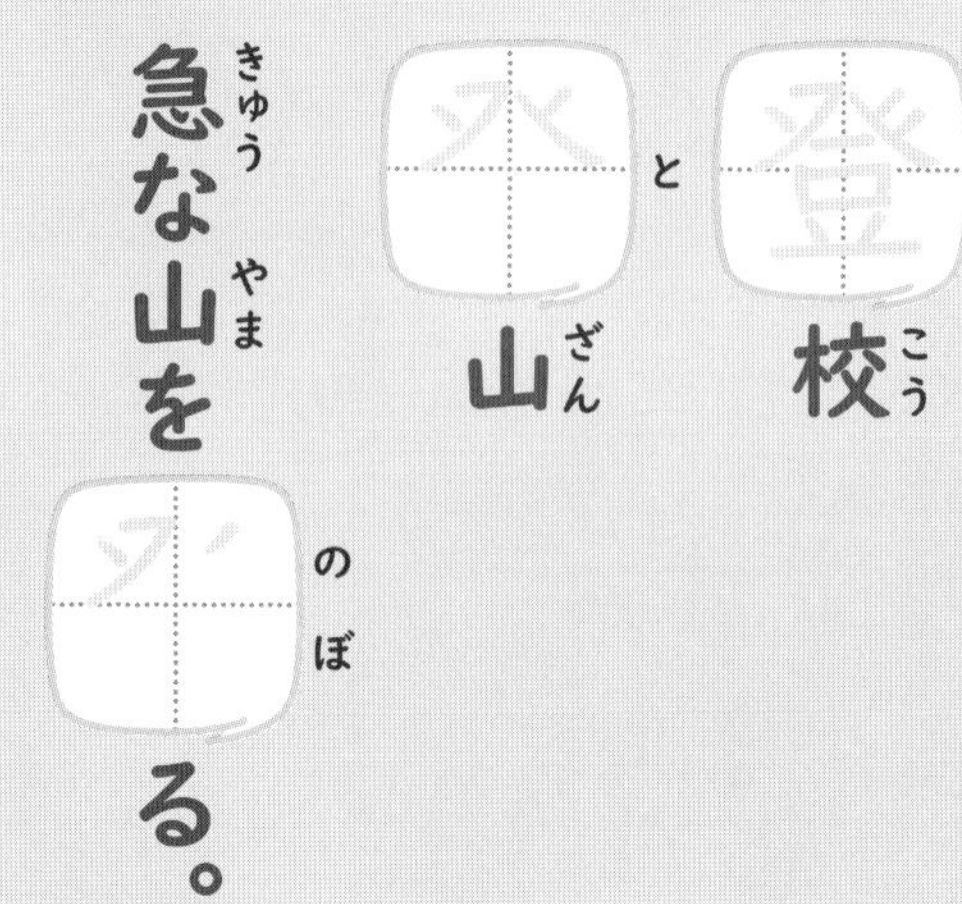

[登](とう)校
[登](と)山
急な山を[登](のぼ)る。

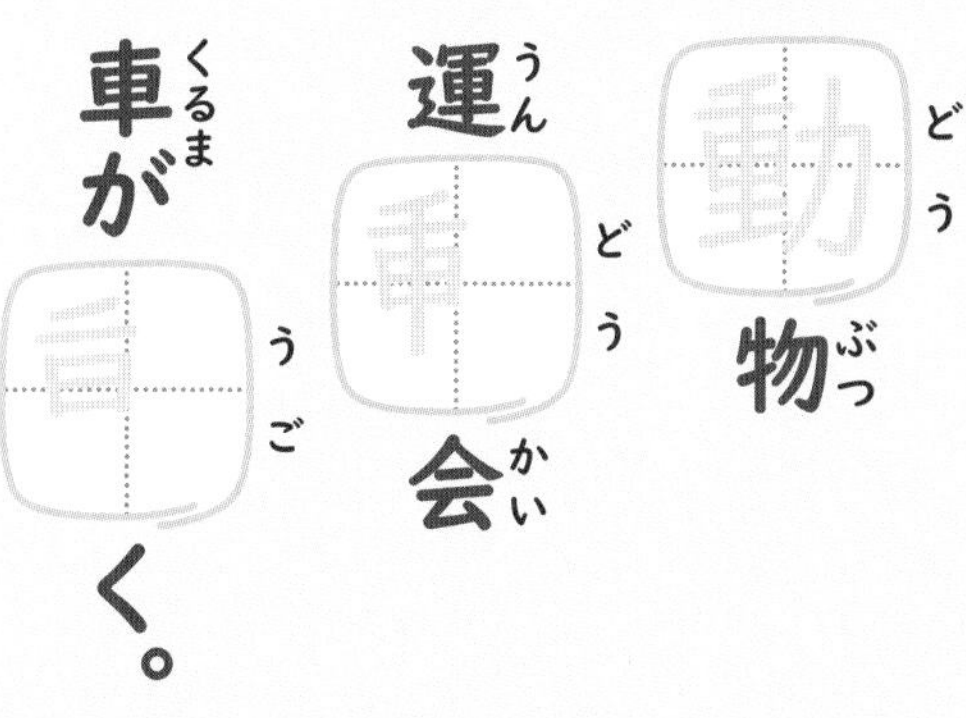

動 音 ドウ 訓 うご-く

[動](どう)物
運[動](どう)会
車が[動](うご)く。

漢字 8-②

童・農・波・配

■手本の漢字を指でなぞります。

□には漢字を頭の中で思いうかべてから書きましょう。

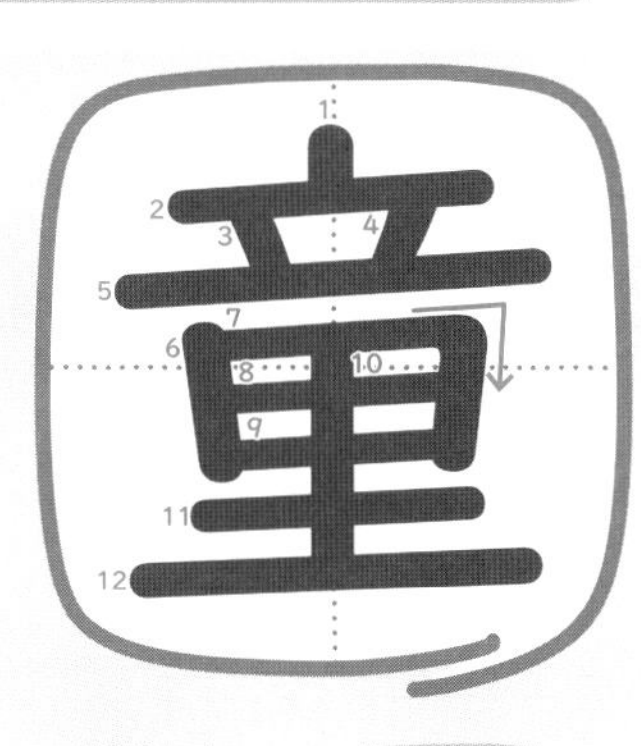

童
音 ドウ
訓 ―

□(どう)話(わ)

学(がく)□(どう)

じ□(どう)会(かい)の役員(やくいん)。

波
音 ハ
訓 なみ

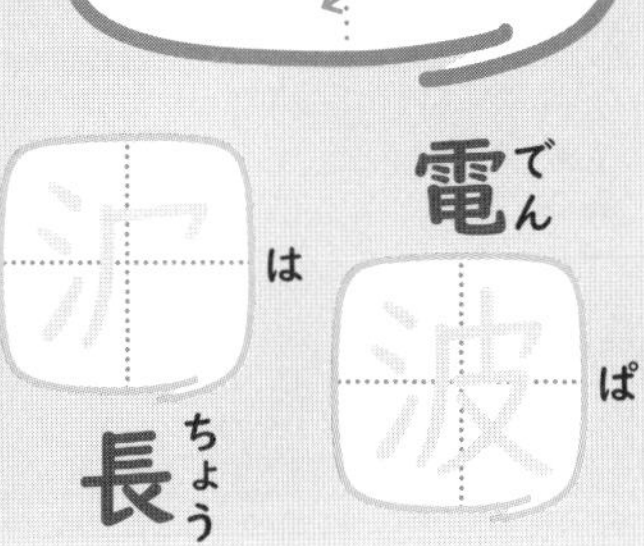

電(でん)□(ぱ)

□(は)長(ちょう)

海(うみ)の大(おお)きな□(なみ)。

農
音 ノウ
訓 ―

□(のう)業(ぎょう)

□(のう)作物(さくぶつ)

□(のう)作業(さぎょう)をする。

配
音 ハイ
訓 くば-る

手(て)□(はい)

心(しん)□(ぱい)

チラシを□(くば)る。

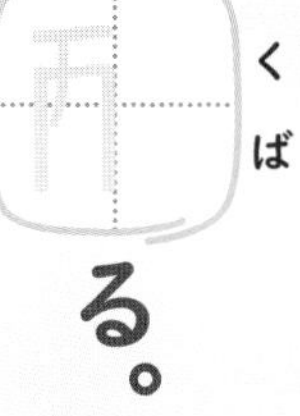

漢字 8-③ 倍・箱・畑・発

■ 手本の漢字を指でなぞります。
□ には漢字を頭の中で思いうかべてから書きましょう。

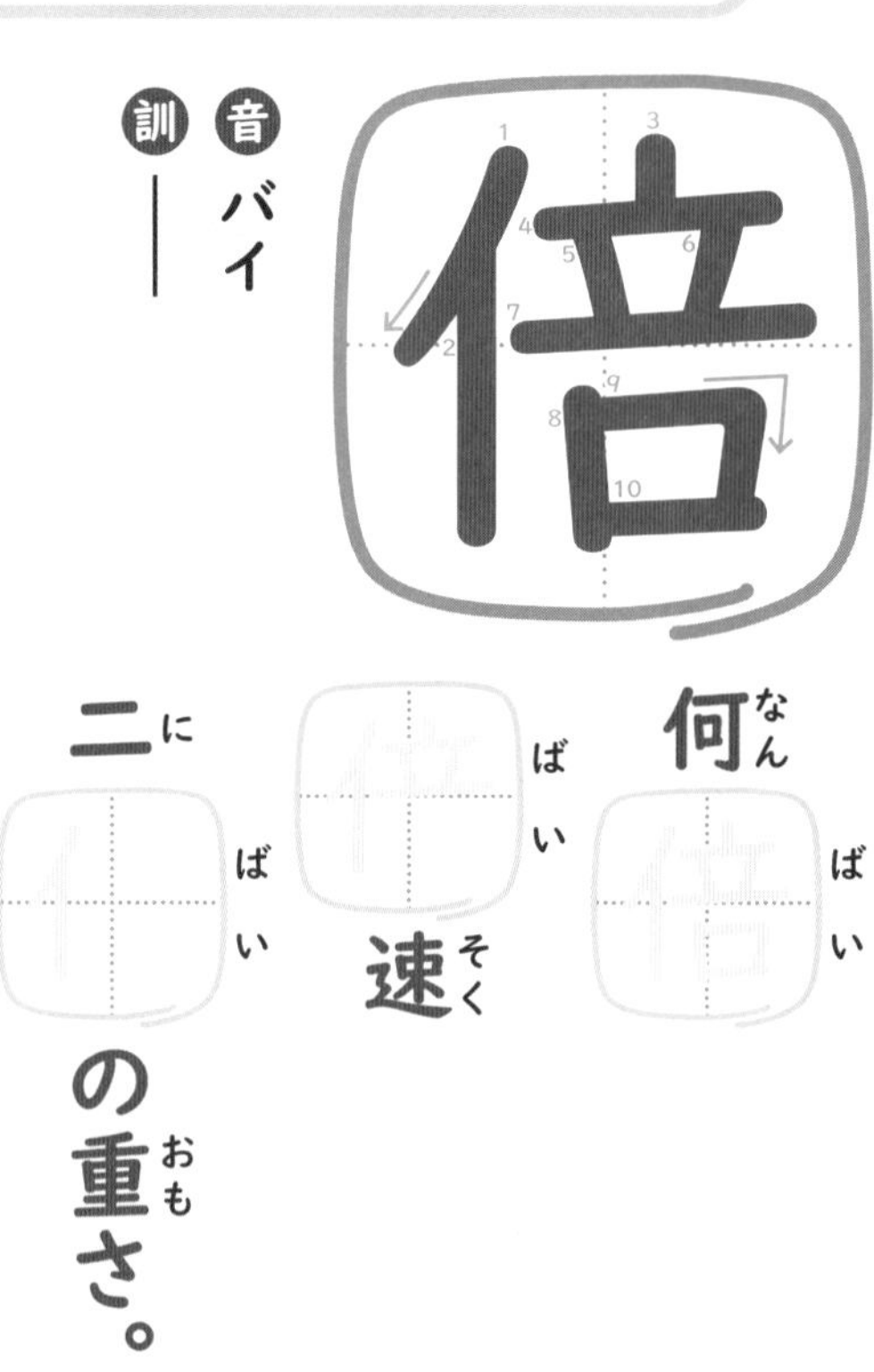

倍 音 バイ 訓 ―

何倍 速倍 二倍の重さ。

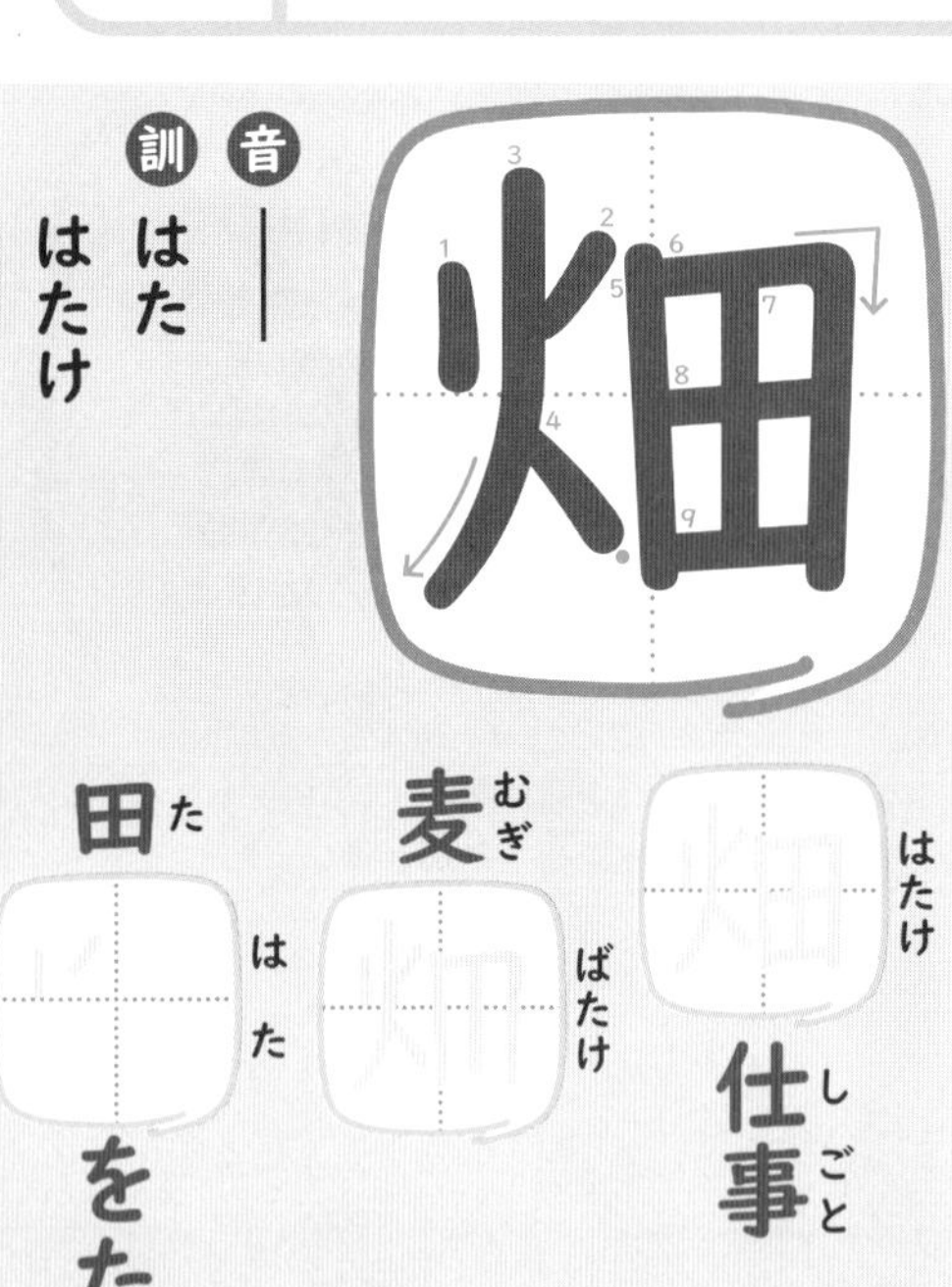

畑 音 ― 訓 はた はたけ

畑仕事 麦畑 田畑をたがやす。

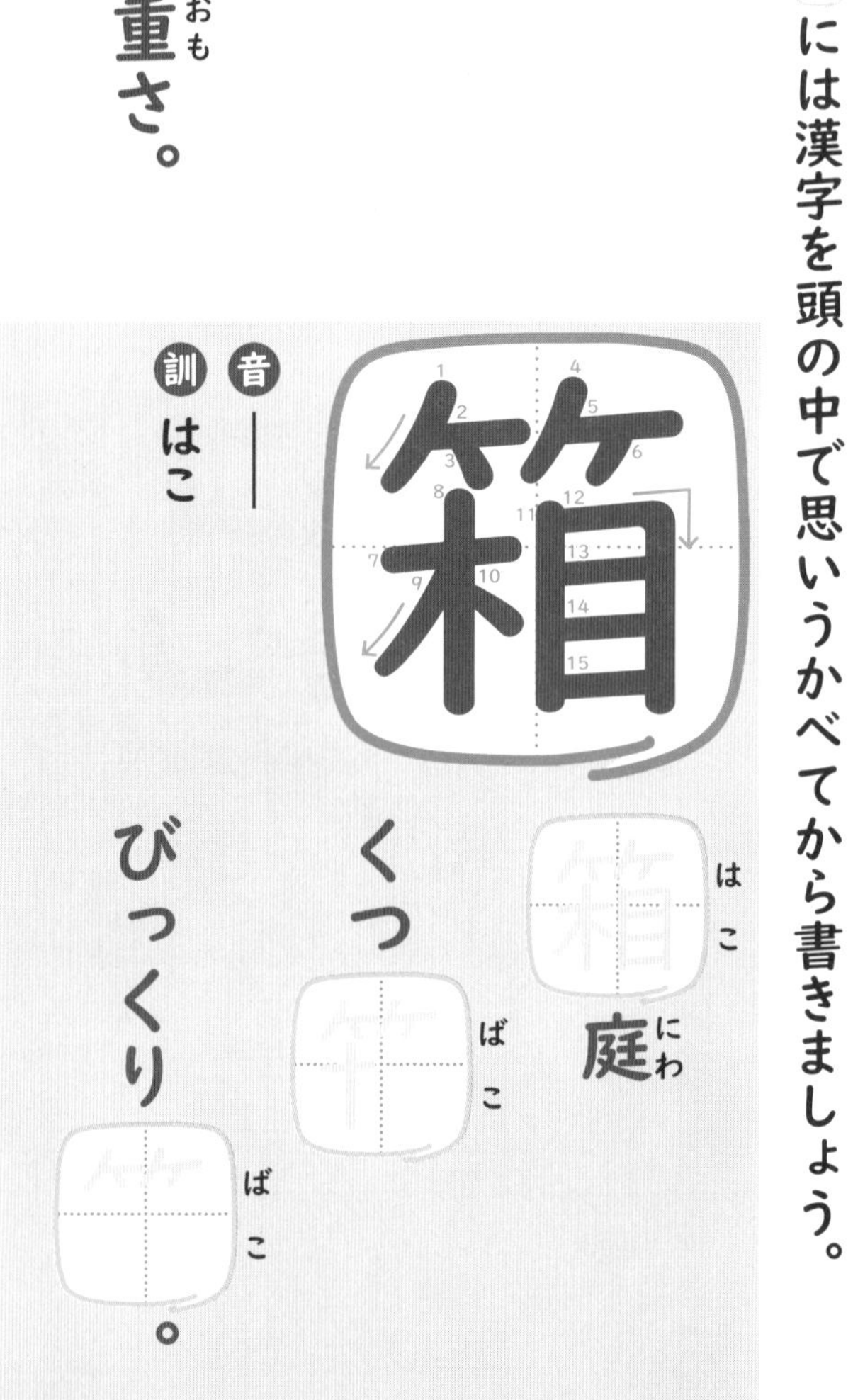

箱 音 ― 訓 はこ

箱庭 くつ箱 びっくり箱。

発 音 ハツ 訓 ―

発言 発見 声を発する。

漢字 8-④ 反・坂・板・皮

■手本の漢字を指でなぞります。

□には漢字を頭の中で思いうかべてから書きましょう。

反

音 ハン
訓 そ-る　そ-らす

反(はん)対(たい)

反(はん)発(ぱつ)

体(からだ)を反(そ)らす。

板

音 ハン　バン
訓 いた

黒(こく)板(ばん)

鉄(てっ)板(ぱん)

まな板(いた)にのせる。

坂

音 （ハン）
訓 さか

坂(さか)道(みち)

下(くだ)り坂(ざか)

急(きゅう)な上(のぼ)り坂(ざか)。

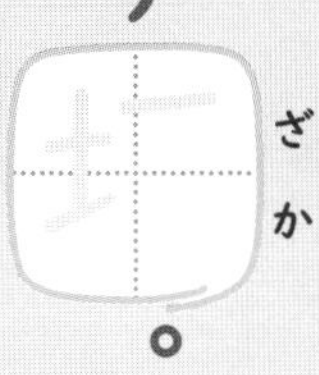

皮

音 ヒ
訓 かわ

皮(ひ)ふ

手(て)の皮(かわ)

羊(ひつじ)の毛(け)皮(がわ)の上(うわ)着(ぎ)。

漢字 8-⑤ 悲・美・鼻・筆

□ 手本の漢字(かんじ)を指(ゆび)でなぞります。
□には漢字を頭の中で思いうかべてから書きましょう。

悲

音 ヒ
訓 かな-しい

- □(ひ)鳴(めい)
- □(ひ)運(うん)
- □(かな)しい話(はなし)。

鼻

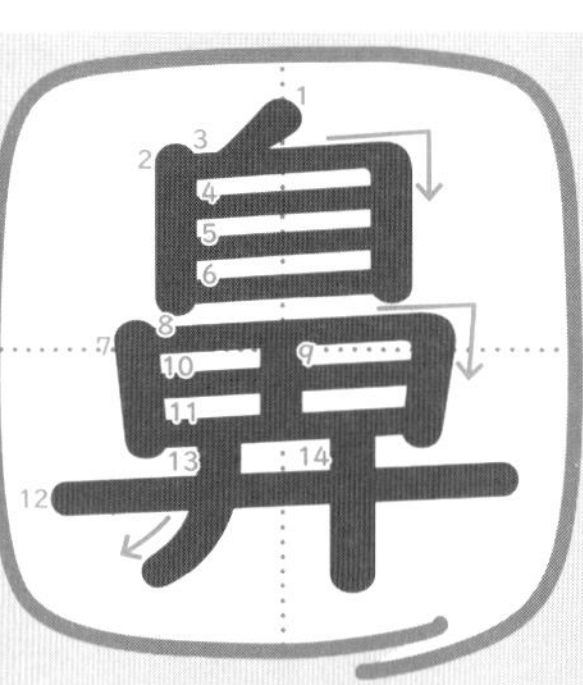

音 (ビ)
訓 はな

- □(はな)血(ぢ)
- □(はな)歌(うた)
- 目(め)と□(はな)の先(さき)。

美

音 ビ
訓 うつく-しい

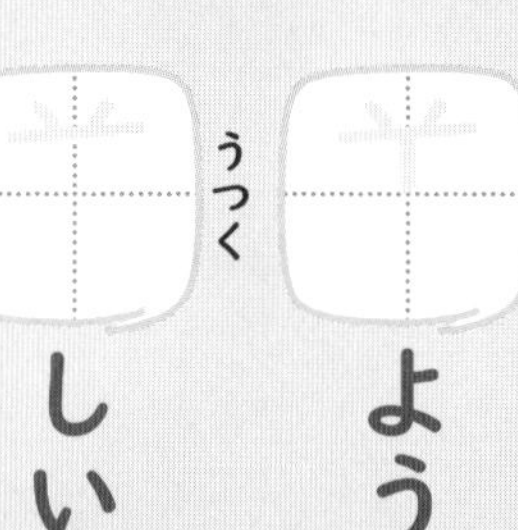

- □(び)化(か)
- □(び)よう
- □(うつく)しい花(はな)。

筆

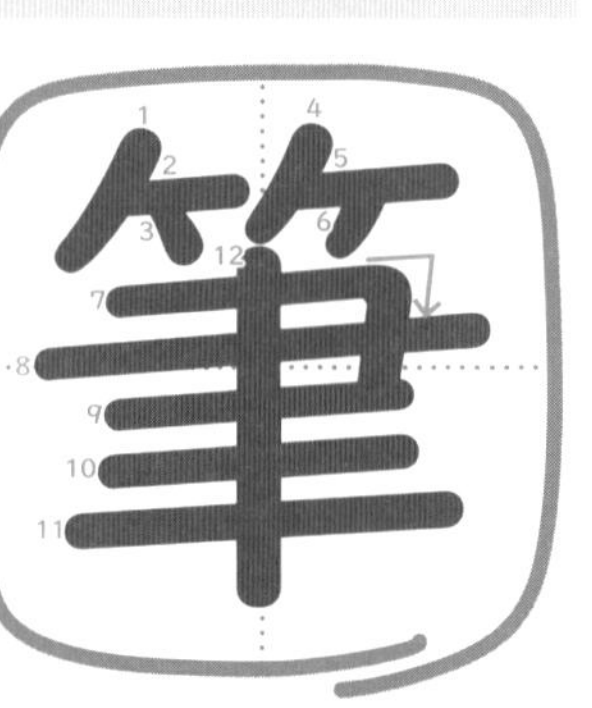

音 ヒツ
訓 ふで

- 毛(もう)□(ひつ)
- えん□(ぴつ)
- □(ふで)箱(ばこ)を開(あ)ける。

ゴール　スタート

漢字 8-⑥

読みのたしかめ

□ つぎの文を読んで、—を引いた漢字の読みを（　）に書きましょう。

①せん湯に行く。（　）

②主な登場人物。（　）

③何かで一等になる。（　）

④すばやい動作。（　）

⑤童話を読む。（　）

⑥近くのいちご農園。（　）

⑦音波より速い。（　）

⑧げきの配役。（　）

⑨二の三倍は六。（　）

⑩ごみ箱にすてる。（　）

⑪花畑が広がる。（　）

⑫発車の合図。（　）

⑬反感をもつ。（　）

⑭急な坂を上る。（　）

⑮板書を写す速さ。（　）

⑯ももの皮をむく。（　）

⑰悲しい別れ。（　）

⑱有終の美をかざる。（　）

⑲鼻が高い。（　）

⑳筆算をする。（　）

漢字 8-⑦

書きのたしかめ ①

□ つぎの文を読んで、□にあてはまる漢字を頭の中で思いうかべてからなぞりましょう。

① せん湯に行く。

② 主な登場人物。

③ 何かで一等になる。

④ すばやい動作。

⑤ 童話を読む。

⑥ 近くのいちご農園。

⑦ 音波より速い。

⑧ げきの配役。

⑨ 二の三倍は六。

⑩ ごみ箱にすてる。

⑪ 花畑が広がる。

⑫ 発車の合図。

⑬ 反感をもつ。

⑭ 急な坂を上る。

⑮ 板書を写す速さ。

⑯ ももの皮をむく。

⑰ 悲しい別れ。

⑱ 有終の美をかざる。

⑲ 鼻が高い。

⑳ 筆算をする。

ゴール　スタート

漢字 8-⑧

書きのたしかめ ②

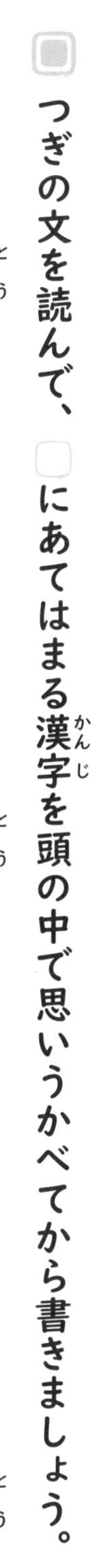

つぎの文を読んで、□にあてはまる漢字を頭の中で思いうかべてから書きましょう。

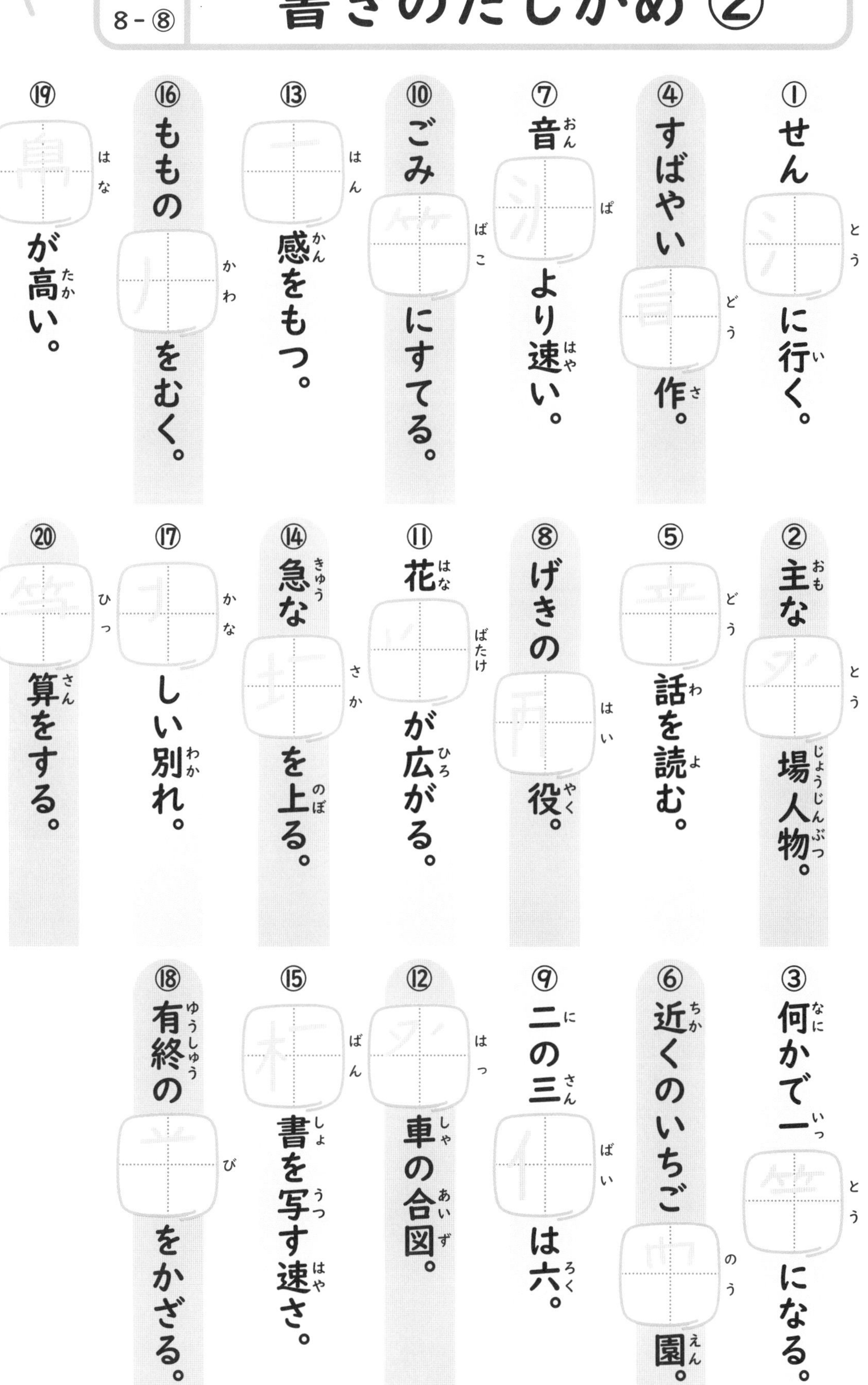

① せん□（とう）に行く。

② 主な□（とう）場人物。

③ 何かで一□（とう）になる。

④ すばやい□（どう）作。

⑤ □（どう）話を読む。

⑥ 近くのいちご□（のう）園。

⑦ 音□（ぱ）より速い。

⑧ げきの□（はい）役。

⑨ 二の三□（ばい）は六。

⑩ ごみ□（ばこ）にすてる。

⑪ 花□（ばたけ）が広がる。

⑫ □（はっ）車の合図。

⑬ □（はん）感をもつ。

⑭ 急な□（さか）を上る。

⑮ □（ばん）書を写す速さ。

⑯ ももの□（かわ）をむく。

⑰ □（かな）しい別れ。

⑱ 有終の□（び）をかざる。

⑲ □（はな）が高い。

⑳ □（ひっ）算をする。

漢字 8-⑨

書きのたしかめ ③

□ つぎの文を読んで、□にあてはまる漢字（かんじ）を頭の中で思いうかべてから書きましょう。

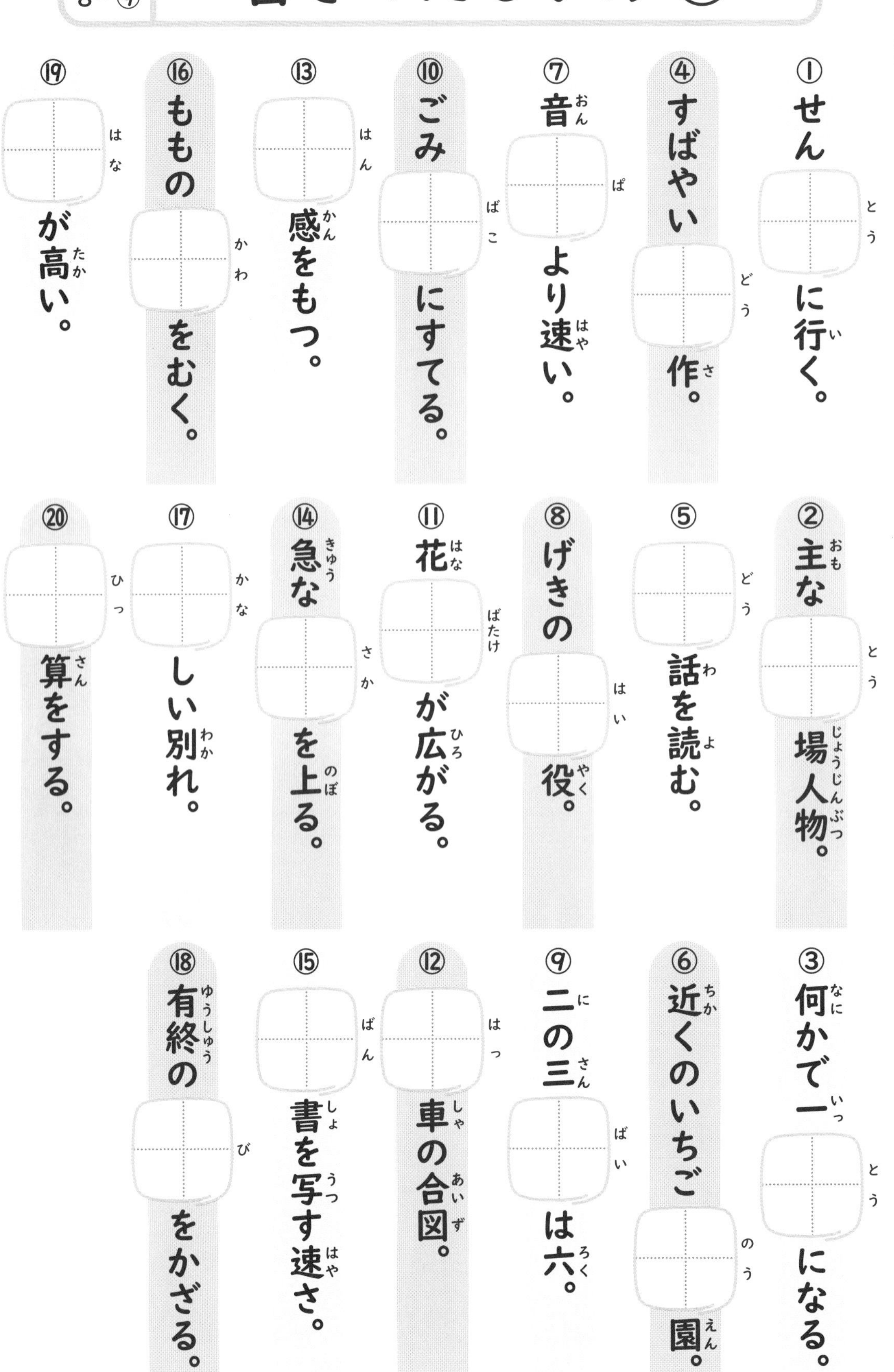

漢字 8-⑩

漢字めいろ ③

■ 正しい漢字の道を通って、スタートからゴールまで進みます。正しい漢字のみをなぞりましょう。（さらに、まちがい漢字を正しく書けたら、花丸です）

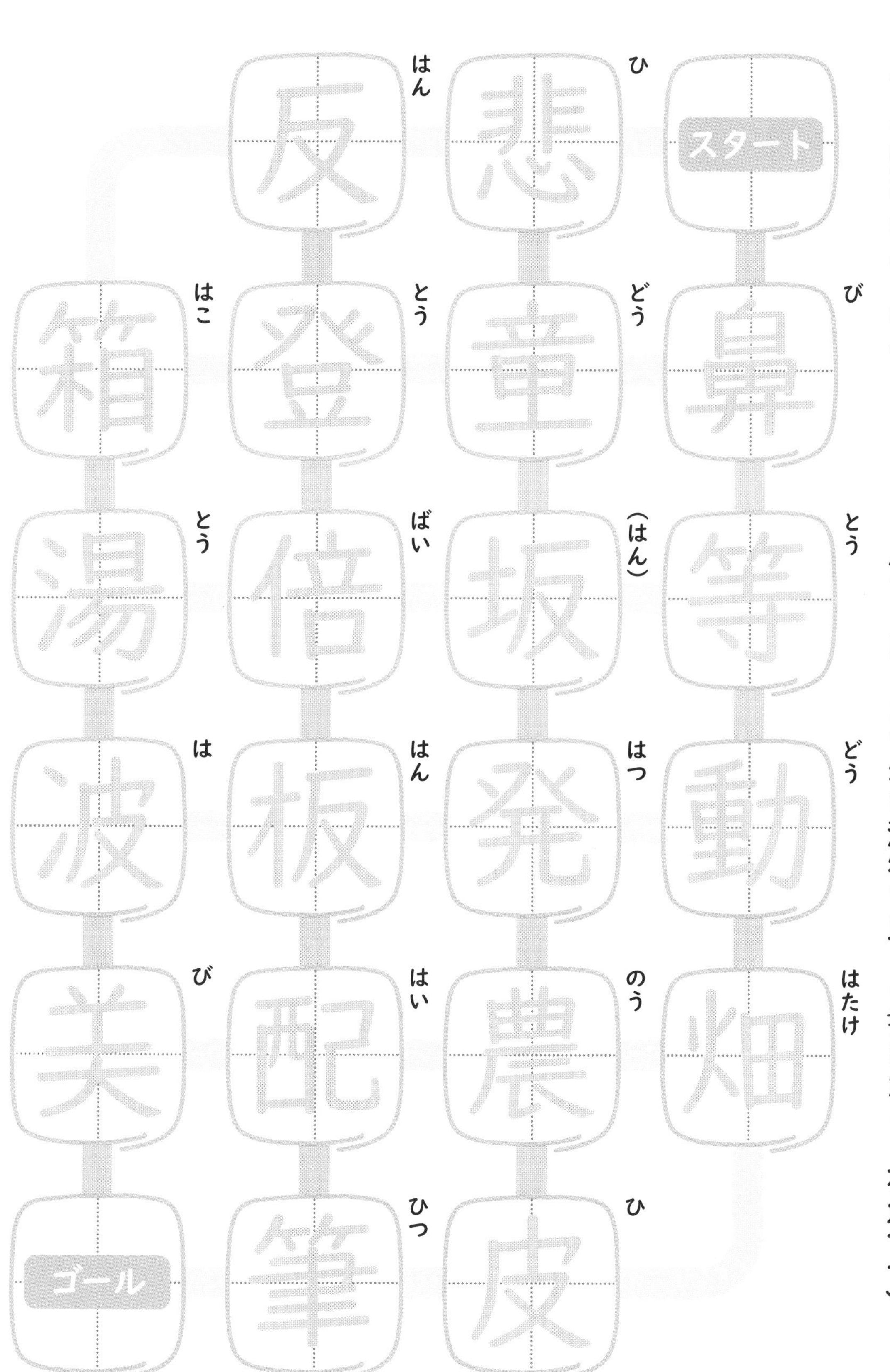

漢字 9-①

氷・表・秒・病

手本の漢字を指でなぞります。□には漢字を頭の中で思いうかべてから書きましょう。

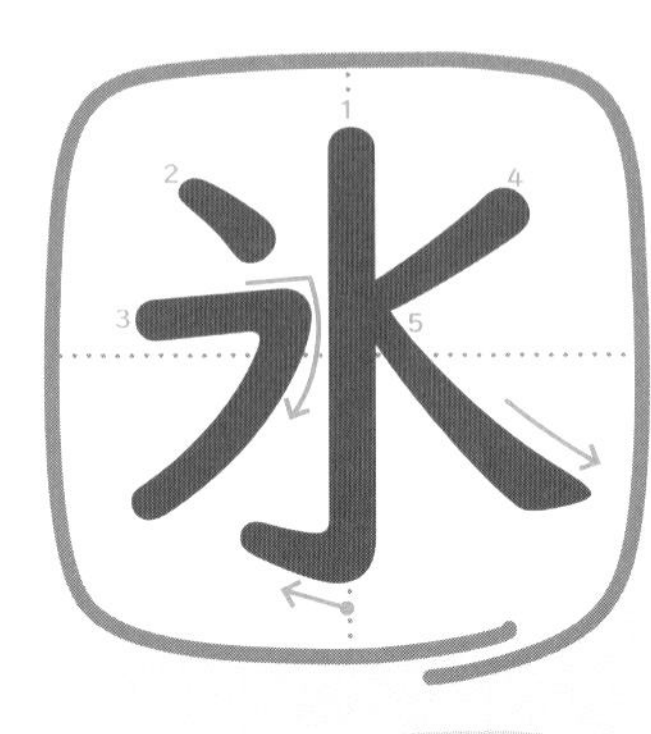

音 ヒョウ
訓 こおり

（ひょう）山
（ひょう）（りゅう）流
（こおり）水を飲む。

音 ビョウ
訓 ―

（びょう）読み
（びょう）速
十（びょう）で走る。

表

音 ヒョウ
訓 おもて あらわーす

（ひょう）紙
（おもて）通り
図に（あらわ）す。

病

音 ビョウ
訓 やまい

（びょう）気
（びょう）院
（やまい）は気から。

漢字 9-② 品・負・部・服

手本の漢字（かんじ）を指（ゆび）でなぞります。

□には漢字を頭の中で思いうかべてから書きましょう。

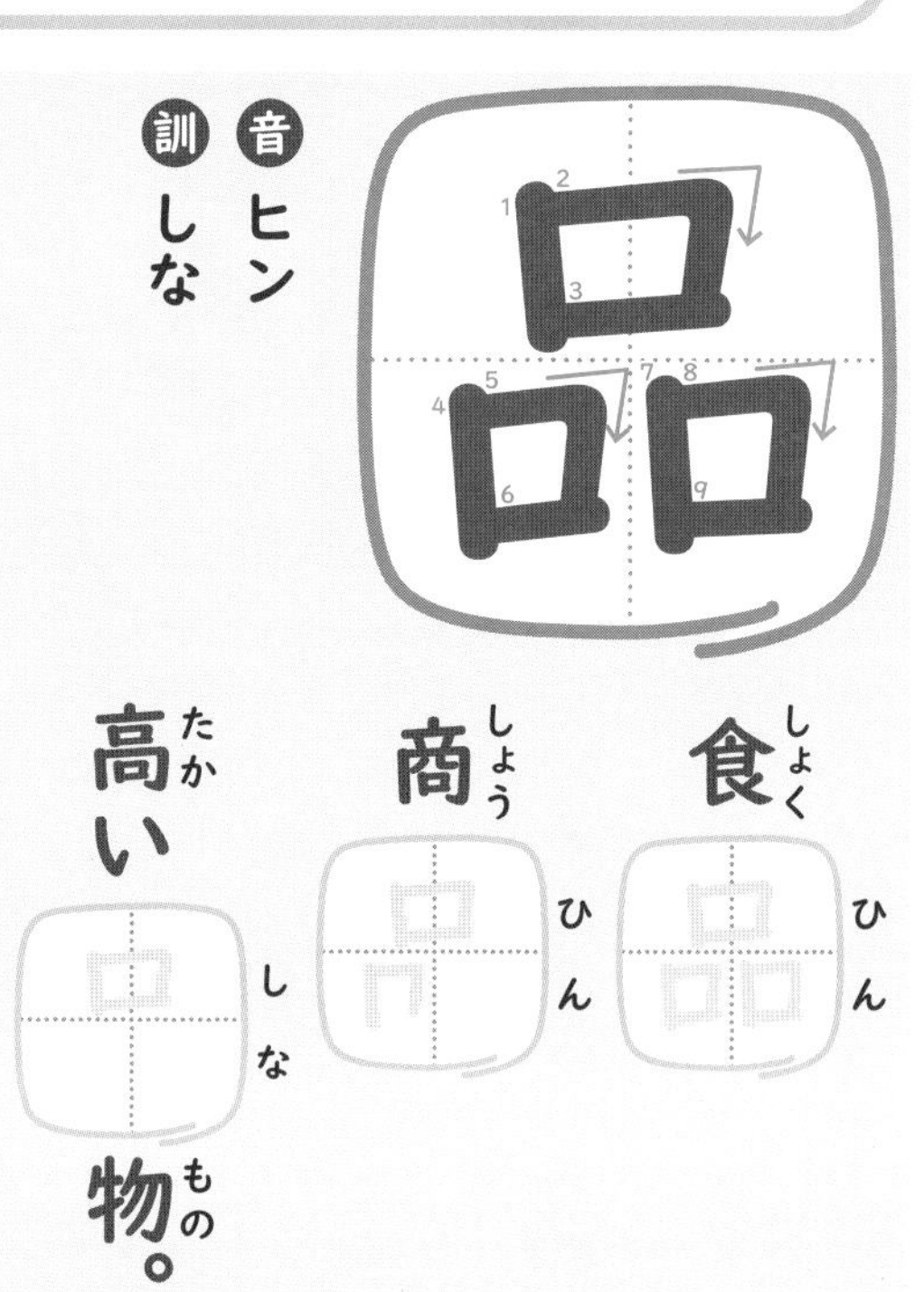

音 ヒン
訓 しな

食（しょく）品（ひん）

商（しょう）品（ひん）

高（たか）い品（しな）物（もの）。

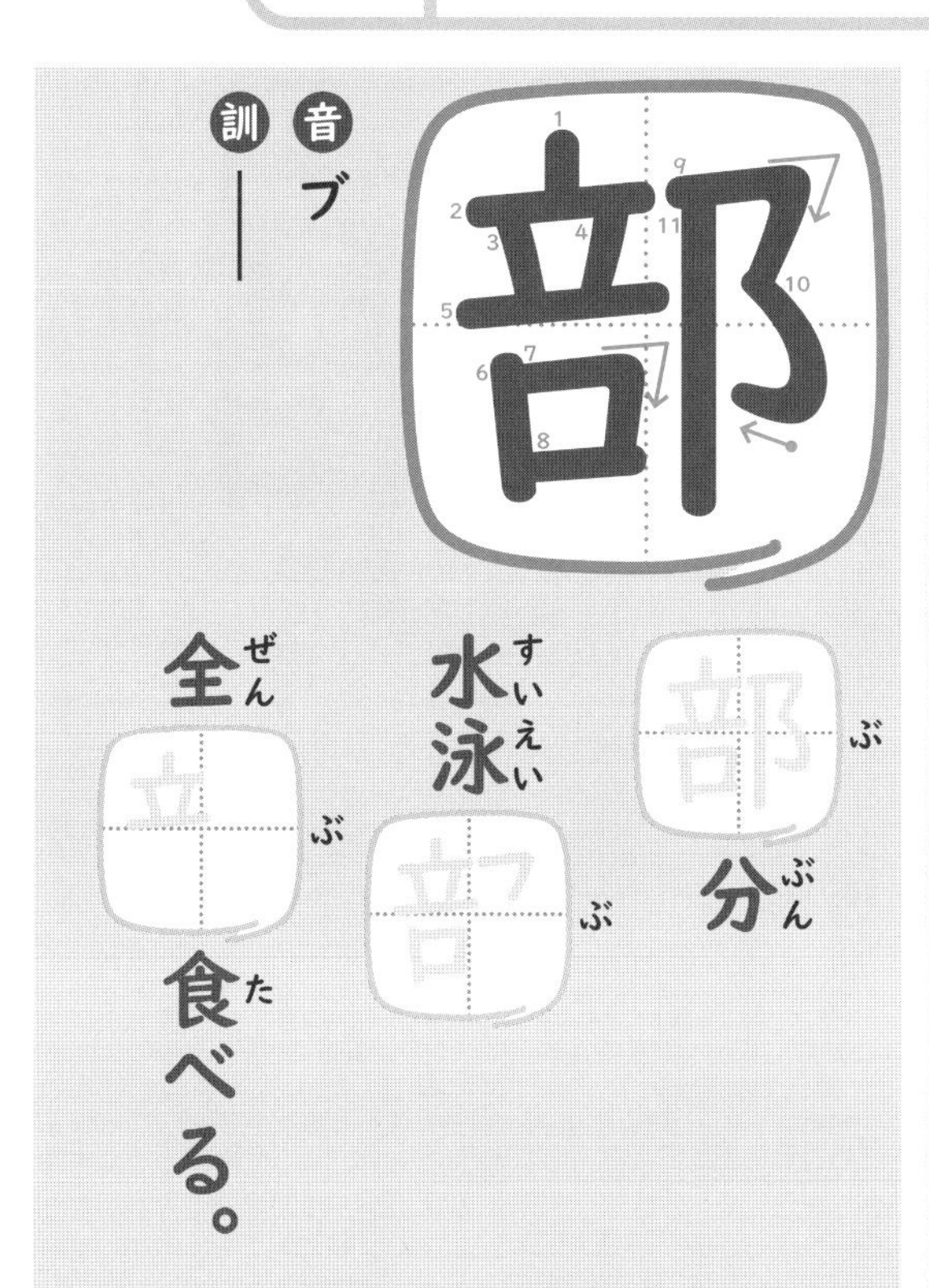

音 ブ
訓 ―

部（ぶ）分（ぶん）

水泳（すいえい）部（ぶ）

全（ぜん）部（ぶ）食（た）べる。

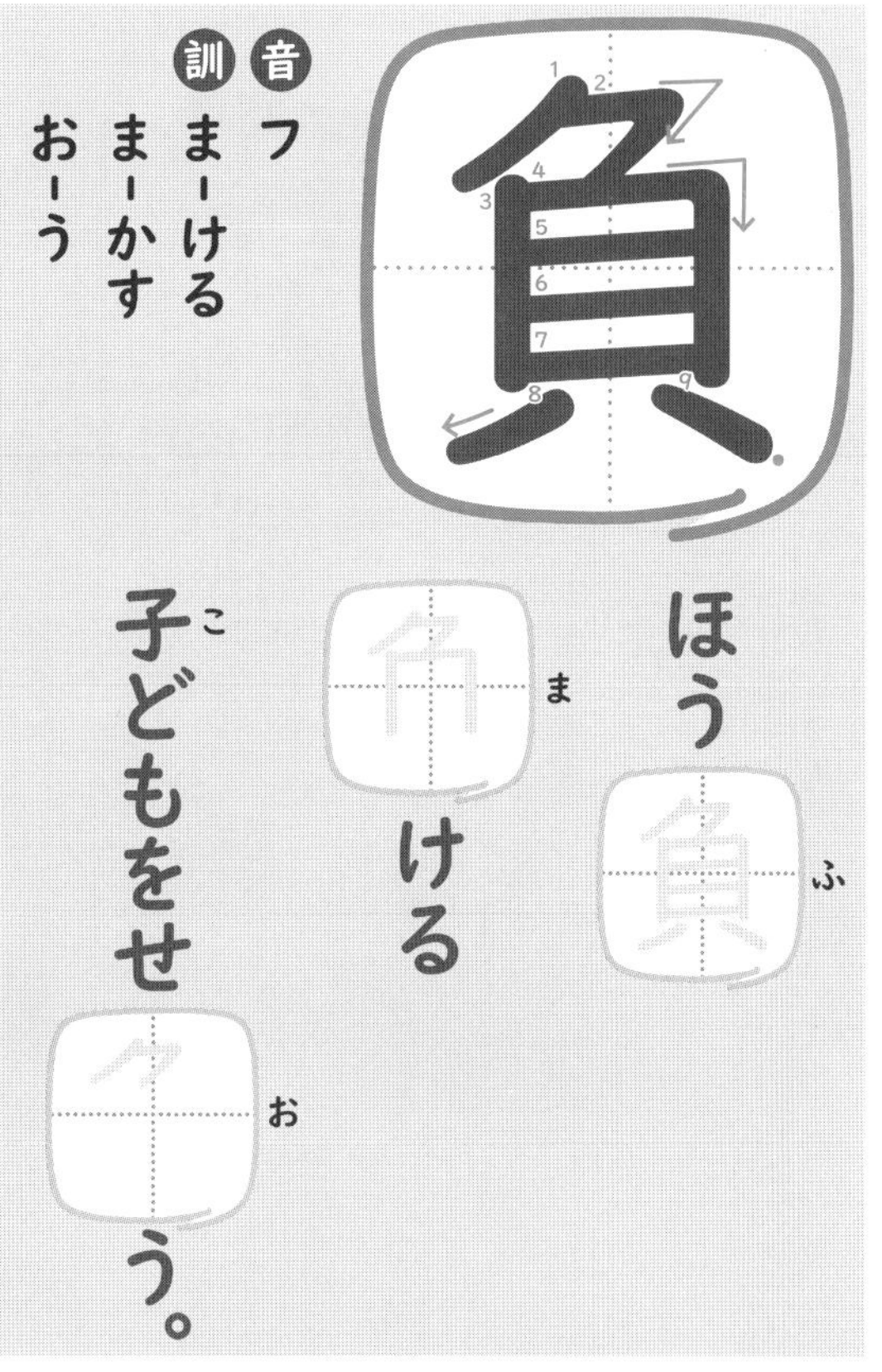

音 フ
訓 ま-ける　ま-かす　お-う

ほう負（ふ）

負（ま）ける

子（こ）どもをせ負（お）う。

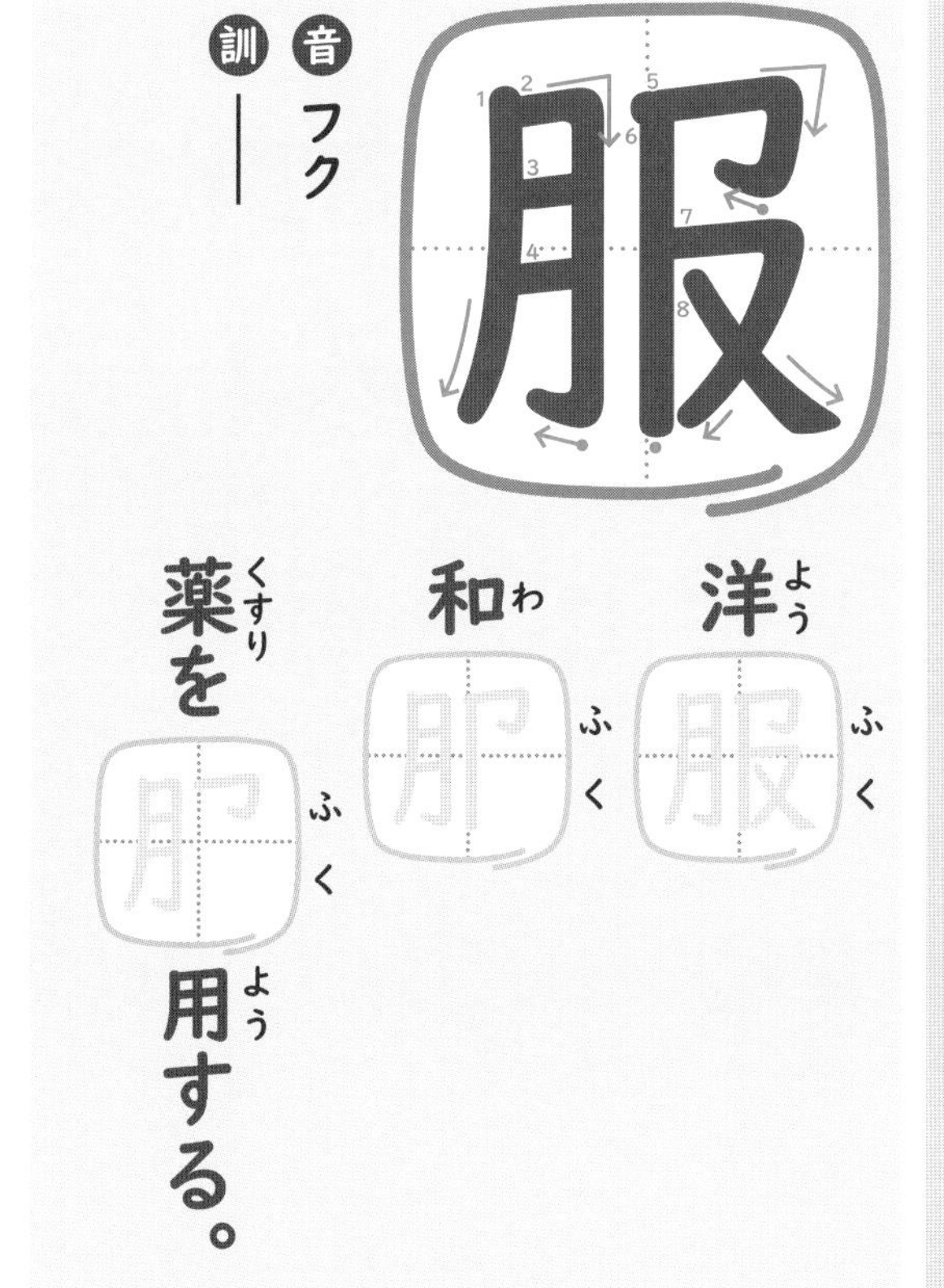

音 フク
訓 ―

洋（よう）服（ふく）

和（わ）服（ふく）

薬（くすり）を服（ふく）用（よう）する。

漢字 9-③

福・物・平・返

□ 手本の漢字を指でなぞります。□には漢字を頭の中で思いうかべてから書きましょう。

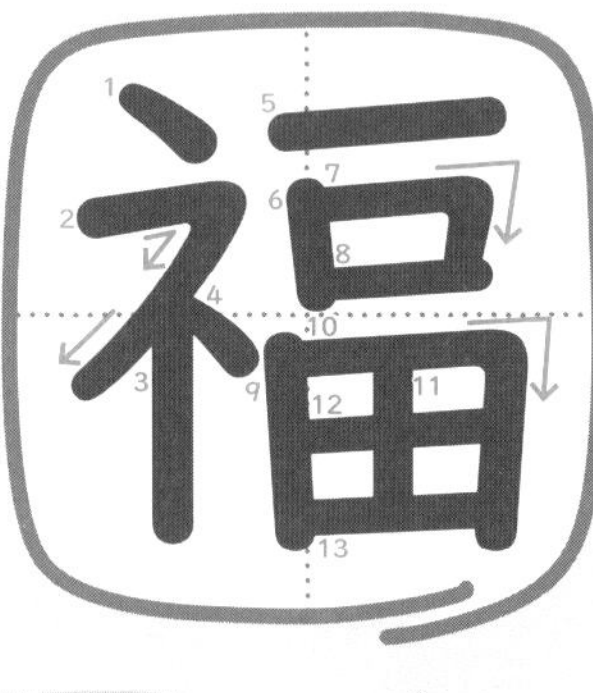

音 フク
訓 ―

幸福（こうふく）は内（うち）
福（ふく）引（びき）をする。

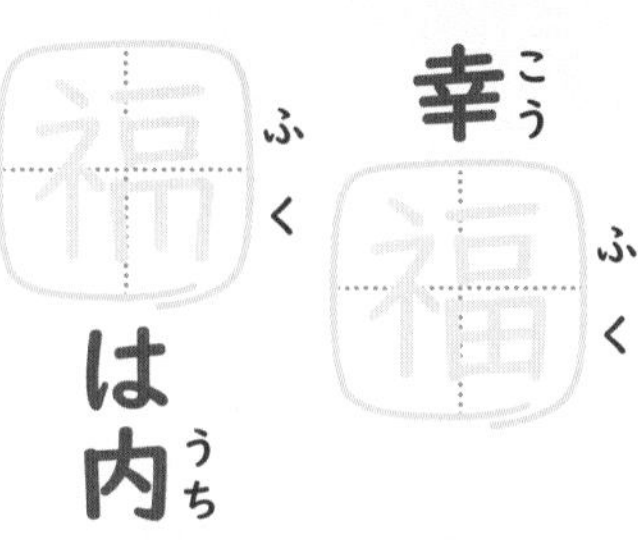

音 ヘイ ビョウ
訓 たい-ら ひら

平（へい）和（わ）
平（びょう）等（どう）
平（たい）らな道（みち）。

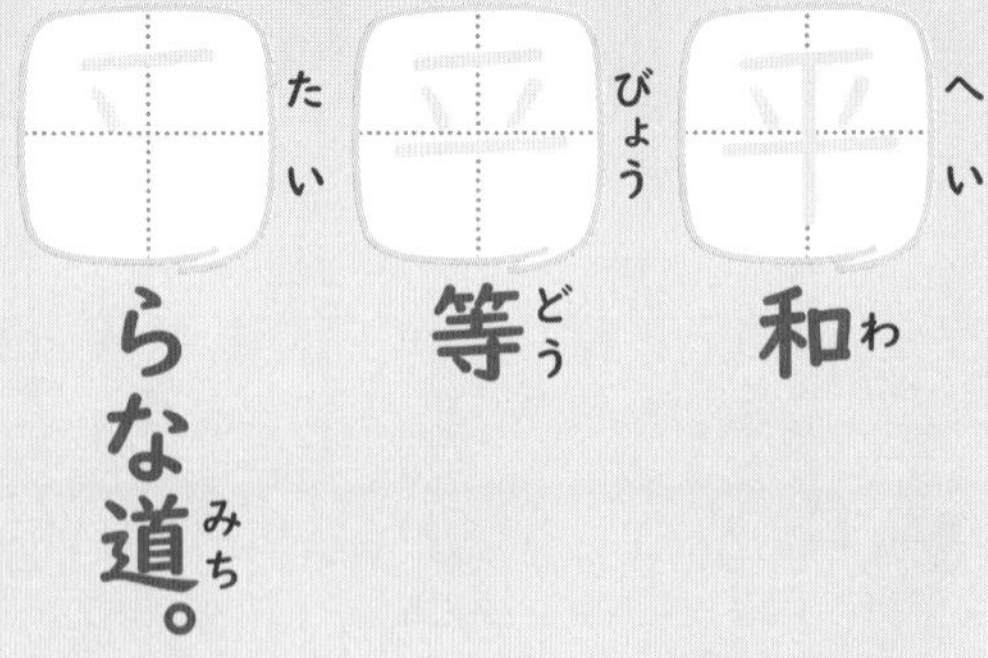

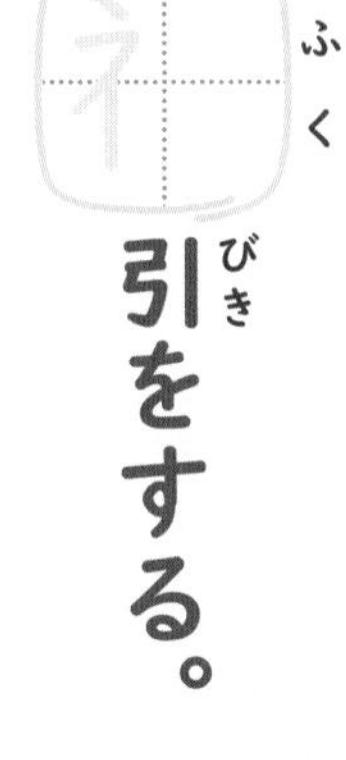

音 ブツ モツ
訓 もの

動（どう）物（ぶつ）
食（しょく）物（もつ）
買（か）い物（もの）をする。

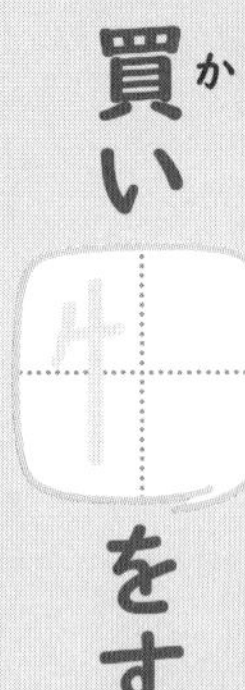

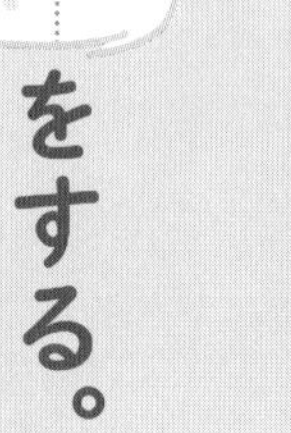

音 ヘン
訓 かえ-す

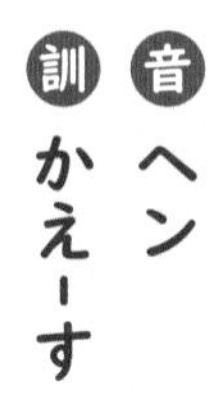

返（へん）事（じ）
返（へん）金（きん）
図（と）書（しょ）室（しつ）に返（かえ）す本（ほん）。

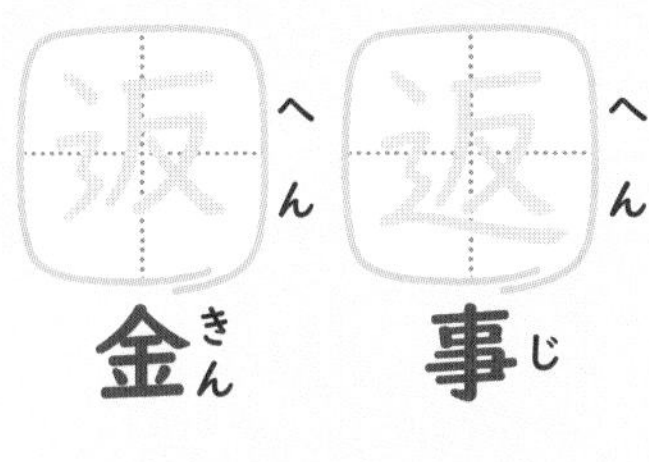

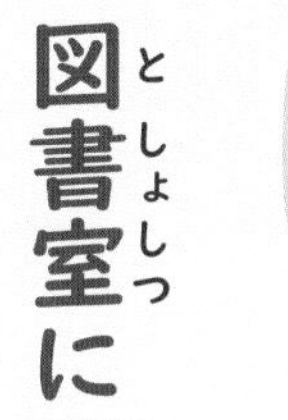

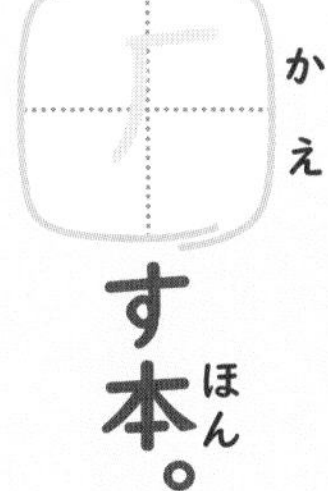

漢字 9-④

勉・放・味・命

□手本の漢字を指でなぞります。□には漢字を頭の中で思いうかべてから書きましょう。

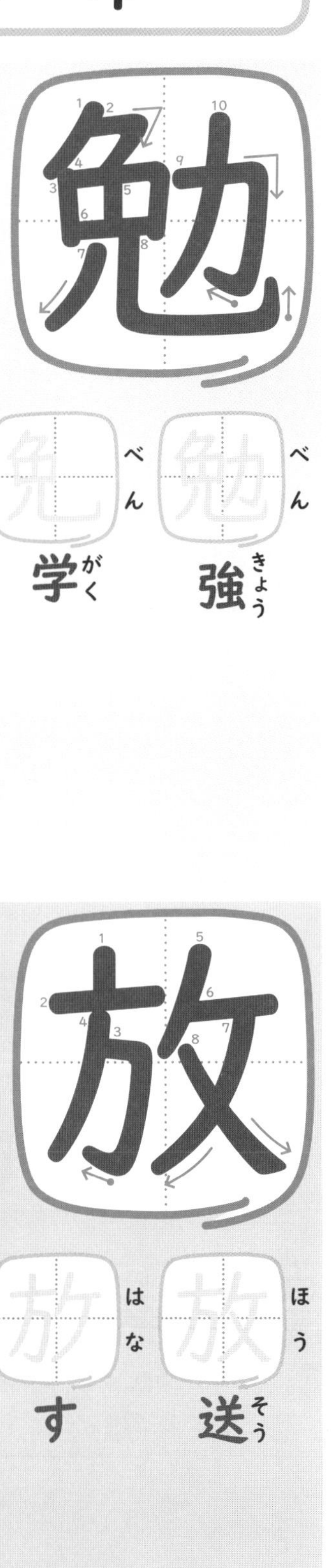

勉 音 ベン 訓 ―

べん 勉強

べん 勉学

べん 勉強部屋に入る。

味 音 ミ 訓 あじ あじ-わう

意味

しお味

詩を味わう。

放 音 ホウ 訓 はな-す はな-つ ほう-る

放送

放す

ボールを放る。

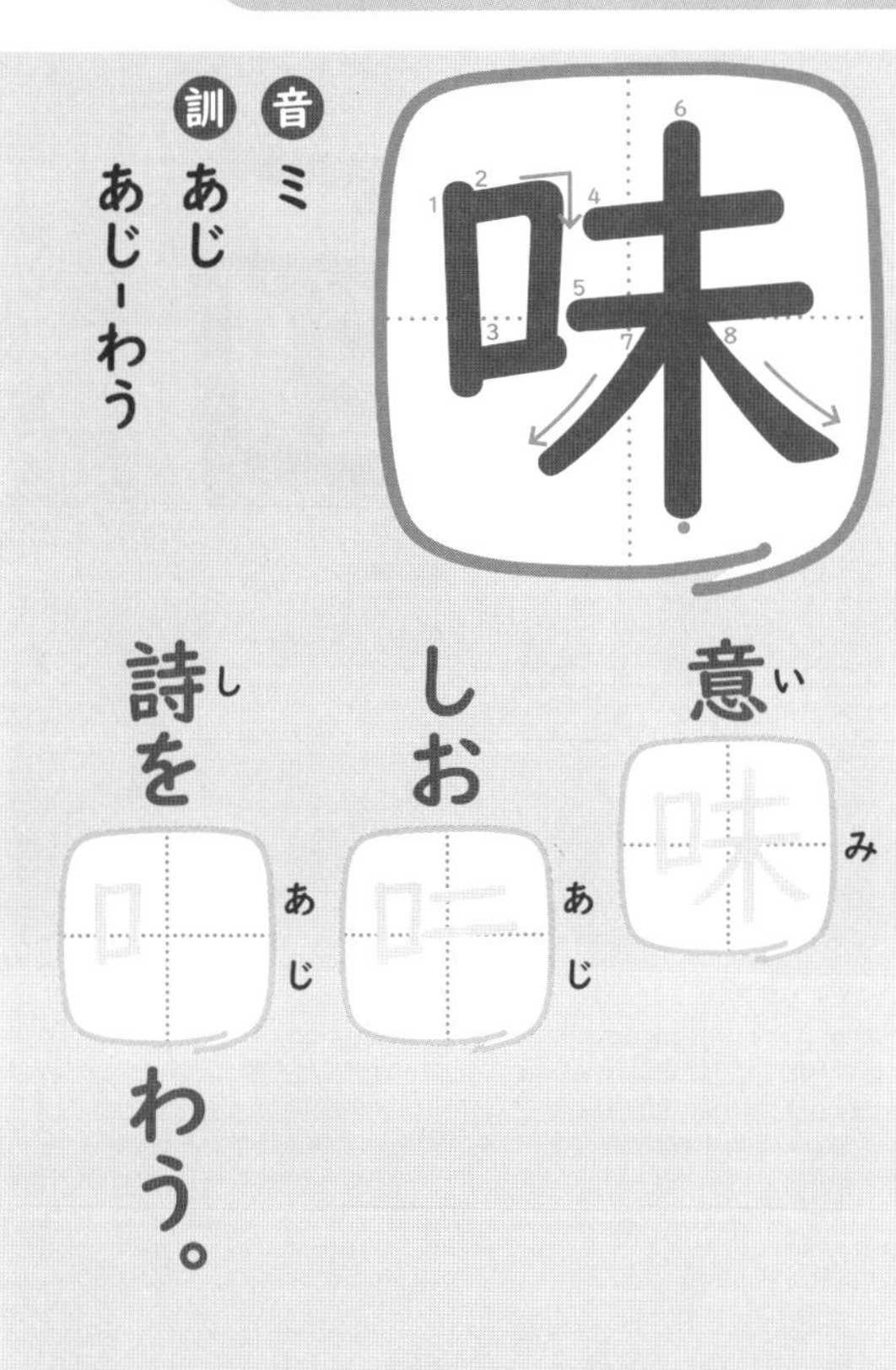

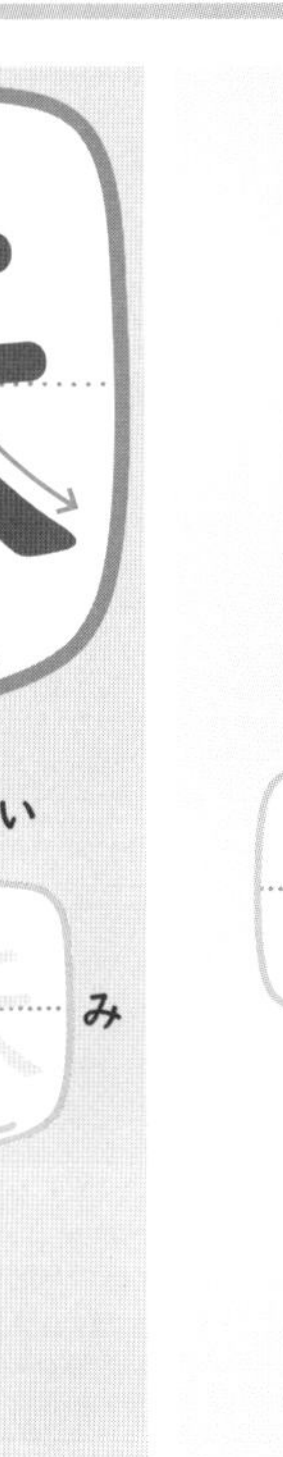

命 音 メイ 訓 いのち

生命

命中

命がけの仕事。

漢字 9-⑤　面・問・役・薬

手本の漢字（かんじ）を指（ゆび）でなぞります。□には漢字を頭の中で思いうかべてから書きましょう。

音　メン
訓　―

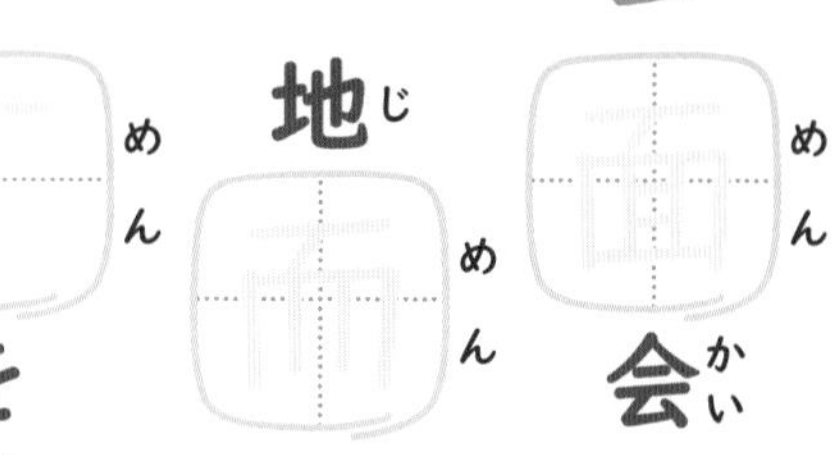

□会（めんかい）
地□（じめん）
□（めん）をかぶる。

音　ヤク
訓　―

□所（やくしょ）
□目（やくめ）
主□（しゅやく）になる。

音　モン
訓　と-う
　　と-い
　　※とん

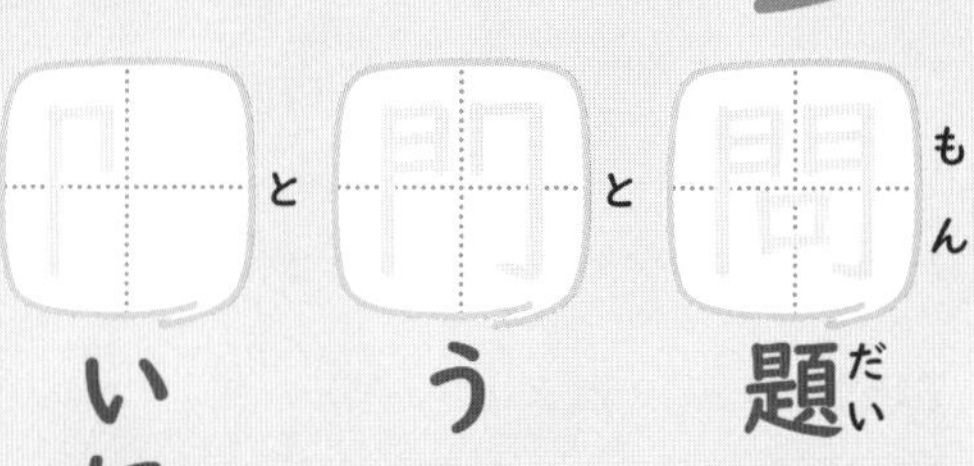

□題（もんだい）
□（と）う
□（と）いに答（こた）える。

音　ヤク
訓　くすり

□品（やくひん）
□局（やっきょく）
苦（にが）い□（くすり）を飲（の）む。

ゴール　スタート

漢字 9-⑥

読みのたしかめ

□ つぎの文を読んで、—を引いた漢字の読みを（　）に書きましょう。

①かき氷を食べる。（　）

②ピアノの発表会。（　）

③時計の秒しん。（　）

④大病をわずらう。（　）

⑤図工の作品。（　）

⑥相手と勝負する。（　）

⑦クラブの部長。（　）

⑧服そうを整える。（　）

⑨いちごの大福もち。（　）

⑩動物園のくま。（　）

⑪公平に分ける。（　）

⑫大声で返答する。（　）

⑬きん勉な学生。（　）

⑭つった魚を放す。（　）

⑮苦い味がする。（　）

⑯命がけの仕事。（　）

⑰顔面を打った。（　）

⑱学問をおさめる。（　）

⑲役者をめざす。（　）

⑳薬用石けん。（　）

漢字 9-⑦

書きのたしかめ ①

□ つぎの文を読んで、□にあてはまる漢字を頭の中で思いうかべてからなぞりましょう。

① かき氷を食べる。

② ピアノの発表会。

③ 時計の秒しん。

④ 大病をわずらう。

⑤ 図工の作品。

⑥ 相手と勝負する。

⑦ クラブの部長。

⑧ 服そうを整える。

⑨ いちごの大福もち。

⑩ 動物園のくま。

⑪ 公平に分ける。

⑫ 大声で返答する。

⑬ きん勉な学生。

⑭ つった魚を放す。

⑮ 苦い味がする。

⑯ 命がけの仕事。

⑰ 顔面を打った。

⑱ 学問をおさめる。

⑲ 役者をめざす。

⑳ 薬用石けん。

漢字 9-⑧

書きのたしかめ ②

□ つぎの文を読んで、□にあてはまる漢字（かんじ）を頭の中で思いうかべてから書きましょう。

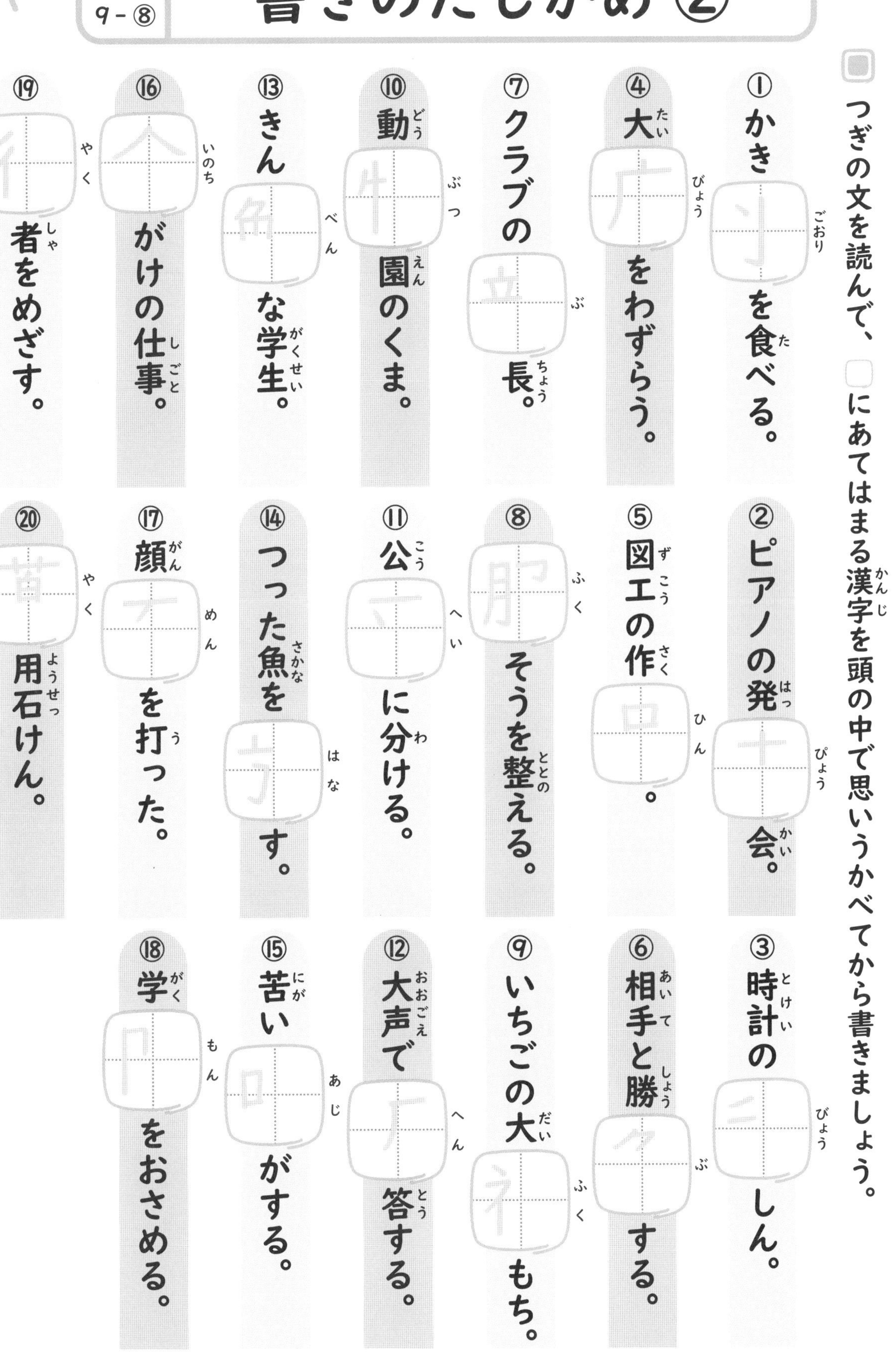

① かき□（こおり）を食（た）べる。

② ピアノの発（はっ）□（ぴょう）会（かい）。

③ 時計（とけい）の□（びょう）しん。

④ 大（たい）□（びょう）をわずらう。

⑤ 図工（ずこう）の作（さく）□（ひん）。

⑥ 相手（あいて）と勝（しょう）□（ぶ）する。

⑦ クラブの□（ぶ）長（ちょう）。

⑧ □（ふく）そうを整（ととの）える。

⑨ いちごの大（だい）□（ふく）もち。

⑩ 動（どう）□（ぶつ）園（えん）のくま。

⑪ 公（こう）□（へい）に分（わ）ける。

⑫ 大声（おおごえ）で□（へん）答（とう）する。

⑬ きん□（べん）な学生（がくせい）。

⑭ つった魚（さかな）を□（はな）す。

⑮ 苦（にが）い□（あじ）がする。

⑯ □（いのち）がけの仕事（しごと）。

⑰ 顔（がん）□（めん）を打（う）った。

⑱ 学（がく）□（もん）をおさめる。

⑲ □（やく）者（しゃ）をめざす。

⑳ □（やく）用石（ようせっ）けん。

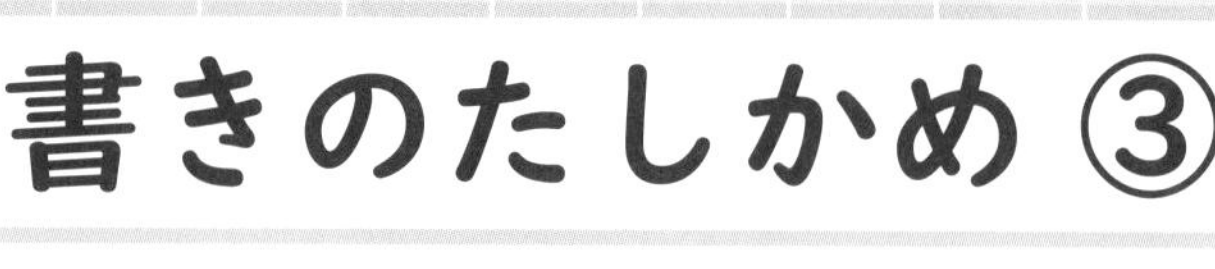

漢字 9-⑨

書きのたしかめ ③

■ つぎの文を読んで、□にあてはまる漢字(かんじ)を頭の中で思いうかべてから書きましょう。

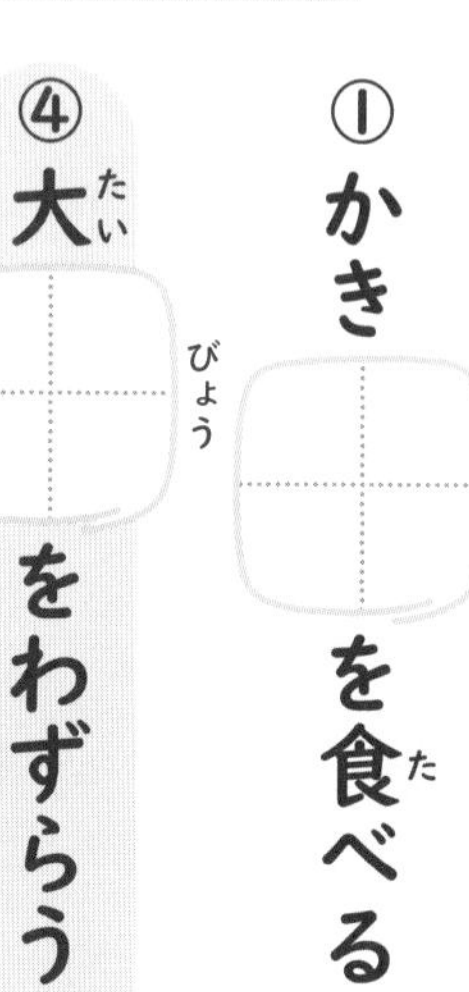

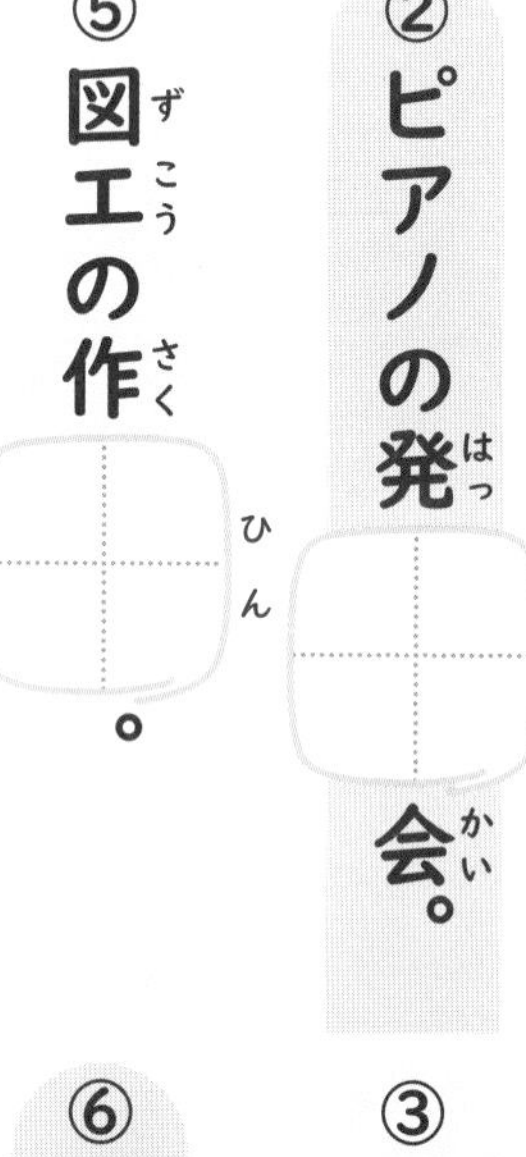

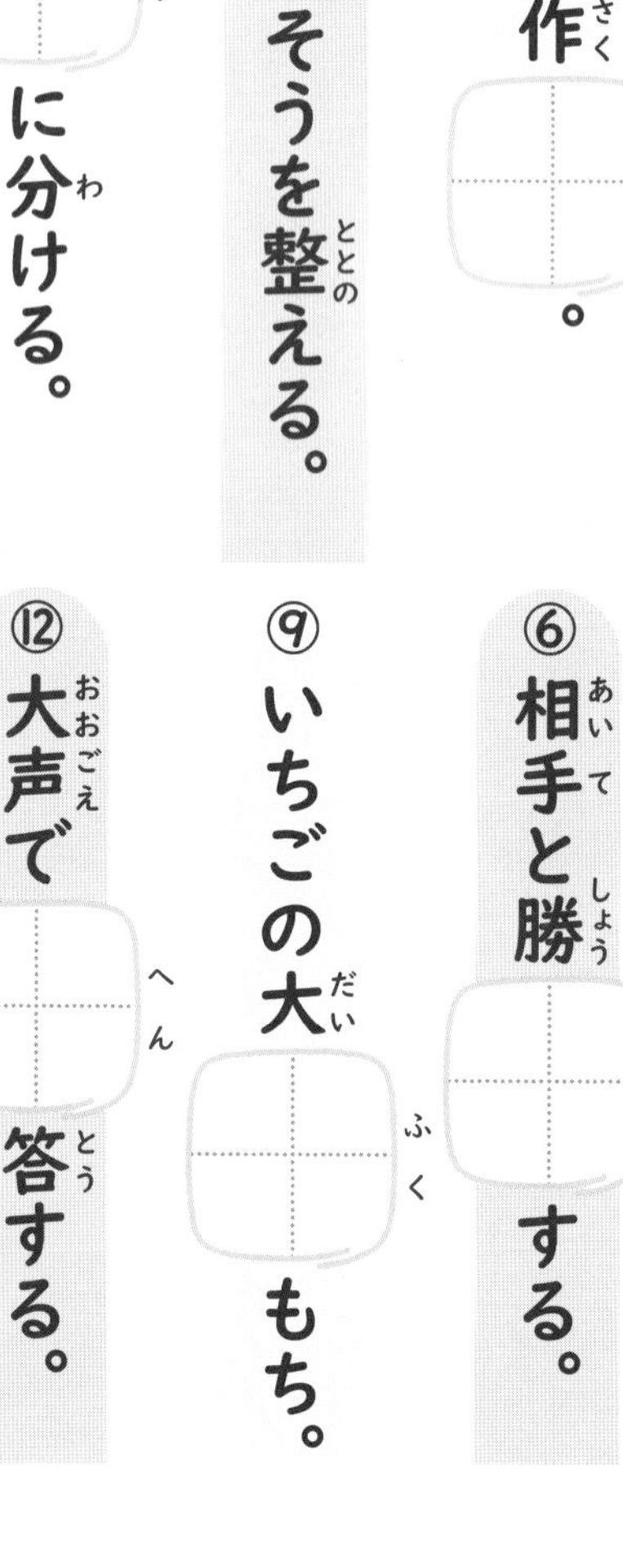
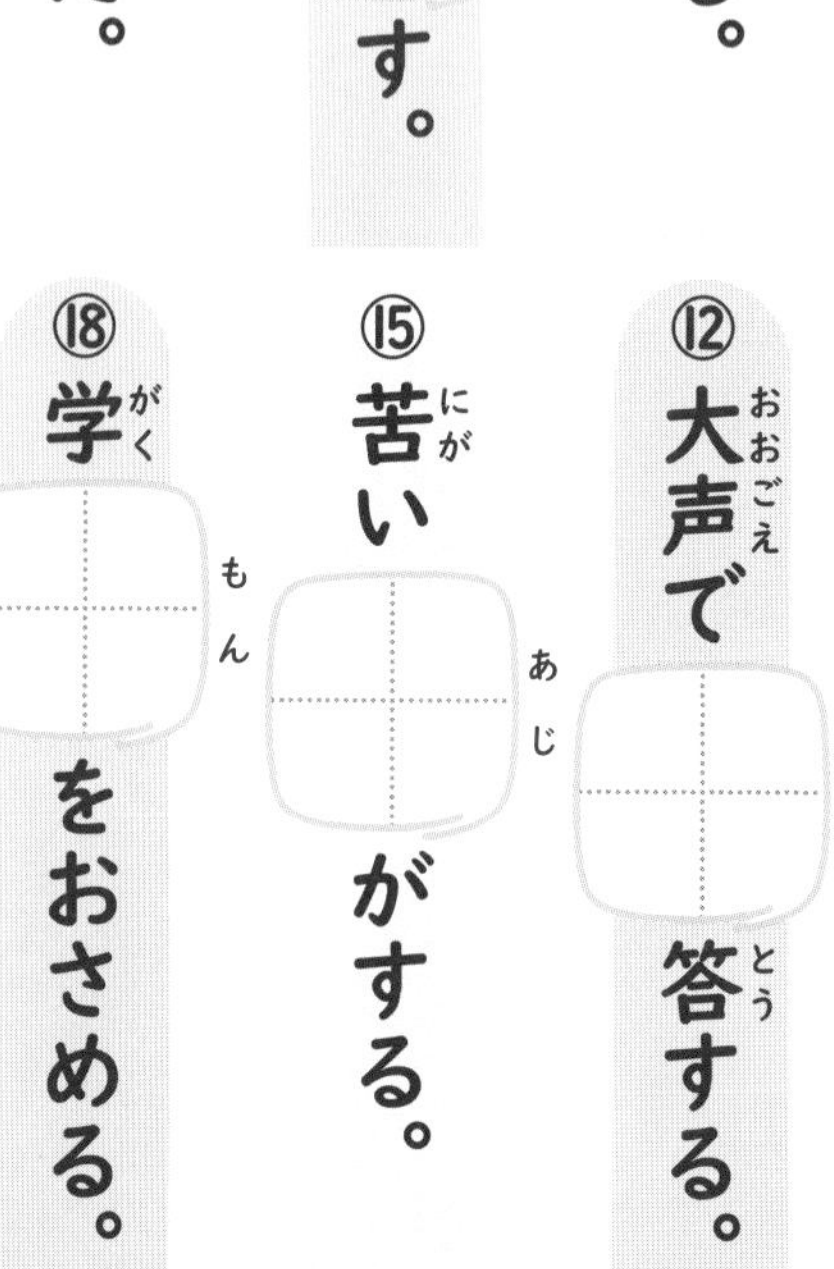

① かき□(ごおり)を食(た)べる。

② ピアノの発(はっ)□(ぴょう)会(かい)。

③ 時計(とけい)の□(びょう)しん。

④ 大(たい)□(びょう)をわずらう。

⑤ 図工(ずこう)の作(さく)□(ひん)。

⑥ 相手(あいて)と勝(しょう)□(ぶ)する。

⑦ クラブの□(ぶ)長(ちょう)。

⑧ □(ふく)そうを整(ととの)える。

⑨ いちごの大(だい)□(ふく)もち。

⑩ 動(どう)□(ぶつ)園(えん)のくま。

⑪ 公(こう)□(へい)に分(わ)ける。

⑫ 大声(おおごえ)で□(へん)答(とう)する。

⑬ きん□(べん)な学生(がくせい)。

⑭ つった魚(さかな)を□(はな)す。

⑮ 苦(にが)い□(あじ)がする。

⑯ □(いのち)がけの仕事(しごと)。

⑰ 顔(がん)□(めん)を打(う)った。

⑱ 学(がく)□(もん)をおさめる。

⑲ □(やく)者(しゃ)をめざす。

⑳ □(やく)用石(ようせっ)けん。

漢字 9-⑩

正しい漢字みつけ！③

■ つぎの漢字(かんじ)は一画書きたされた、まちがい漢字です。正しい部分(ぶぶん)のみをなぞって、漢字を見つけましょう。

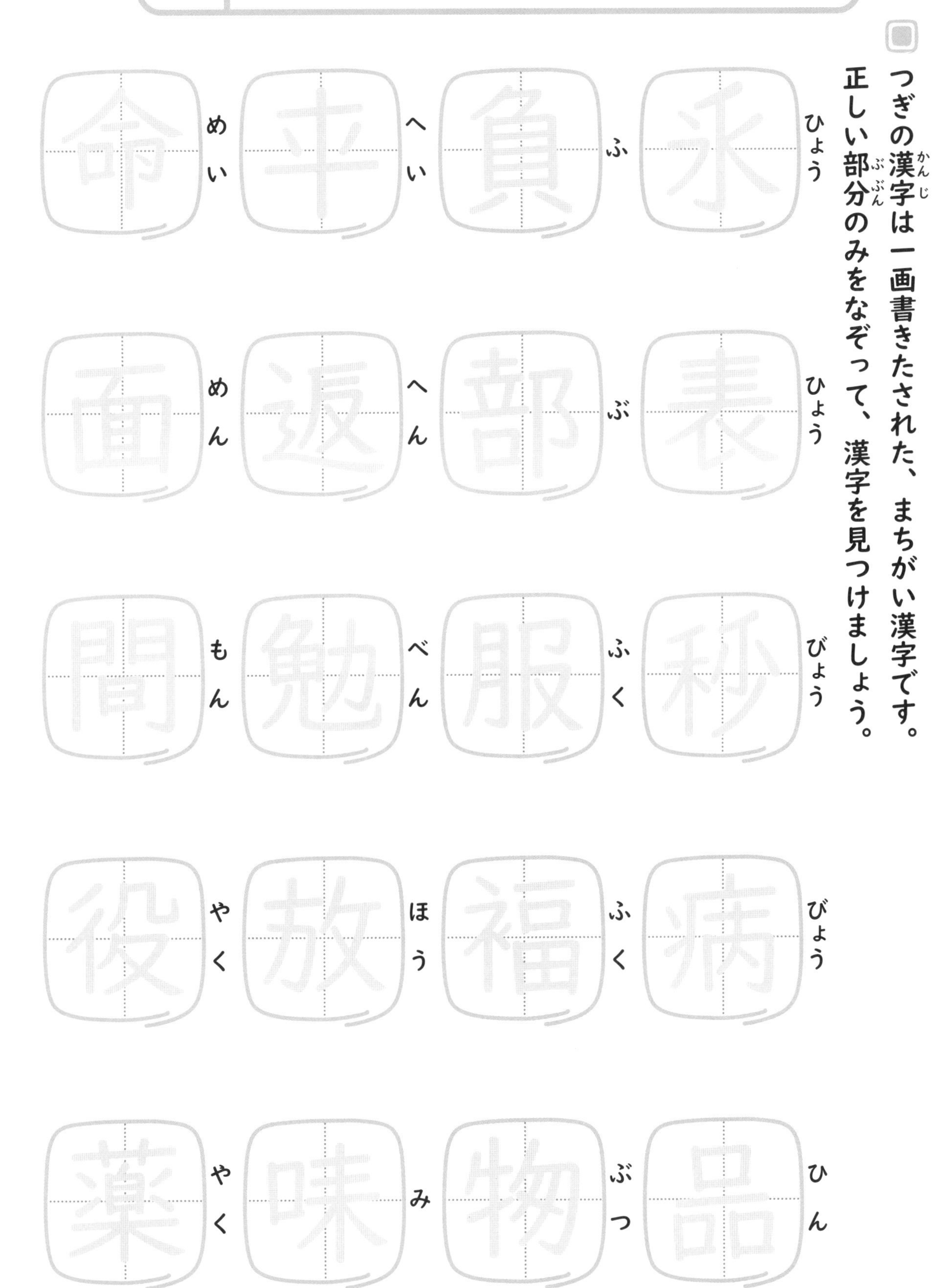

漢字 10-①

由・油・有・遊

手本の漢字を指でなぞります。□には漢字を頭の中で思いうかべてから書きましょう。

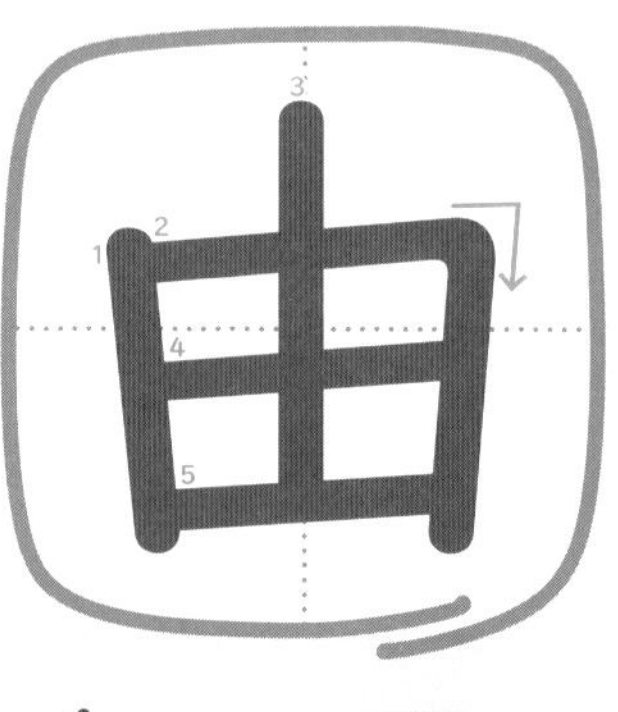

音 ユ ユウ
訓 ―

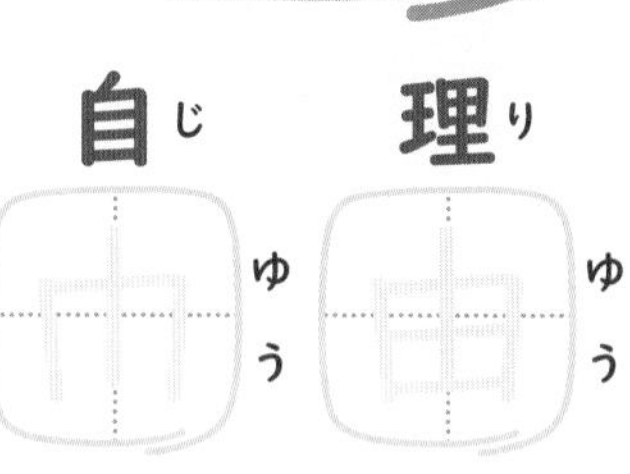

理由

自由

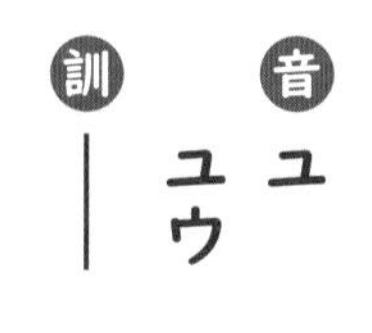

由来を調べる。

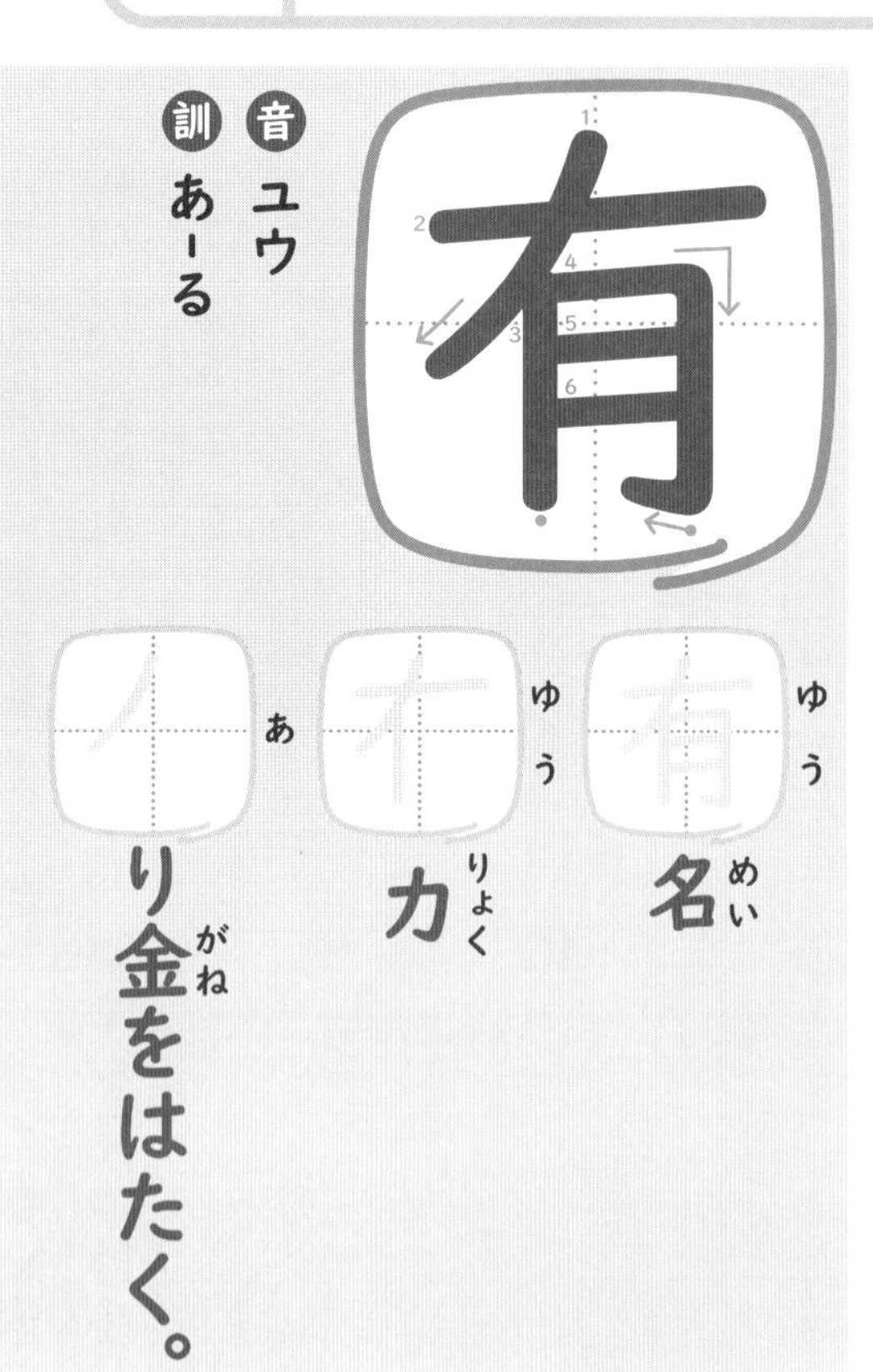

音 ユウ
訓 あ-る

有名

有力

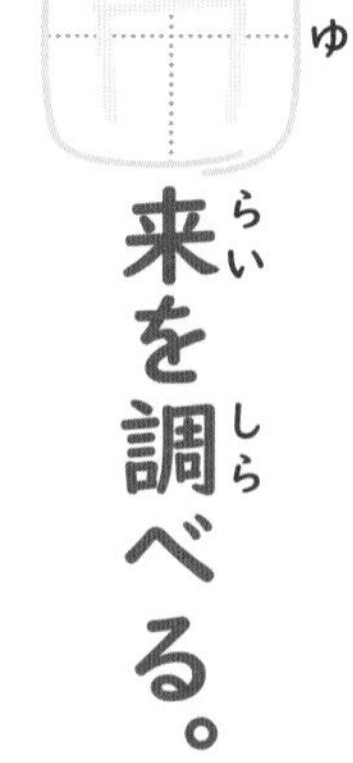

有り金をはたく。

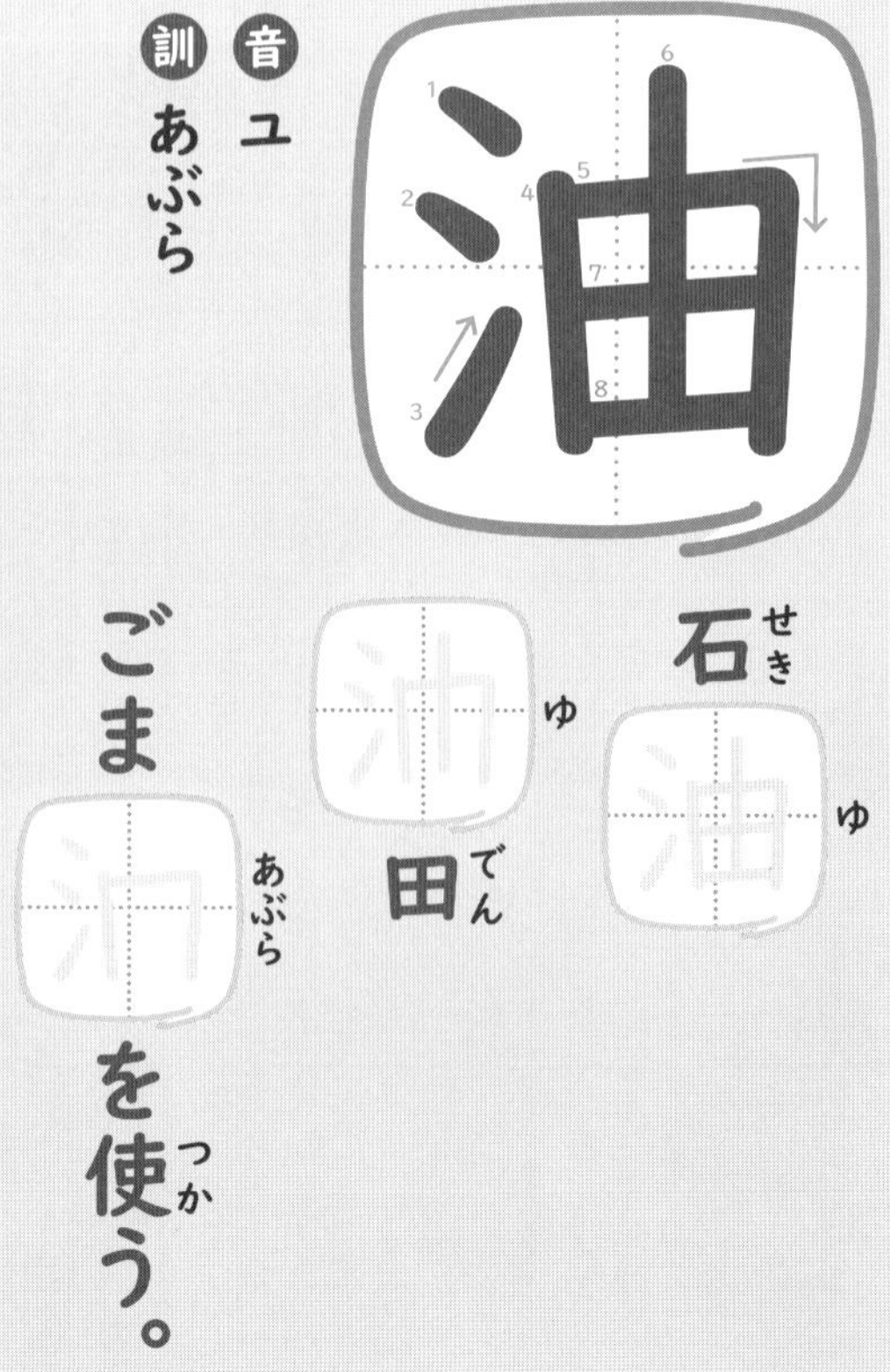

音 ユ
訓 あぶら

石油

油田

ごま油を使う。

音 ユウ
訓 あそ-ぶ

遊具

遊歩道

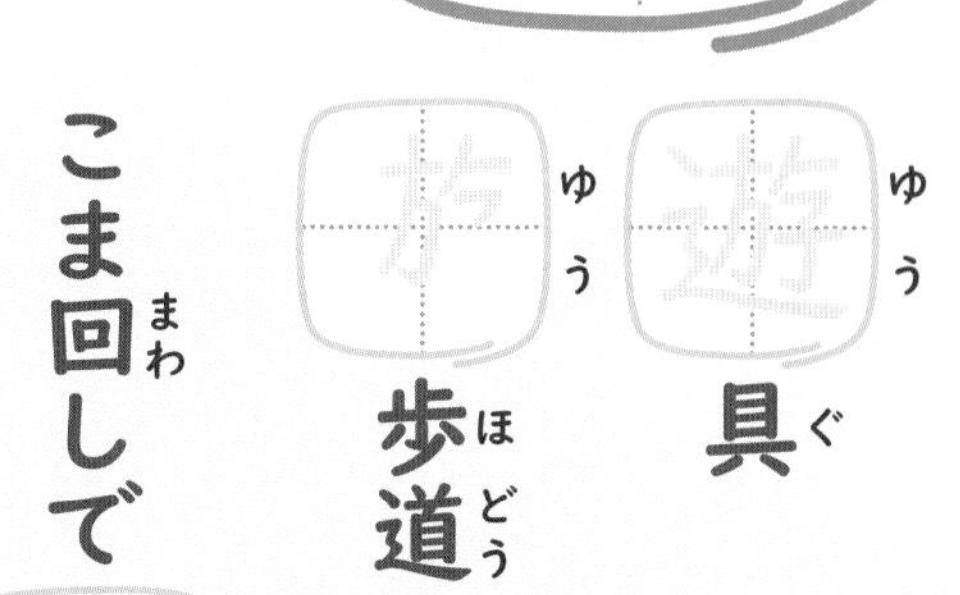

こま回しで遊ぶ。

漢字 10-②　予・羊・洋・葉

□ 手本の漢字(かんじ)を指(ゆび)でなぞります。
□には漢字を頭の中で思いうかべてから書きましょう。

予

音 ヨ
訓 ―

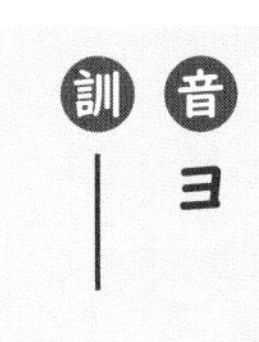
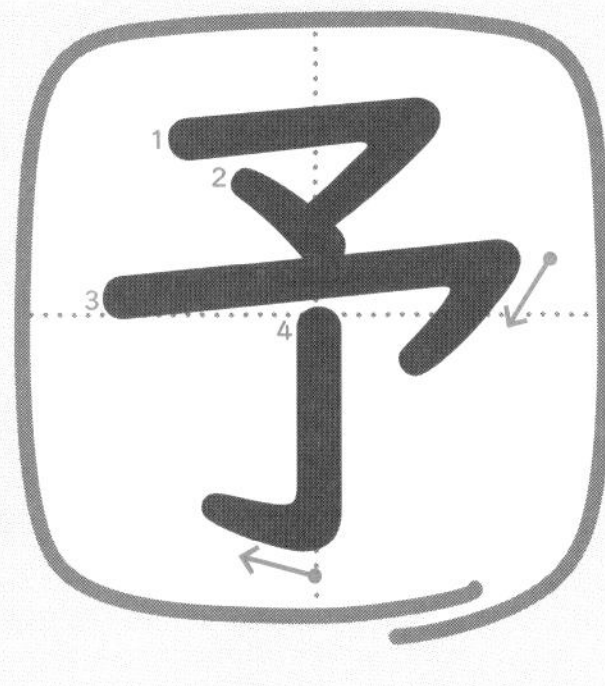
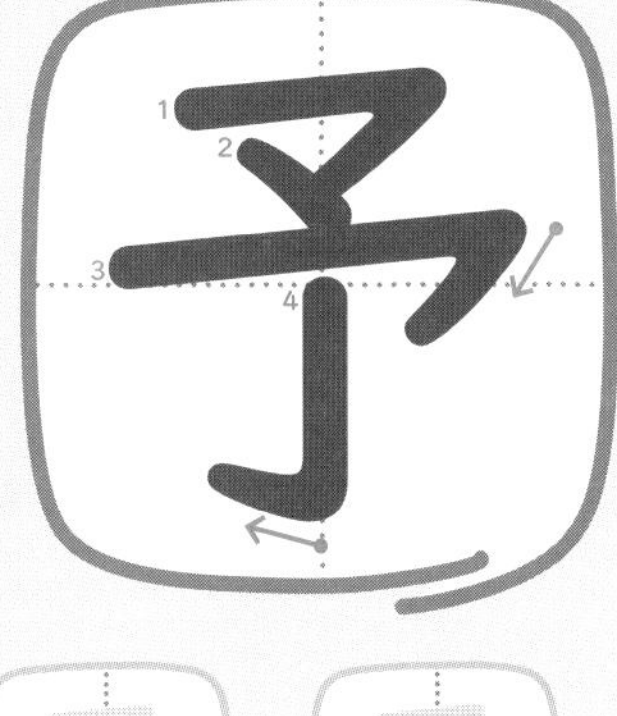
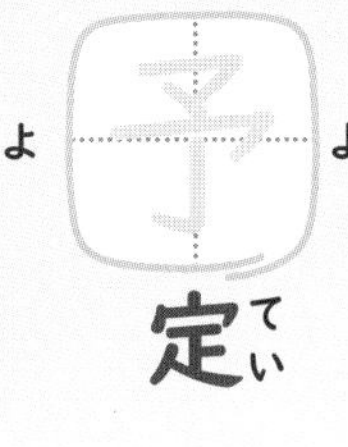

□(よ)定(てい)

□(よ)習(しゅう)

天気(てんき)を□(よ)想(そう)する。

洋

音 ヨウ
訓 ―

□(よう)食(しょく)

太平(たいへい)□(よう)

□(よう)服(ふく)を着(き)る。

羊

音 ヨウ
訓 ひつじ

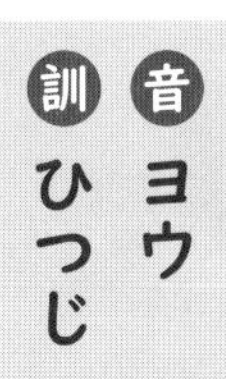
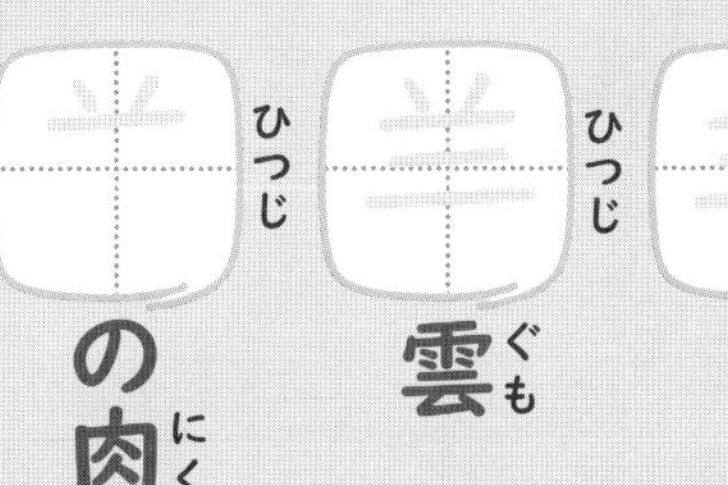
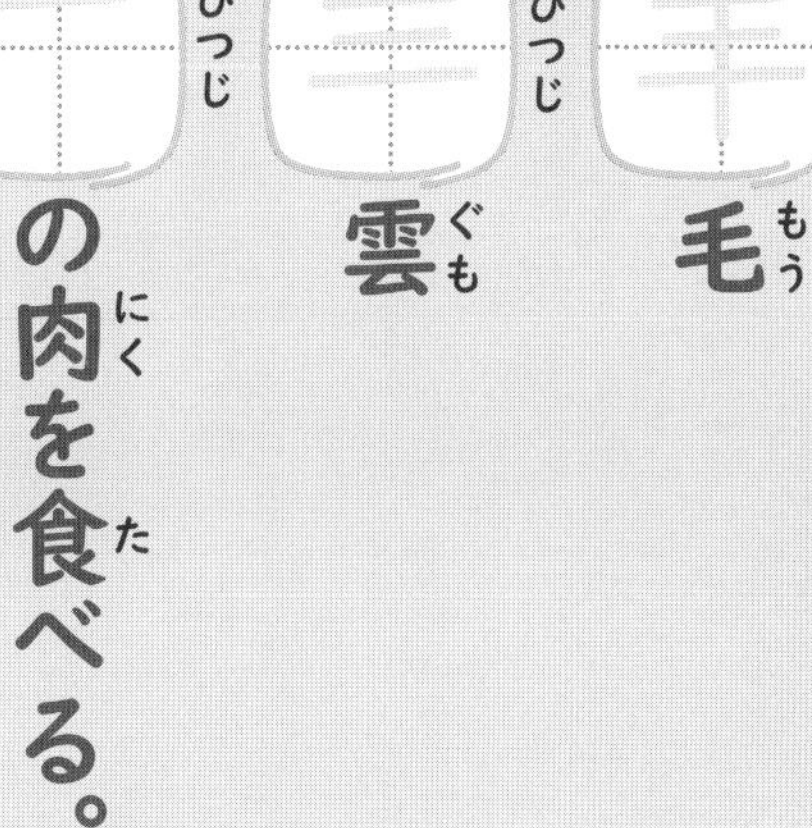

□(よう)毛(もう)

□(ひつじ)雲(ぐも)

□(ひつじ)の肉(にく)を食(た)べる。

葉

音 ヨウ
訓 は

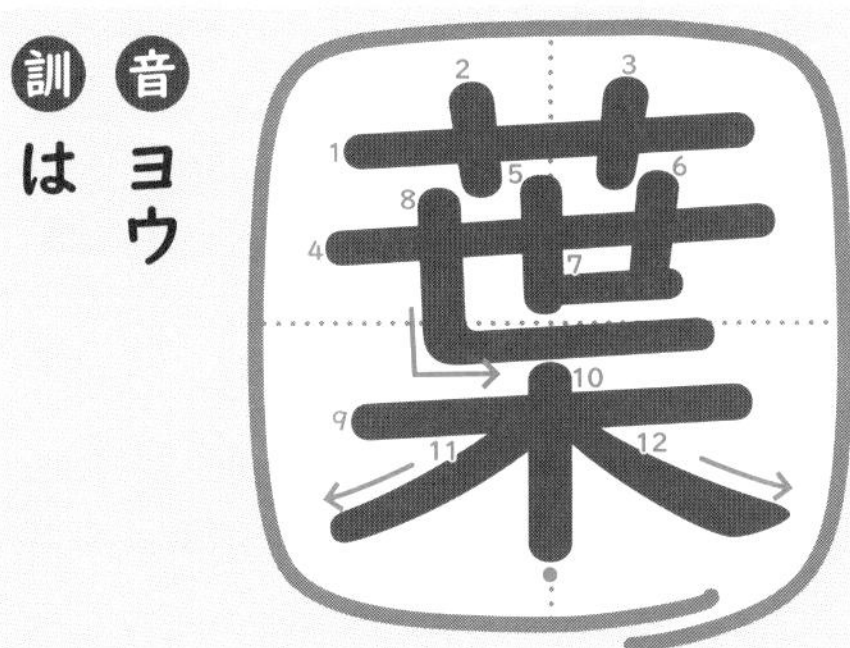
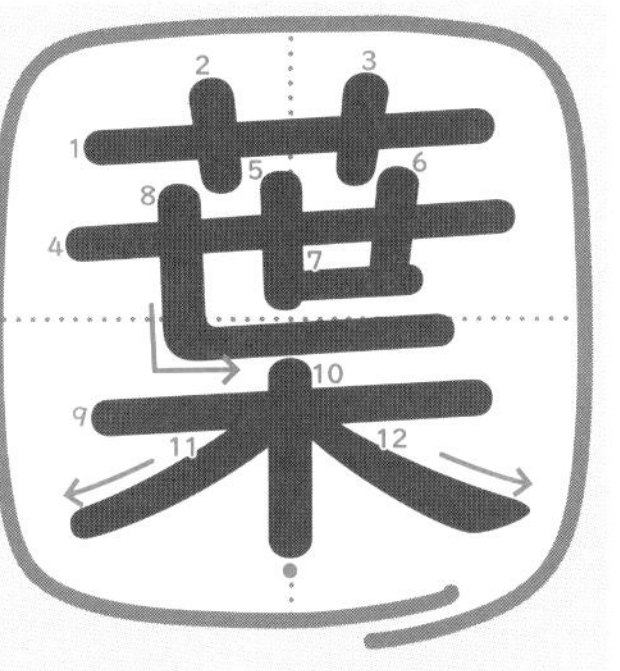
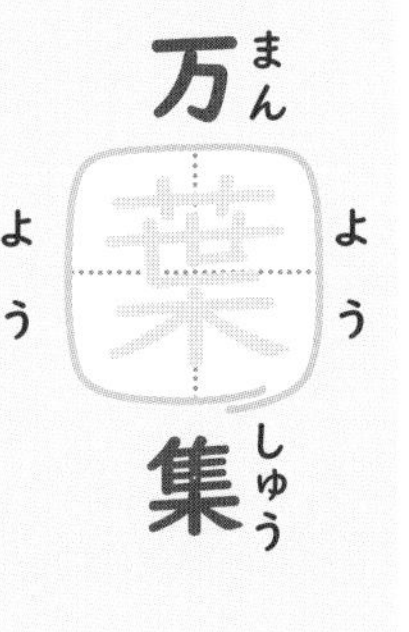

万(まん)□(よう)集(しゅう)

子(し)□(よう)

落(お)ち□(ば)を拾(ひろ)う。

漢字 10-③

陽・様・落・流

手本の漢字を指でなぞります。
□には漢字を頭の中で思いうかべてから書きましょう。

音 ヨウ
訓 ―

太陽（たいよう）
陽光（ようこう）
陽気な子ども。（ようきなこども）

音 ラク
訓 お-ちる　お-とす

落語（らくご）
落第（らくだい）
池に落ちる。（いけにおちる）

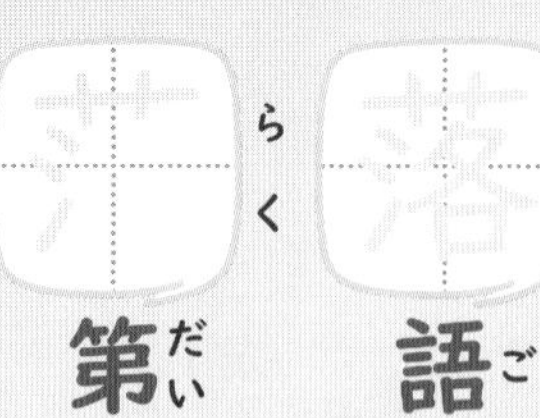

音 ヨウ
訓 さま

様子（ようす）
王様（おうさま）
様がわりする。（さまがわりする）

音 リュウ
訓 なが-れる　なが-す

流行（りゅうこう）
一流（いちりゅう）
川が流れる。（かわがながれる）

漢字 10-④ 旅・両・緑・礼

手本の漢字を指でなぞります。
□には漢字を頭の中で思いうかべてから書きましょう。

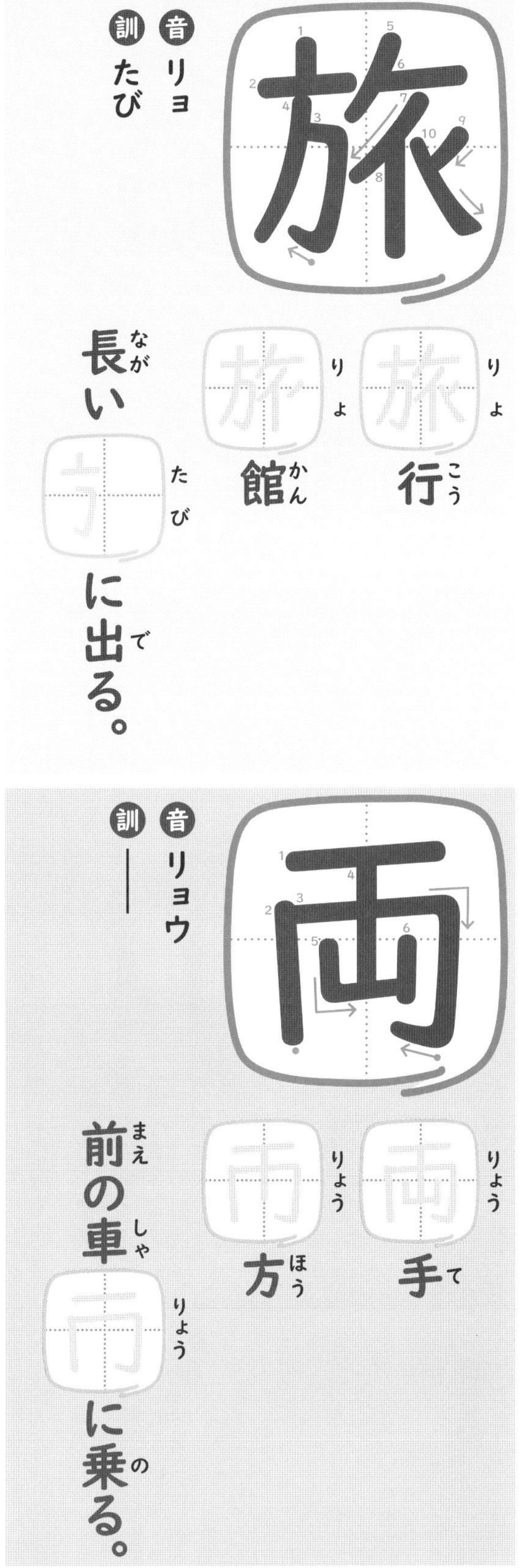

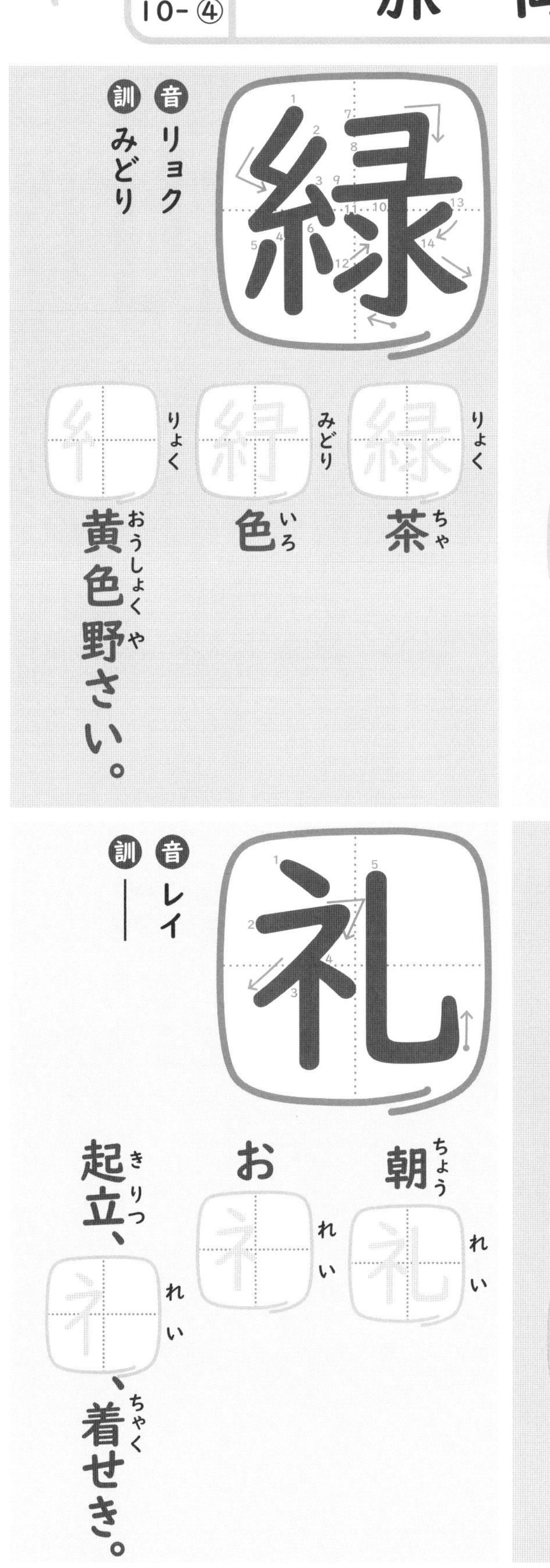

漢字 10-⑤

列・練・路・和

□手本の漢字を指でなぞります。□には漢字を頭の中で思いうかべてから書きましょう。

音 レツ
訓 ―

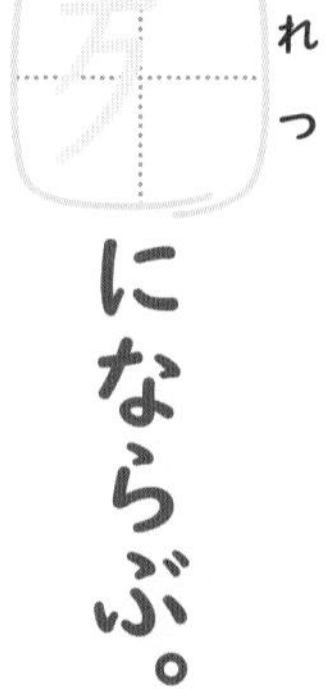

行(ぎょう)列(れつ)

列(れっ)車(しゃ)

一(いち)列(れつ)にならぶ。

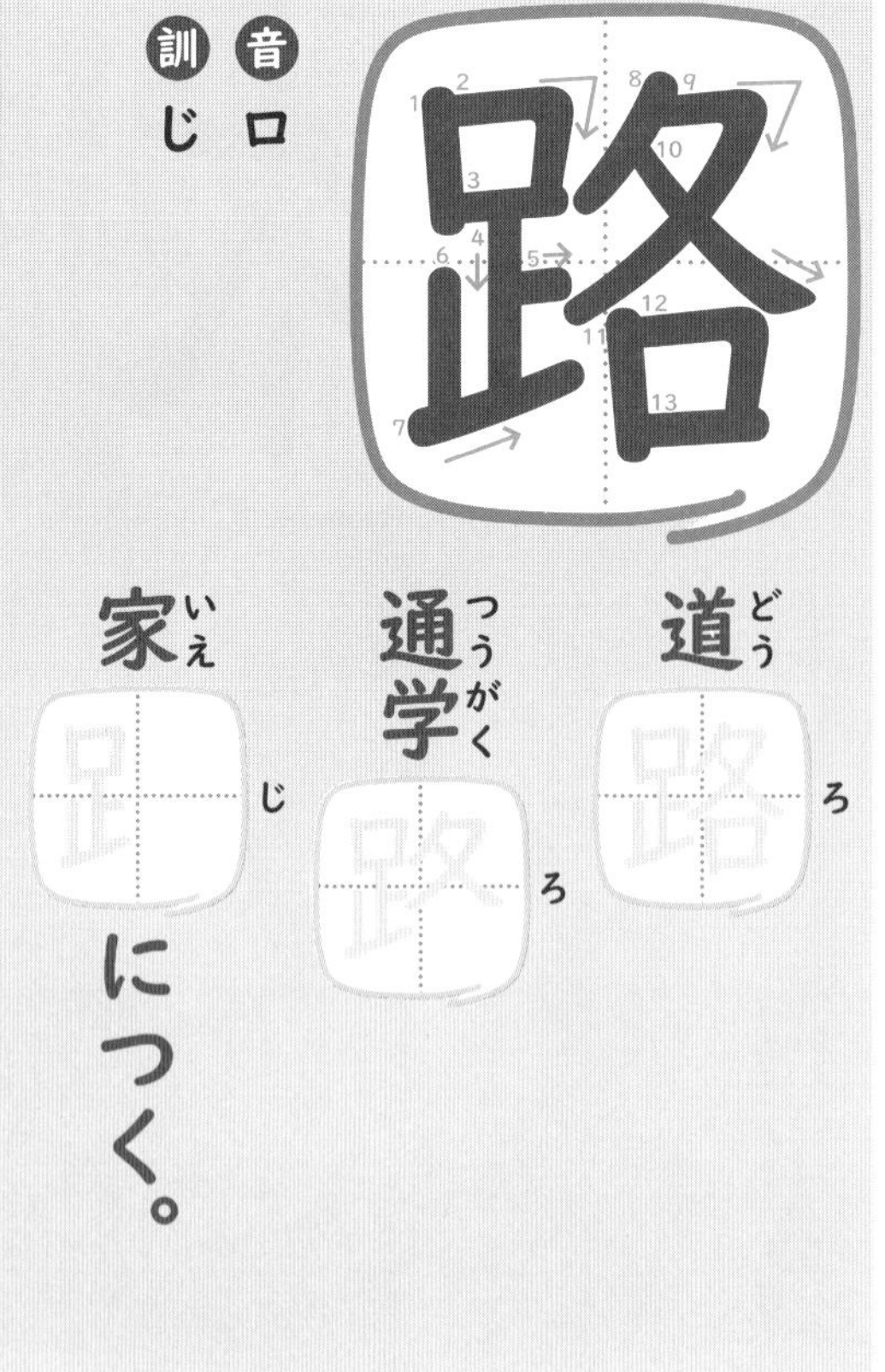

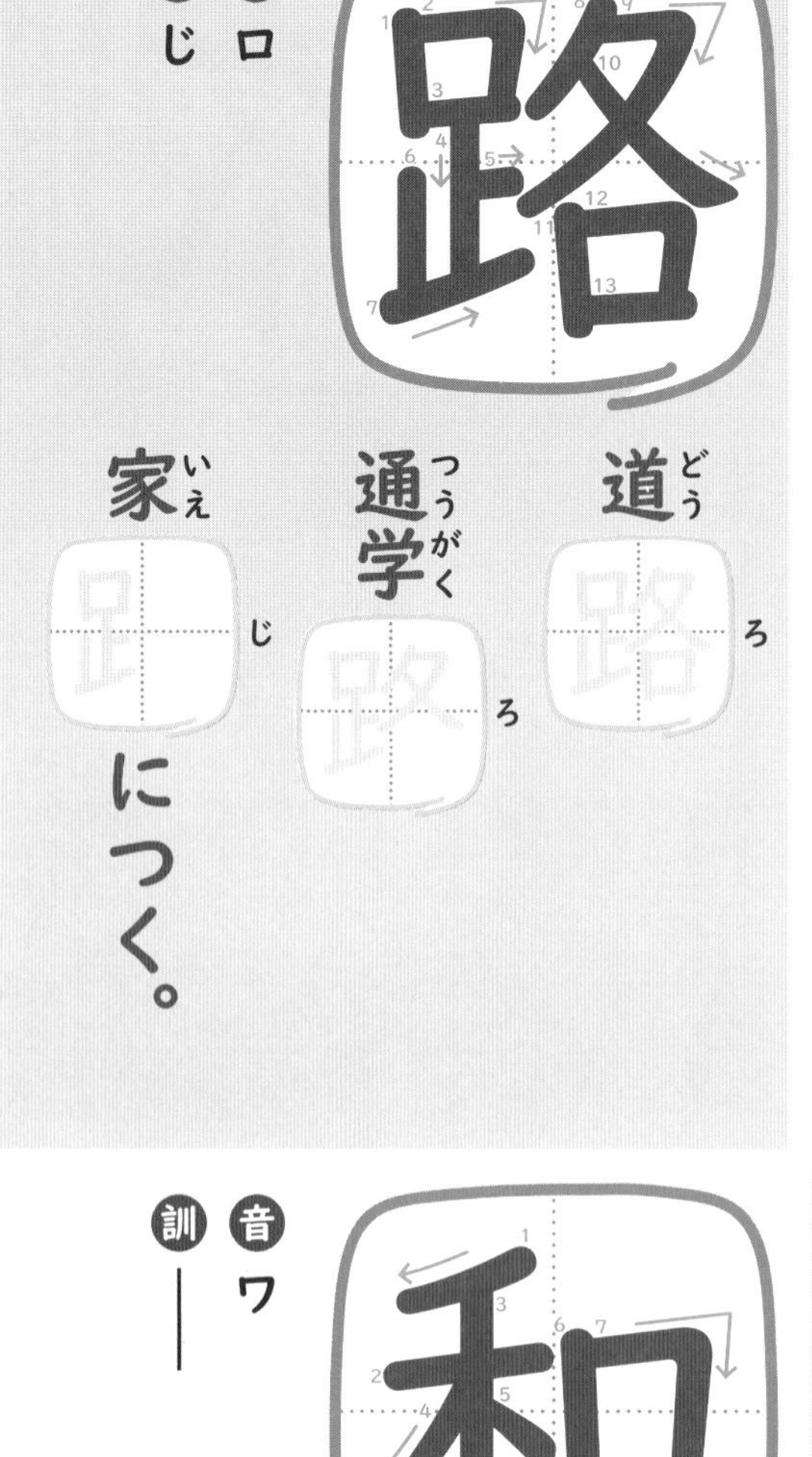

音 ロ
訓 じ

道(どう)路(ろ)

通学(つうがく)路(ろ)

家(いえ)路(じ)につく。

音 レン
訓 ね-る

練(れん)習(しゅう)

くん練(れん)

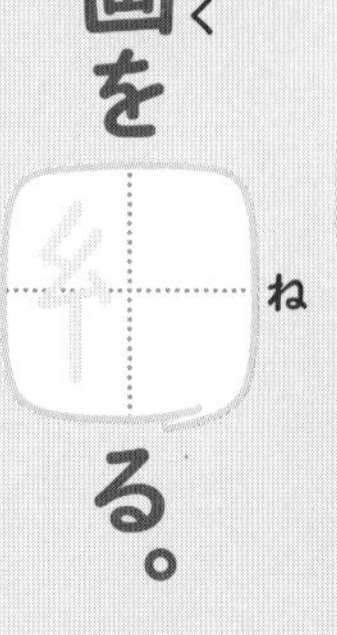

計画(けいかく)を練(ね)る。

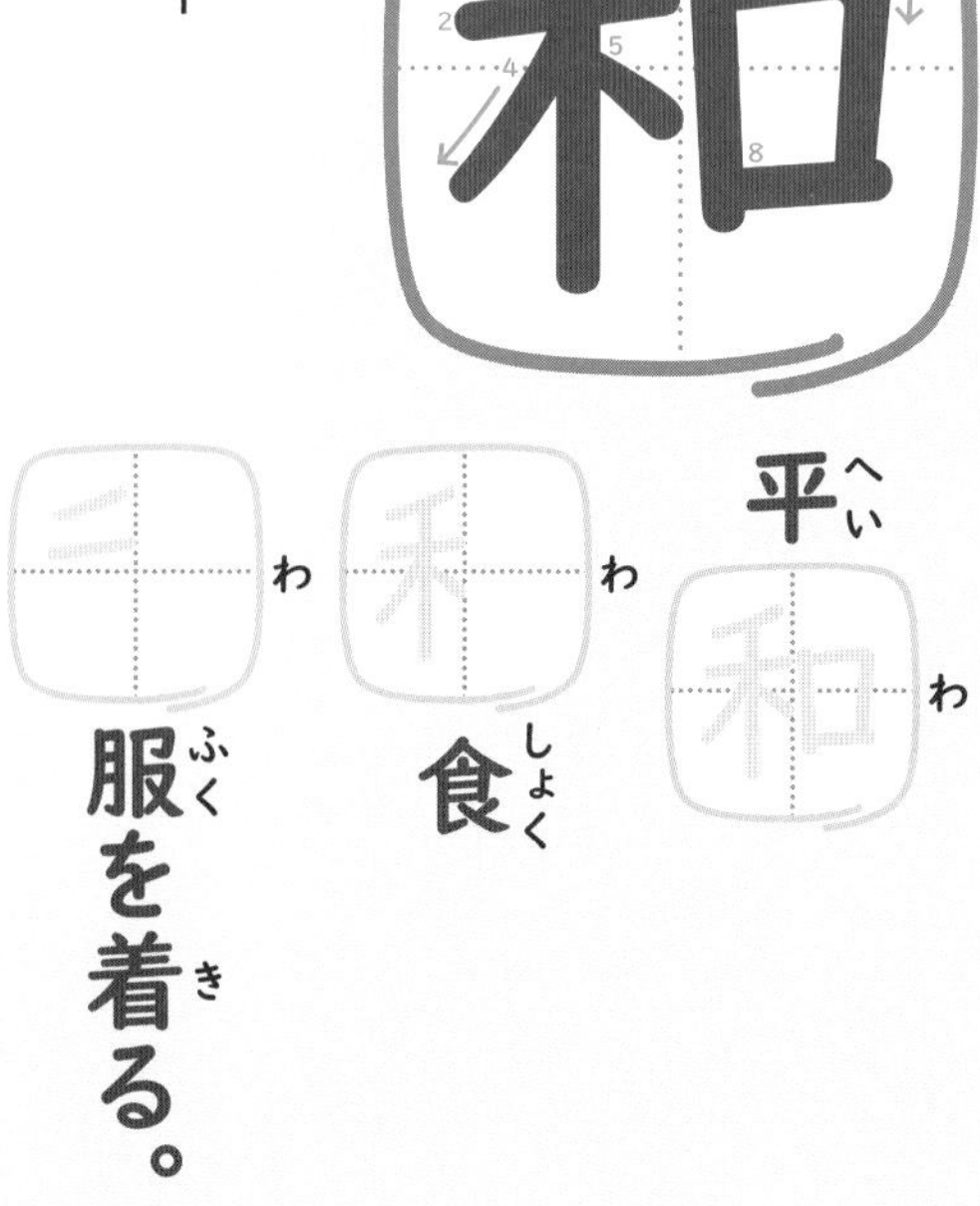

音 ワ
訓 ―

平(へい)和(わ)

和(わ)食(しょく)

和(わ)服(ふく)を着(き)る。

漢字 10-⑥

読みのたしかめ

□ つぎの文を読んで、―を引いた漢字の読みを（　）に書きましょう。

① 自由な校風。（　）（　）
② 油絵をかく。（　）（　）
③ 町の有様が変わる。（　）（　）
④ 遊園地に行く。（　）（　）
⑤ 予算をこえる。（　）（　）
⑥ 羊毛の服。（　）（　）
⑦ 東洋の国。（　）（　）
⑧ 落葉する木。（　）（　）
⑨ 太陽電池をつむ。（　）（　）
⑩ 新品同様の本。（　）（　）
⑪ 落石に注意する。（　）（　）
⑫ 川の上流。（　）（　）
⑬ 世界旅行に出る。（　）（　）
⑭ 両足がいたむ。（　）（　）
⑮ 黄緑の絵の具。（　）（　）
⑯ 黒い礼服を着る。（　）（　）
⑰ 日本列島を歩く。（　）（　）
⑱ 土を練りこむ。（　）（　）
⑲ 線路が続く。（　）（　）
⑳ 和紙を作る。（　）（　）

漢字 10-⑦

書きのたしかめ ①

□ つぎの文を読んで、□にあてはまる漢字を頭の中で思いうかべてからなぞりましょう。

① 自由な校風。
② 油絵をかく。
③ 町の有様が変わる。
④ 遊園地に行く。
⑤ 予算をこえる。
⑥ 羊毛の服。
⑦ 東洋の国。
⑧ 落葉する木。
⑨ 太陽電池をつむ。
⑩ 新品同様の本。
⑪ 落石に注意する。
⑫ 川の上流。
⑬ 世界旅行に出る。
⑭ 両足がいたむ。
⑮ 黄緑の絵の具。
⑯ 黒い礼服を着る。
⑰ 日本列島を歩く。
⑱ 土を練りこむ。
⑲ 線路が続く。
⑳ 和紙を作る。

漢字 10-⑧

書きのたしかめ ②

□ つぎの文を読んで、□にあてはまる漢字を頭の中で思いうかべてから書きましょう。

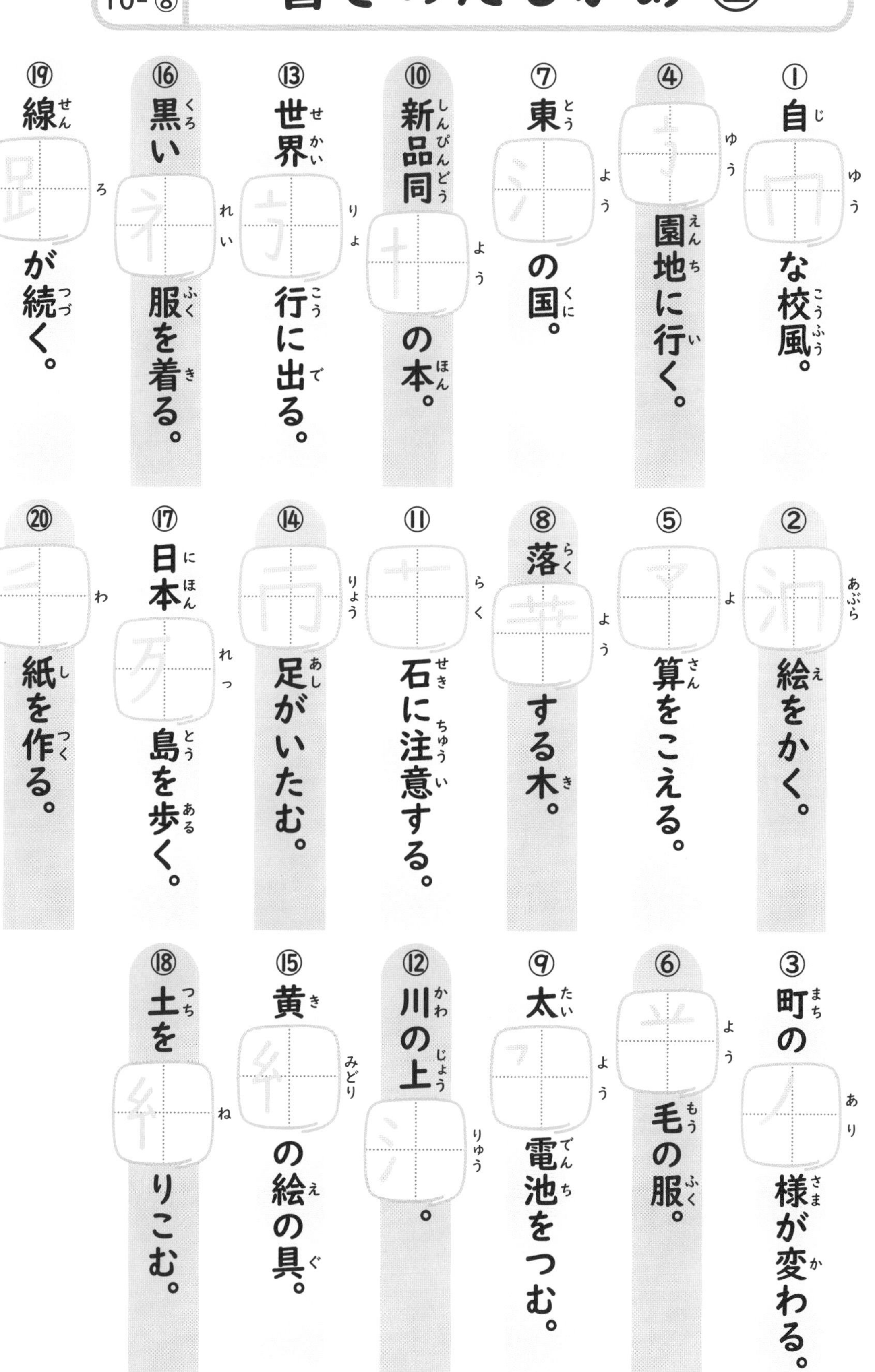

① 自□（ゆう）な校風。

② □（あぶら）絵をかく。

③ 町の□（あり）様が変わる。

④ □（ゆう）園地に行く。

⑤ □（よ）算をこえる。

⑥ □（よう）毛の服。

⑦ 東□（よう）の国。

⑧ 落□（よう）する木。

⑨ 太□（よう）電池をつむ。

⑩ 新品同□（よう）の本。

⑪ □（らく）石に注意する。

⑫ 川の上□（りゅう）。

⑬ 世界□（りょ）行に出る。

⑭ □（りょう）足がいたむ。

⑮ 黄□（みどり）の絵の具。

⑯ 黒い□（れい）服を着る。

⑰ 日本□（れっ）島を歩く。

⑱ 土を□（ね）りこむ。

⑲ 線□（ろ）が続く。

⑳ □（わ）紙を作る。

漢字 10-⑨

書きのたしかめ ③

□ つぎの文を読んで、□にあてはまる漢字を頭の中で思いうかべてから書きましょう。

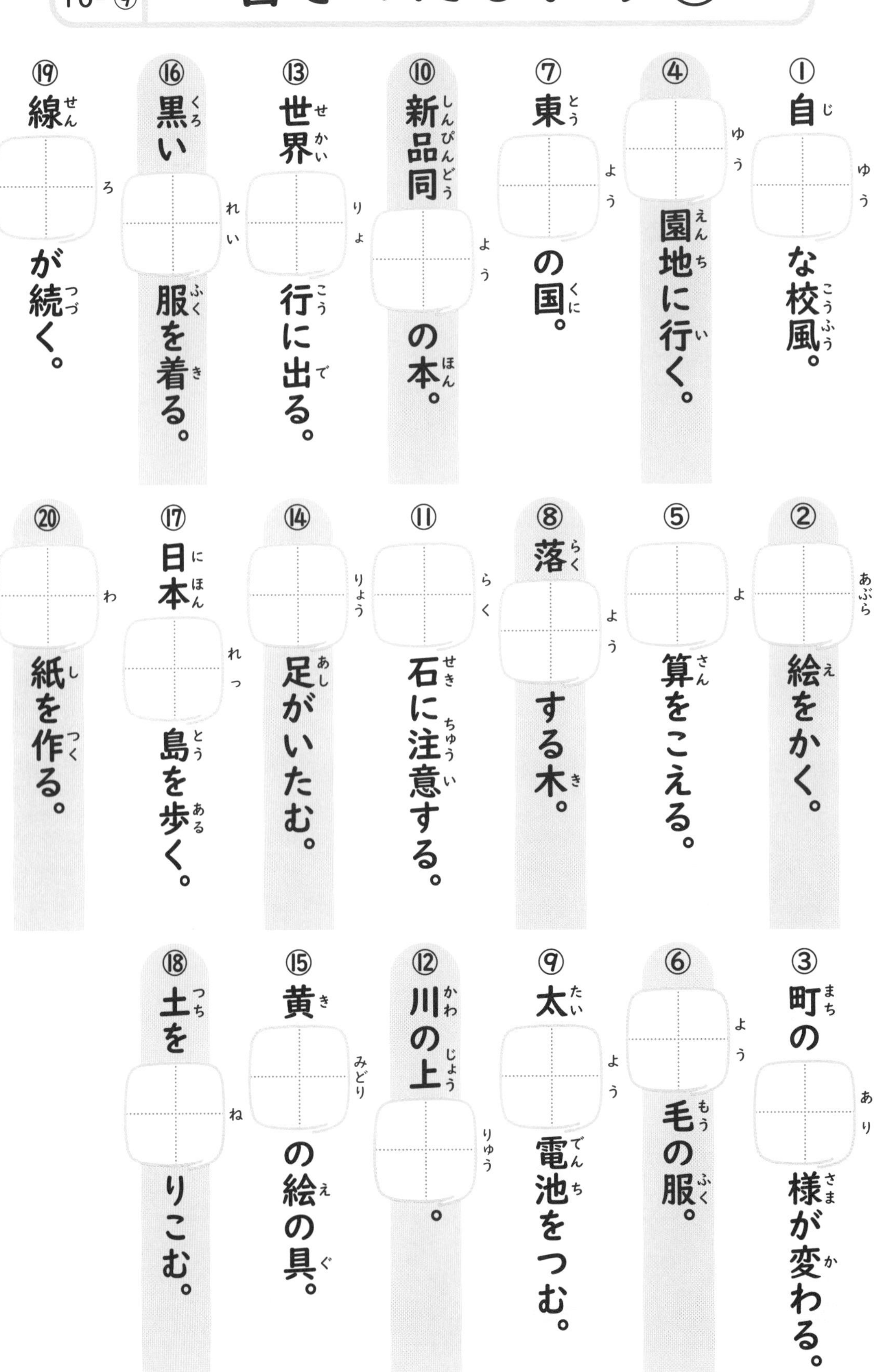

① 自（じ）□（ゆう）な校風（こうふう）。

② □（あぶら）絵（え）をかく。

③ 町（まち）の□（あり）様（さま）が変（か）わる。

④ □（ゆう）園地（えんち）に行（い）く。

⑤ □（よ）算（さん）をこえる。

⑥ □（よう）毛（もう）の服（ふく）。

⑦ 東（とう）□（よう）の国（くに）。

⑧ 落（らく）□（よう）する木（き）。

⑨ 太（たい）□（よう）電池（でんち）をつむ。

⑩ 新品同（しんぴんどう）□（よう）の本（ほん）。

⑪ □（らく）石（せき）に注意（ちゅうい）する。

⑫ 川（かわ）の上（じょう）□（りゅう）。

⑬ 世界（せかい）□（りょ）行（こう）に出（で）る。

⑭ □（りょう）足（あし）がいたむ。

⑮ 黄（き）□（みどり）の絵（え）の具（ぐ）。

⑯ 黒（くろ）い□（れい）服（ふく）を着（き）る。

⑰ 日本（にほん）□（れっ）島（とう）を歩（ある）く。

⑱ 土（つち）を□（ね）りこむ。

⑲ 線（せん）□（ろ）が続（つづ）く。

⑳ □（わ）紙（し）を作（つく）る。

漢字 10-⑩

漢字みつけ！ ④

つぎの図の中から、今回学習した漢字を二十字見つけましょう。見つけた漢字はなぞりましょう。

まとめ 1-① 3年で習う漢字 ①

□ つぎの漢字(かんじ)を読んで、□にあてはまる漢字を頭の中で思いうかべてからなぞりましょう。

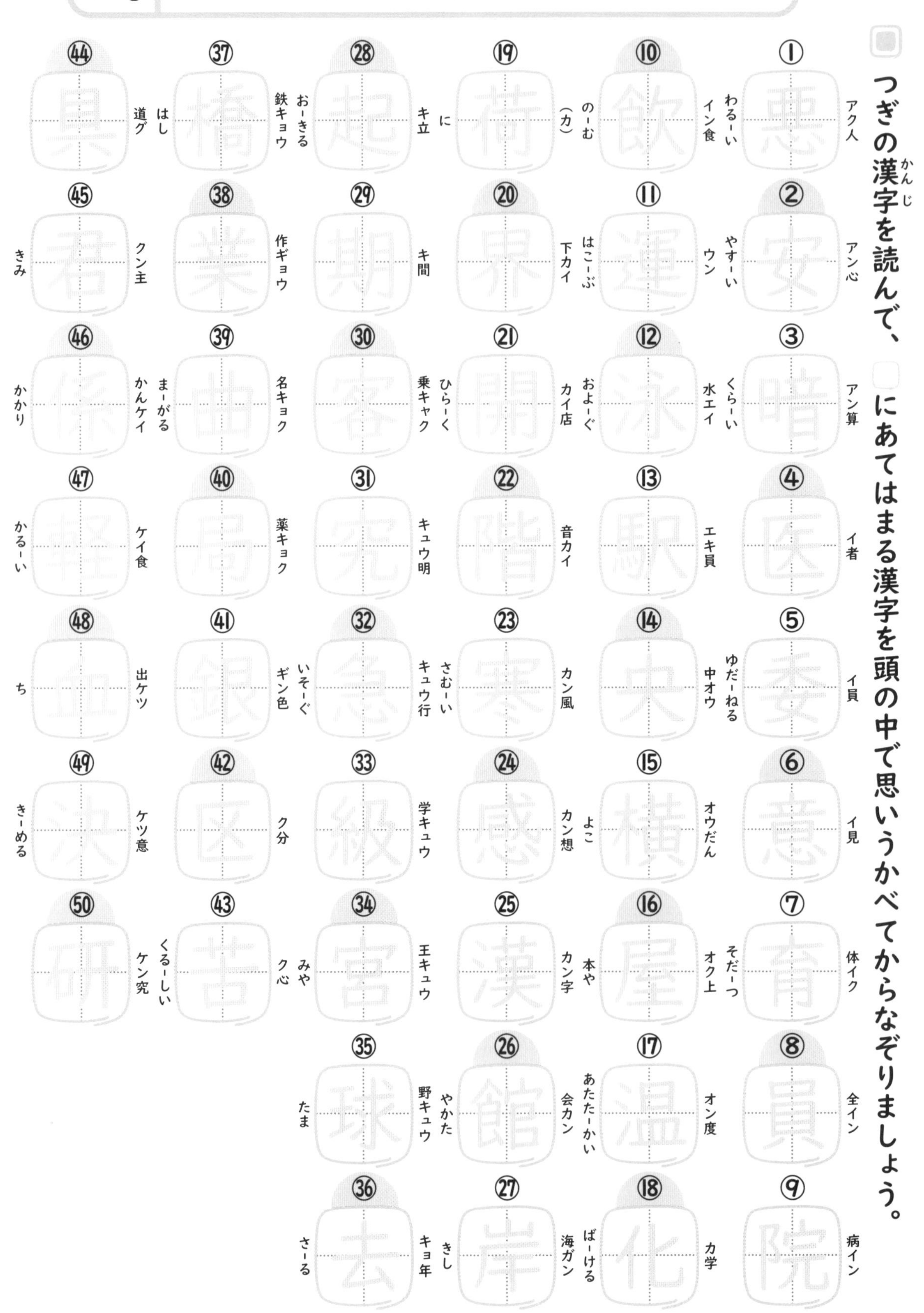

まとめ 1-②

3年で習う漢字②

■ つぎの漢字(かんじ)を読んで、□にあてはまる漢字を頭の中で思いうかべてからなぞりましょう。

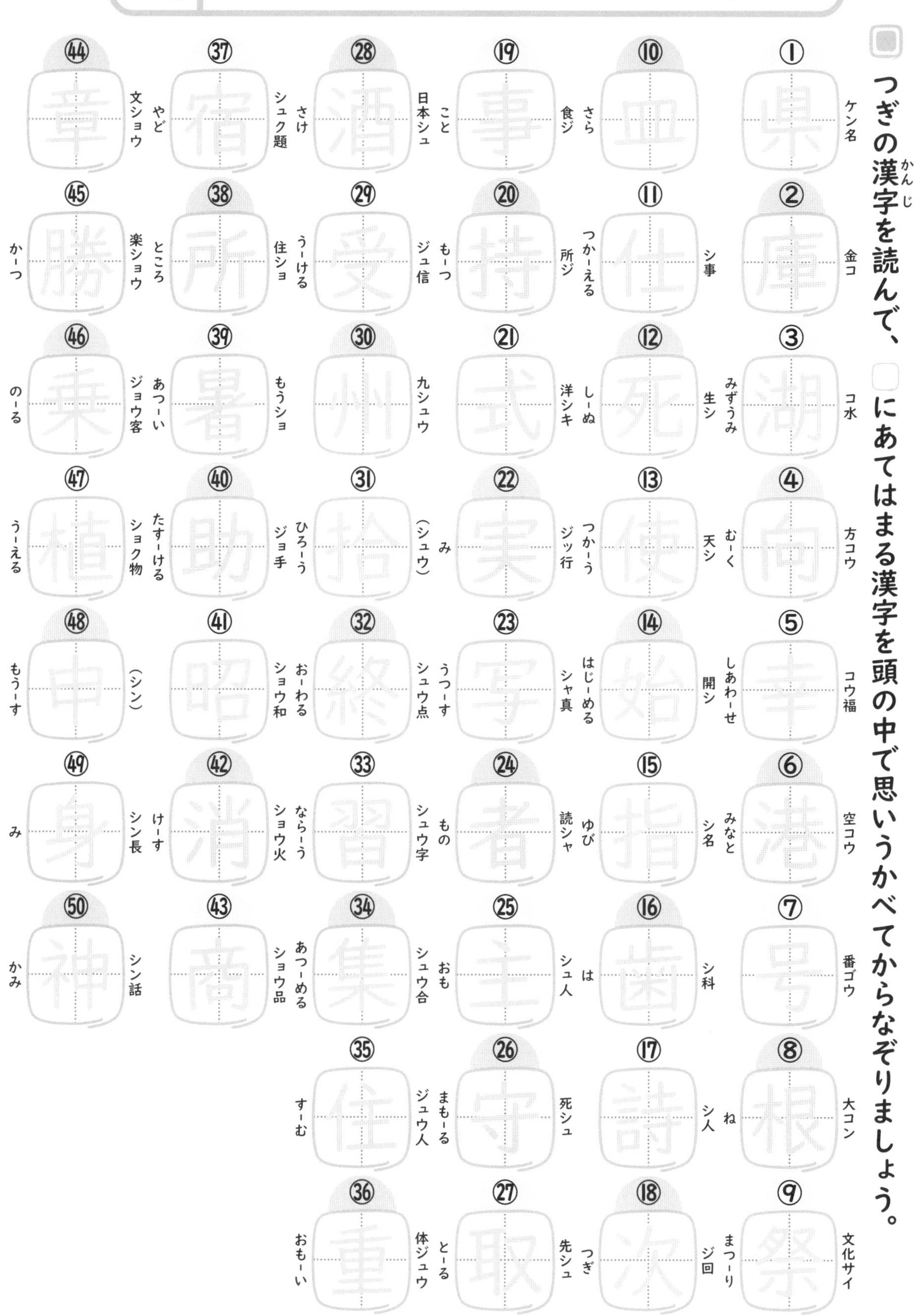

まとめ 1-③

3年で習う漢字 ③

つぎの漢字を読んで、□にあてはまる漢字を頭の中で思いうかべてからなぞりましょう。

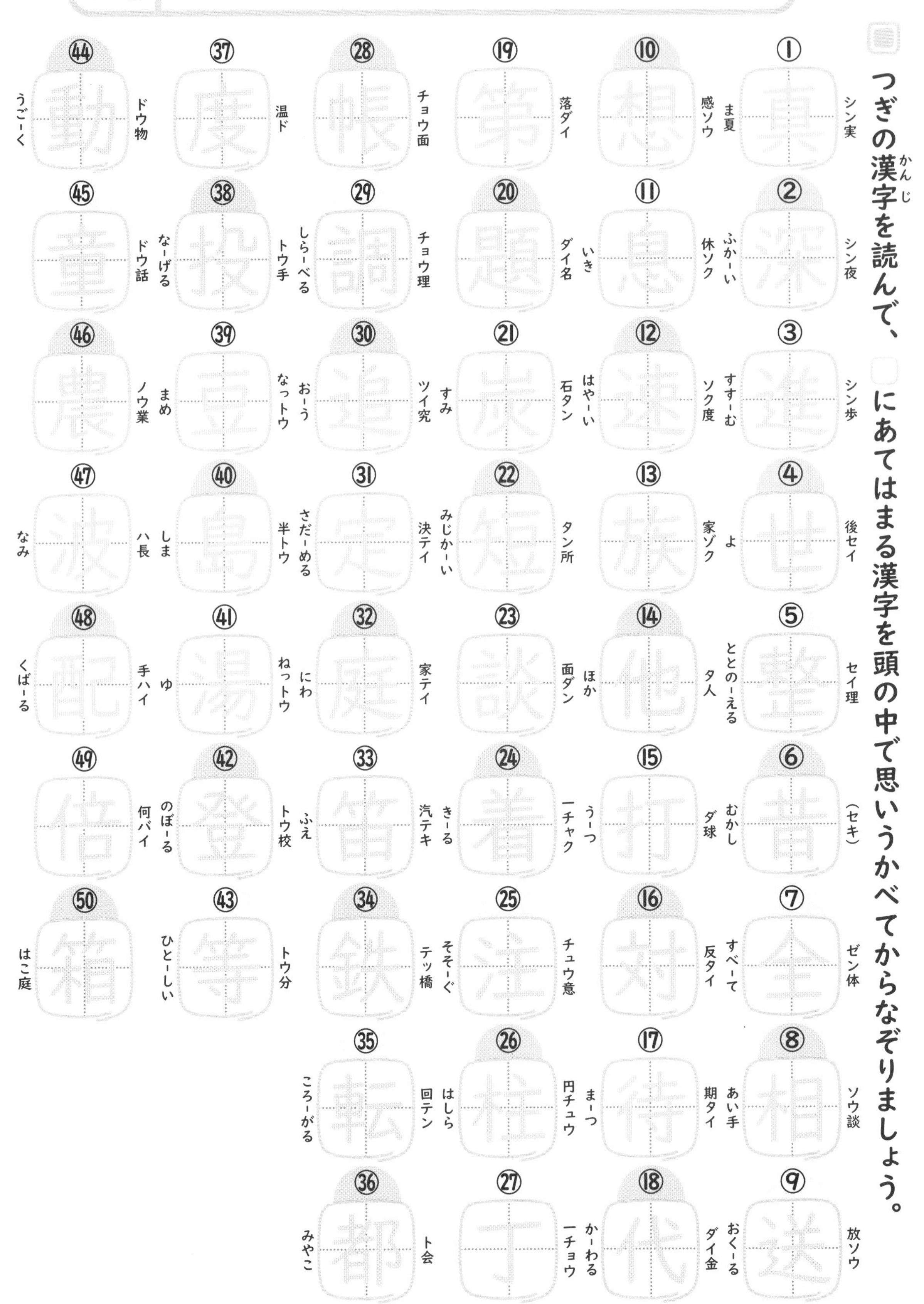

まとめ 1-④ 3年で習う漢字 ④

■ つぎの漢字を読んで、□にあてはまる漢字を頭の中で思いうかべてからなぞりましょう。

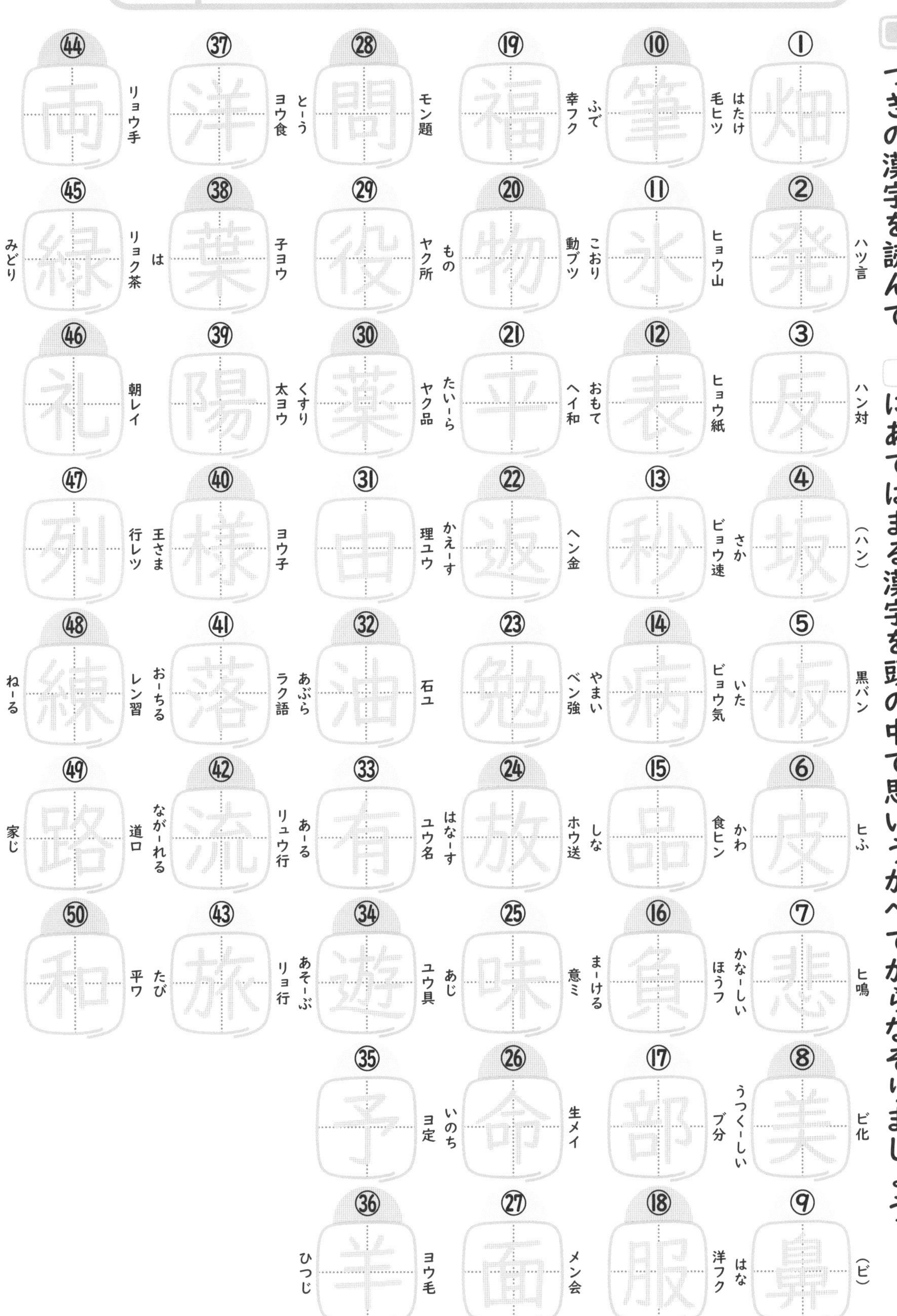

まとめ 2-①

3年で習う漢字 ⑤

□ つぎの漢字(かんじ)を読んで、□にあてはまる漢字を頭の中で思いうかべてから書きましょう。

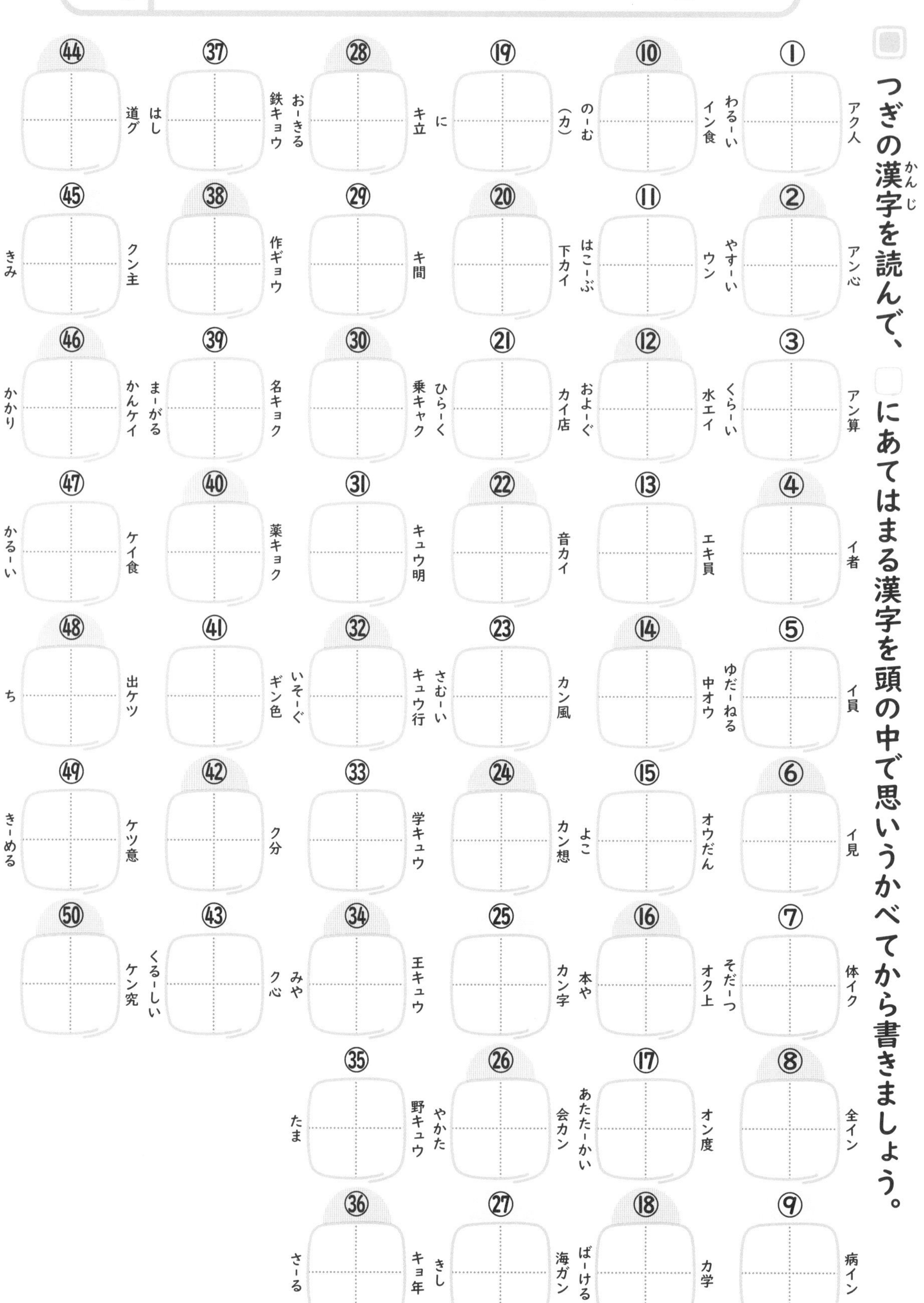

① アク人　わる-い
② アン心　やす-い
③ アン算　くら-い
④ イ者
⑤ イ員　ゆだ-ねる
⑥ イ見
⑦ 体イク　そだ-つ
⑧ 全イン
⑨ 病イン
⑩ イン食　の-む
⑪ ウン　はこ-ぶ
⑫ 水エイ　およ-ぐ
⑬ エキ員
⑭ 中オウ
⑮ オウだん　よこ
⑯ オク上　本や
⑰ オン度　あたた-かい
⑱ カ学　ば-ける
⑲ (カ)　に
⑳ 下カイ
㉑ カイ店　ひら-く
㉒ 音カイ
㉓ カン風　さむ-い
㉔ カン想
㉕ カン字
㉖ 会カン　やかた
㉗ 海ガン　きし
㉘ キ立　お-きる
㉙ キ間
㉚ 乗キャク
㉛ キュウ明
㉜ キュウ行　いそ-ぐ
㉝ 学キュウ
㉞ 王キュウ　みや
㉟ 野キュウ　たま
㊱ キョ年　さ-る
㊲ 鉄キョウ　はし
㊳ 作ギョウ
㊴ 名キョク　ま-がる
㊵ 薬キョク
㊶ ギン色
㊷ ク分
㊸ ク心　くる-しい
㊹ 道グ
㊺ クン主　きみ
㊻ かんケイ　かかり
㊼ ケイ食　かる-い
㊽ 出ケツ　ち
㊾ ケツ意　き-める
㊿ ケン究

まとめ 2-②

３年で習う漢字 ⑥

つぎの漢字を読んで、□にあてはまる漢字を頭の中で思いうかべてから書きましょう。

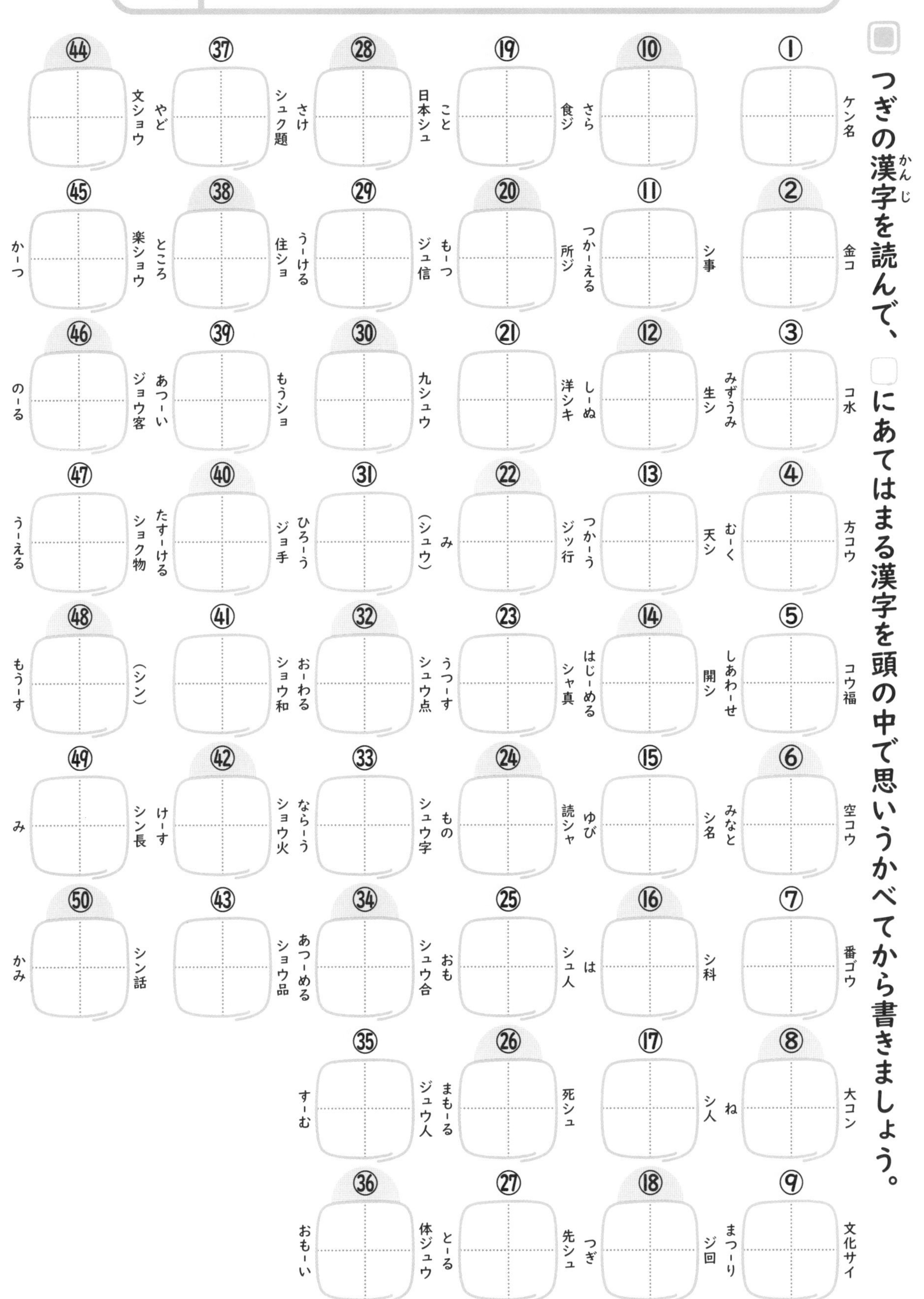

まとめ 2-③

3年で習う漢字 ⑦

■ つぎの漢字を読んで、□にあてはまる漢字を頭の中で思いうかべてから書きましょう。

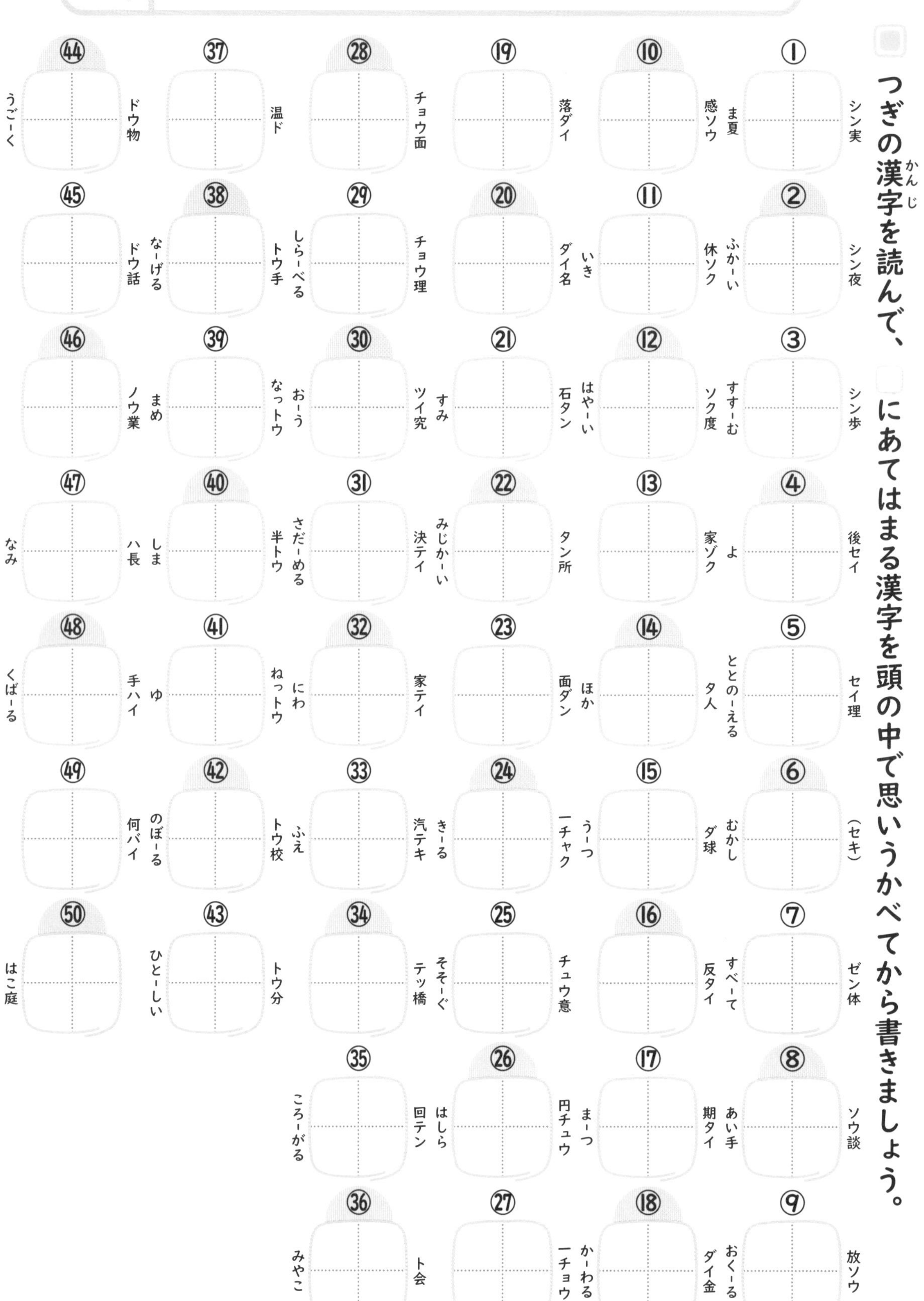

まとめ 2-④

3年で習う漢字⑧

□ つぎの漢字(かんじ)を読んで、□にあてはまる漢字を頭の中で思いうかべてから書きましょう。

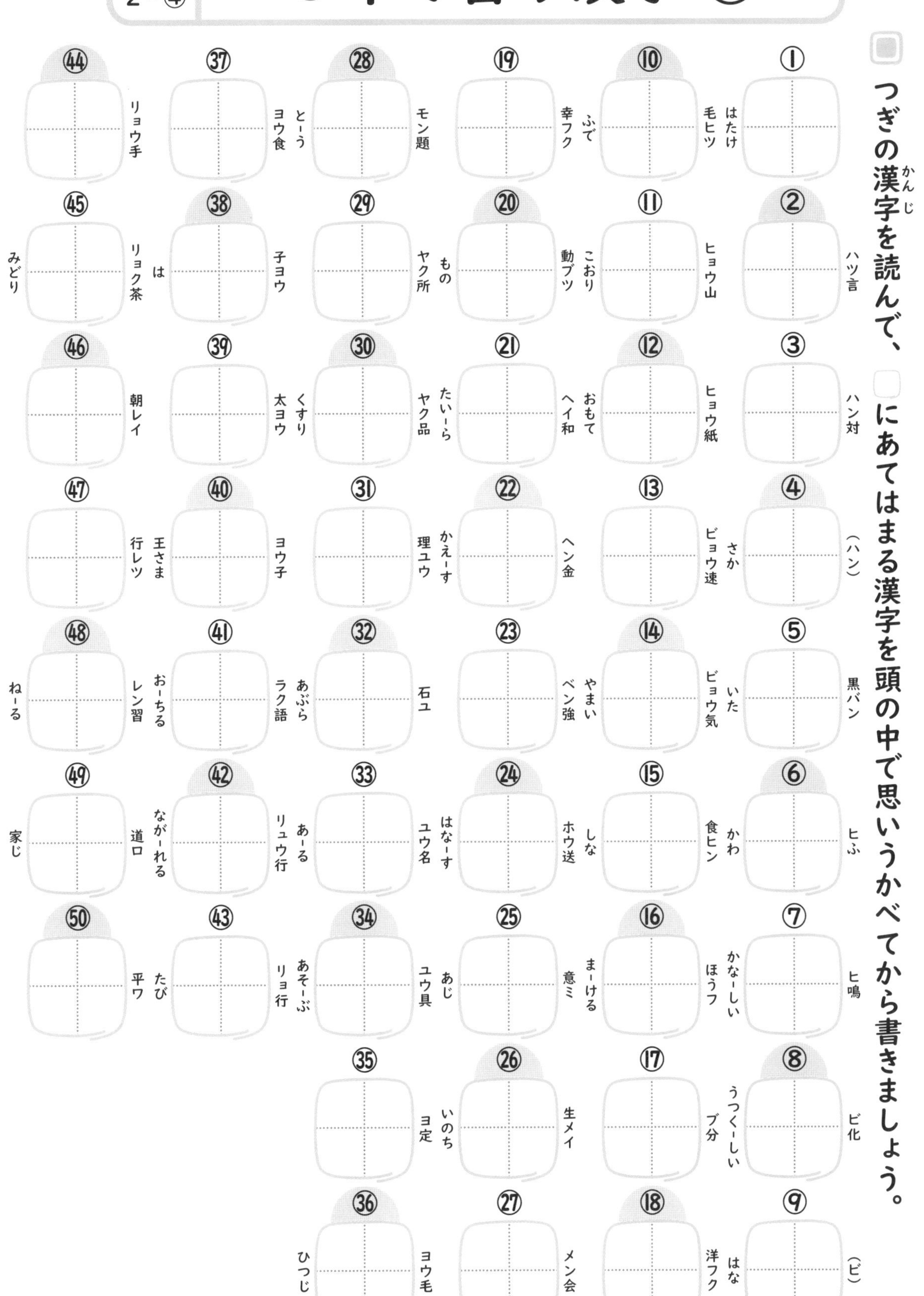

答え

〔P.11〕

漢字 1-⑩ 漢字みつけ！①

つぎの図の中から、今回学習した漢字を二十字見つけましょう。見つけた漢字はなぞりましょう。

〔P.21〕

〔P.31〕

※具・研・幸・港・根・祭は線の本数や向きがあっていれば正かいです。

〔P.41〕

〔P.51〕

〔P.61〕

漢字 6-⑩

正しい漢字みつけ！②

つぎの漢字は一画書きたされた、まちがい漢字です。正しい部分のみをなぞって、漢字を見つけましょう。

真（しん） 深（しん） 進（しん） 世（せい） 整（せい）

昔（せき） 全（ぜん） 相（そう） 送（そう） 想（そう）

息（そく） 速（そく） 族（ぞく） 他（た） 打（だ）

対（たい） 待（たい） 代（だい） 第（だい） 題（だい）

※進・昔・相・送・息・待・題は線の本数や向きがあっていれば正かいです。

〔P.71〕

漢字 7-⑩

漢字みつけ！③

つぎの図の中から、今回学習した漢字を二十字見つけましょう。見つけた漢字はなぞりましょう。

〔P.81〕

漢字 8-⑩

漢字めいろ③

正しい漢字の道を通って、スタートからゴールまで進みます。正しい漢字のみをなぞりましょう。（さらに、まちがい漢字を正しく書けたら、花丸です）

スタート → 悲（ひ） → 反（はん） → 箱（はこ） → 湯（とう） → 倍（ばい） → 坂（はん） → 等（とう） → 動（どう） → 畑（はたけ） → 皮（ひ） → 筆（ひつ） → ゴール

鼻（び） 童（どう） 登（と） 発（はつ） 板（はん） 波（は） 農（のう） 配（はい） 美（び）

〔P.91〕

漢字 9-⑩

正しい漢字みつけ！③

つぎの漢字は一画書きたされた、まちがい漢字です。正しい部分のみをなぞって、漢字を見つけましょう。

氷（ひょう） 表（ひょう） 秒（びょう） 病（びょう） 品（ひん）

負（ふ） 部（ぶ） 服（ふく） 福（ふく） 物（ぶつ）

平（へい） 返（へん） 勉（べん） 放（ほう） 味（み）

命（めい） 面（めん） 問（もん） 役（やく） 薬（やく）

※表・負・服・味・面・薬は線の本数や向きがあっていれば正かいです。

〔P.101〕

漢字 10-⑩

漢字みつけ！④

つぎの図の中から、今回学習した漢字を二十字見つけましょう。見つけた漢字はなぞりましょう。

いつのまにか、正しく書ける

なぞるだけ漢字 小学3年

2022年1月20日　第1刷発行
著　　者　金 井 敬 之
発 行 者　面 屋 尚 志
発 行 所　フォーラム・A
〒530-0056　大阪市北区兎我野町15-13
TEL　06(6365)5606
FAX　06(6365)5607
振替　00970-3-127184

表　紙　畑佐　実
本　文　くまのくうた@
印　刷　尼崎印刷株式会社
製　本　株式会社高廣製本
制作編集　田邉光喜